UNIVERS PORT-ROYAL
sous la direction de Jean Lesaulnier et Laurence Plazenet
18

Port-Royal et la prison

Cet ouvrage a été publié pour la première fois en 2011
dans la collection *Univers Port-Royal* dirigée par Jean Lesaulnier.

Actes de la journée d'études organisée le 8 septembre 2010
à l'université Paris-Sorbonne

Port-Royal et la prison

Sous la direction de Jean Lesaulnier

PARIS
CLASSIQUES GARNIER

Jean Lesaulnier a consacré de nombreux travaux à l'histoire de Port-Royal, et après avoir dirigé avec Antony McKenna la publication du *Dictionnaire de Port-Royal*, il a publié le *Journal d'un Solitaire de Port-Royal, M. de Saint-Gilles* et réédité *Les Ruines de Port-Royal des Champs* de l'abbé Grégoire ainsi que l'*Abrégé de l'histoire de Port-Royal* et les *Lettres* de Jean Racine.

Réimpression de l'édition de Paris, 2011.

ISBN 978-2-406-12603-4 (livre broché)
ISBN 978-2-406-12604-1 (livre relié)
ISSN 1636-7332

Port-Royal : littérature et prison

Par Philippe SELLIER

Dans son étude *La Prison romantique* (1975), Victor Brombert trouvait que le XIXe siècle était le siècle idéal pour réfléchir sur littérature et prison. Il est vrai qu'on pouvait s'appuyer sur quelques écrivains de première grandeur : Silvio Pellico ou Dostoïevski, par exemple. Mais ne succombait-il pas à l'hallucination critique, qui fait si souvent majorer le domaine dans lequel on est investi ? Le XXe siècle n'a pas été mal non plus, avec la littérature des camps nazis, celle de l'archipel du goulag, sans compter quelques best-sellers, comme *L'Étranger* de Camus, *La Condition humaine* de Malraux ou *Le Premier Cercle* de Soljenitsyne.

Par rapport au XXe siècle, le XVIIe fait figure, dans sa pratique de la prison, d'un artisanat modeste par rapport à la grande industrie. C'est l'un des paradoxes de cet Ancien Régime que les manuels de la IIIe République nous ont peint comme si odieux. Il a néanmoins connu bien des captifs célèbres, comme Campanella, Théophile de Viau, Bassompierre, Retz et certains autres frondeurs, Dassoucy, Mme Guyon.

L'originalité de Port-Royal

À l'intérieur du Grand Siècle, Port-Royal brille par sa singularité : pour paraphraser une « Pensée » de Pascal (fr. 364), ce n'est plus un seul homme qui est ici prisonnier, mais « une suite d'hommes » et de femmes durant soixante-dix ans qui ont été jetés en prison et qui ont rendu témoignage à celui que l'Église avait si longtemps considéré comme le « Docteur de la grâce », et cela « quelques menaces et persécutions qu'on leur fasse. Ceci est tout autrement considérable ». Il faut en effet partir de l'incarcération de l'abbé de Saint-Cyran au donjon de Vincennes (le 13 mai 1638) et aller jusqu'à la dispersion en 1709 des dernières religieuses, à qui on a fait rejouer la déportation de 1664 dans divers monastères où elles étaient sous surveillance. Les cinq années de captivité de Saint-Cyran (1638-1643) annoncent les cinq années qui constituent l'acmé de la persécution : 1664-1669. Les douze moniales arrachées le 26 août 1664 à leur vœu de stabilité dans leur monastère, bientôt suivies par cinq autres, n'ont pas connu seulement les dix mois d'enfermement de chacune d'entre elles dans des couvents-prisons, mais ont rejoint le reste des non-signeuses à Port-Royal des Champs, au cours de juillet 1665, où elles allaient vivre quatre ans sous surveillance policière et privées des sacrements. Comme l'annonce Angélique de Saint-Jean à la supérieure de la Visitation, la nuit qui précède son retour dans la vallée de Chevreuse : « Hélas ! Ma mère, ce sont des prisonnières que l'on transfère d'une prison dans une autre [1]. »

À la fin de la première année de son enfermement au monastère des Champs, Angélique fut atteinte par une pénible nouvelle : son cousin Sacy, qui était son directeur spirituel depuis plus de dix ans, venait d'être arrêté, le 13 mai 1666, en compagnie de son secrétaire Nicolas Fontaine, des deux frères Thomas du Fossé et de Du Val de Longueil. Sacy allait passer à la Bastille, où il rejoignait l'éditeur de Port-Royal Charles Savreux, plus de deux ans, privé des sacrements. Il en sortit le 31 octobre 1668 et – phénomène étonnant – fut reçu par le roi, qui lui donna de vives marques d'estime.

À ces personnalités marquantes il faut joindre divers amis de Port-Royal, internés eux aussi par suite de leurs activités au service du monastère, et en tout premier lieu les imprimeurs qui publiaient les textes produits par le groupe. Le cas de Louis-Henri de Loménie de Brienne se situe à part, dans la mesure où il fut enfermé à Saint-Lazare de 1674 à 1692 pour des raisons de déséquilibre mental. En revanche, la captivité de Pasquier Quesnel en 1703 (du 30 mai à son évasion le 13 septembre) découle directement de ses liens avec Port-Royal.

Un deuxième aspect de cette singularité de Port-Royal réside dans le fait qu'il nous a légué un imposant massif d'écrits sur l'expérience qu'il a alors soufferte. Saint-Cyran nous a laissé d'abondantes lettres de prison, de même que Sacy [2]. Mais sur ces deux prisonniers nous possédons

1. *Relation de captivité*, éd. Louis Cognet, Paris, Gallimard, 1954, p. 263.

2. Dans l'édition qu'achève M. l'abbé Denis Donetzkoff, les lettres de Saint-Cyran écrites de Vincennes occupent environ 80% de l'énorme ensemble des 664 lettres, dont

aussi deux témoignages, celui de Claude Lancelot dans ses *Mémoires*, et celui de Nicolas Fontaine, d'abord dans sa *Relation* de novembre 1668, puis dans ses *Mémoires*. L'apport de Fontaine paraît particulièrement précieux, puisqu'il a partagé la captivité de Sacy.

Ces trois genres littéraires – les lettres, les Relations et les Mémoires – obéissent à des caractéristiques différentes : les lettres livrent l'immédiateté de l'expérience, et sont soumises à des contraintes (déjouer la surveillance, triompher des rigueurs, comme d'être privé d'encre ou de papier) ; enfin elles s'adressent à un destinataire, et traitent en partie de sujets qui l'intéressent. Les Relations, en revanche, font intervenir le rôle d'une distance temporelle, mais encore assez faible : la plus ancienne des treize qui nous restent (si l'on inclut Fontaine) a été achevée le 18 août 1665, et donc écrite environ un mois après ; Angélique termine la sienne le 28 novembre 1666, soit dix-sept mois après sa sortie de chez les annonciades. Fontaine, lui, en rédige une aussitôt après avoir quitté la Bastille, sans doute pour se joindre à l'action concertée des religieuses qui avaient témoigné de leur captivité, avec comme visée la dénonciation de la persécution et l'apologie de Port-Royal. Écrites par les captifs eux-mêmes et encore proches des événements, ces Relations conservent bien des frémissements des souffrances traversées, comme cela est si sensible dans le texte d'Angélique de Saint-Jean. Les Relations peuvent ainsi s'ouvrir sur les confidences de la subjectivité.

Les Mémoires nous font entrer dans un univers bien différent. Composés longtemps après les périodes d'emprisonnement, ils adoptent une perspective plus libre, plus flottante. Lancelot, qui a rendu visite à Saint-Cyran à Vincennes, ne se met au travail qu'en 1663 et ne terminera qu'en 1672. L'écart est un peu plus long encore avec Fontaine, dont les *Mémoires* ont été élaborés entre 1695 et 1698. Les faits sont entourés des halos que peut créer la mémoire ; ils perdent souvent de leur précision. La nostalgie intervient ; on dote les héros du nimbe des saints. De là l'irruption de certaines caractéristiques de la

certaines très longues ; seules 86 sont datées d'avant l'incarcération ; les 88 missives non datées de façon précise semblent, elles aussi, des lettres de prison. Malgré son caractère anthologique, l'édition des *Lettres* de Sacy publiée par G. Delassault (Paris, Nizet, 1959) compte 127 grandes pages de missives rédigées à la Bastille (p. 185-312) ; il nous faudrait une édition critique et complète, essayant, entre autres, de mieux dater les 248 lettres éditées en 1690 par Christine Briquet (*Lettres chrétiennes et spirituelles*).

légende, comme la déclinaison des vertus [3]. Le mémorialiste peut faire appel à des événements survenus entre la captivité et la date de rédaction [4]. Il peut aussi adopter divers tons, dans la mesure où les Mémoires, selon la formule devenue classique, de Marc Fumaroli, se situent « au croisement des genres littéraires ». Il peut consacrer bien des pages à des anecdotes ou à de bons mots : Lancelot nous livre ainsi la phrase souvent citée du général Jean de Werth, prisonnier de guerre invité par Richelieu à la représentation qu'il donnait d'une pièce de Desmarets de Saint-Sorlin, et qui se dit émerveillé « de voir qu'en un royaume très chrétien comme la France, les évêques soient à la comédie pendant que les saints sont en prison » [5].

Mais le phénomène est particulièrement net chez Fontaine, qui s'abandonne à une digression sur plusieurs prisonniers de la Bastille, dont Pellisson et Lauzun, et nous livre un inénarrable morceau de bravoure héroï-comique quand il narre l'arrestation de Sacy qui, sur le moment, a dû beaucoup moins faire rire. Il commence par citer le verset du Christ à Gethsémani : « Vous êtes venus m'arrêter comme un voleur avec des bâtons et des armes [6]. » Mais, au lieu de commenter ce verset avec le sérieux qu'on eût pu attendre, comme le fait – nous allons le voir – Angélique de Saint-Jean, Fontaine choisit le comique, et enchaîne :

> Armer deux ou trois cents personnes contre un homme sans armes et contre une maison où il n'y avait pas une seule épée, cela sentait un petit brin la folie.
>
> Mais M. le lieutenant civil s'applaudissant en lui-même de voir tant de soldatesque soumise à ses ordres sembla pour un moment quitter la robe de lieutenant civil, pour faire le petit lieutenant général d'armée. Il fit la

3. Voir Lancelot, *Mémoires touchant la vie de M. de Saint-Cyran*, éd. D. Donetzkoff, Paris, Nolin, 2003, p. 108, 110, 137-141. Cette déclinaison est plus disséminée chez Fontaine, dont les *Mémoires* consacrent soixante pages au récit de la captivité à la Bastille (éd. P. Thouvenin, Paris, Champion, 2001, p. 788-848).

4. Ainsi de l'éloge de M. Barail, qui vient de mourir (en 1696), chez Fontaine (*ibid.*, p. 808-809).

5. Éd. citée, p. 111. La mention de Desmarets attire de surcroît une petite charge contre lui, jugé « plus propre sans doute à ces sortes de niaiseries [...] qu'à parler de la dévotion et des matières solides, comme il a voulu faire depuis. » Allusion à sa production religieuse, à partir de 1653, dont *Les Délices de l'esprit* (1658), très attaquées par Port-Royal.

6. Éd. citée, p. 832-838 et 794. La citation du Christ vient de *Matthieu*, 26, 55.

> revue de ses troupes. Il avait ruminé toute la nuit de quelle manière il les disposerait, et de quelle manière il les ferait marcher. Le jour lui avait paru lent à venir et tous ses domestiques, qui ne savaient rien de l'action signalée qu'il méditait, furent surpris de sa vigilance. Il avait deux sièges à faire à la fois, l'un à la maison de M. Petit, (qu'on avait envoyé à sa maison de Paris pour le prendre prisonnier, mais on prit un rat [on ne prit rien], cela soit dit par parenthèse), l'autre à la nôtre. Il eut donc soin de partager ses troupes, de former un bataillon de Suisses et d'archers, pour chez M. Petit, et de garder l'autre avec lui. Dès qu'il eut fait marcher ce premier corps, il ordonna aussitôt l'assaut à notre logis. Il choisit cinq ou six Suisses des plus résolus pour escalader les murailles. Ils vont par une cour voisine poser l'échelle pour entrer par la fenêtre du cabinet de M. du Fossé. Ce bon jeune gentilhomme dormait paisiblement dans son lit. Il crut entendre quelque chose à la fenêtre de son cabinet, il prêta l'oreille. Un Suisse sautant de la fenêtre dans le cabinet, comme d'ordinaire ces messieurs sont extrêmement légers, fit trembler tout le plancher. Un autre le suivit de près, et fit encore trembler le plancher plus fort. M. du Fossé, ne pouvant plus douter qu'il n'y eût quelqu'un, se levait pour y aller voir, et, prenant sa robe de chambre, il voit la porte de son cabinet s'ouvrir. Un Suisse paraît avec un visage effaré, et l'épée à moitié hors du fourreau. M. du Fossé lui dit : « Que demandez-vous, Monsieur ? » Aussitôt deux ou trois le suivent de même, qui en baragouinant ne disaient autre chose que « Monsour le lieutenant civil, Monsour... » Ils allèrent aussitôt dans toutes les chambres s'en rendre maîtres, afin qu'on ne détournât aucun papier, et un autre courut à la porte l'ouvrir à M. le lieutenant civil qui entra en triomphe comme un conquérant dans une place prise d'assaut, étant accompagné de M. Molondin et de messieurs ses enfants comme d'autant de témoins de sa victoire.

Comment ne pas se rappeler ici que Port-Royal admirait le *Don Quichotte* de Cervantès ? Mais on mesure en même temps la liberté des Mémoires par rapport aux lettres de prison ou aux récits composés dans le souvenir récent de la captivité.

Troisième et dernier aspect de la singularité port-royaliste, si l'on compare ces prisonniers à la quasi-totalité de ceux de leur siècle et si l'on tient compte de l'orchestration qu'ils donnent à leur expérience, les sentiments dominants avec lesquels ils ont souffert cette épreuve humaine de l'enfermement. Ils ne l'ont pas vécue avec des réactions de révolte, ni avec la hantise de l'évasion (à part Quesnel). Ils ne se sont pas élevés peu à peu, et difficilement, vers la sérénité chrétienne, comme Silvio Pellico dans *Mes Prisons* (1833). Dès son incarcération, Sacy écrit à la mère Agnès Arnauld qu'à divers indices, « Dieu me marquait clairement que je ne devais pas la craindre, mais que je devais l'espérer, et même la désirer, comme l'état du monde qui me devait être le plus avantageux [7]. » C'était là suivre l'exemple de Saint-Cyran : « Le serviteur de Dieu, se confirmant plus que jamais dans la pensée qu'il avait toujours eue, qu'il ne devait attendre sa liberté que de Dieu, se tint en grand repos dans sa prison, continuant de s'y sanctifier et d'y édifier tout le monde par ses lettres, par ses bonnes œuvres, et par l'exemple de sa vertu [8]. »

Les captifs de Port-Royal ont perçu le lien entre leur claustration volontaire pour fuir le train-train médiocre du monde, ses valeurs si largement fausses, et l'épreuve qui leur était imposée par les pouvoirs. C'est tout naturellement que Jean Hamon, dans son traité *De la solitude* (publié à Amsterdam en 1734), consacre un long développement à la prison (p. 110-137). Il intitule l'un de ses chapitres « *La prison est une solitude parfaite* », et rappelle que « Tertullien a raison de l'appeler quelque part, une privation entière du monde, *paupertatem mundi* ; par conséquent on y trouve une possession entière de Dieu. » Pourquoi ce « par conséquent » ? Parce que, « voilà certainement un grand vide, mais Dieu le remplit : car il est de foi qu'il ne laisse rien de vide, et qu'il succède lui-même en la place de tout ce qu'on perd pour l'amour de lui. » Le médecin des pauvres écrit encore ailleurs : « [...] Comme on n'y entend rien du monde, c'est là que Dieu se fait entendre. » Il souligne que nous devons les visions de l'Apocalypse à un prisonnier, saint Jean dans l'île de Patmos. Et il conclut : « Jamais l'Église n'a été plus savante et plus éclairée que lorsqu'elle remplissait autant les prisons publiques que ses temples, et les prisons mêmes assez souvent étaient ses temples ». Ce fut alors « une lumière du plus bel été de l'Église [...]. Les captifs [chrétiens] étaient dans les ténèbres, et ils remplissaient le monde de lumière. » On le voit, la prolixité habituelle à Jean Hamon n'empêche pas que ses textes ne soient parsemés de pépites. C'est ce même écrivain spirituel qui a multiplié les écrits pour

7. *Choix de lettres inédites de Louis-Isaac Le Maistre de Sacy (1650-1683)*, éd. G. Delassault, p.185. Cette réaction est attestée par Fontaine, qui écrit que Sacy a goûté la paix de la Bastille « comme les plus douces années de sa vie » (éd. citée, p. 821).

8. Lancelot, *Mémoires*..., p. 137.

maintenir dans cet état d'esprit les religieuses en résidence surveillée de 1665 à 1669.

Comme on pouvait s'y attendre, ces captifs s'identifient au Christ dans sa Passion. À la suite de saint Paul, on est « prisonnier de Jésus-Christ » (*Éphésiens*, 3,1), et on souhaite vivre les sentiments mêmes de Jésus. Parmi les autres modèles qu'ils aiment à se donner figurent les prisonniers bibliques : le patriarche Joseph, Jérémie, saint Jean-Baptiste, saint Paul, saint Pierre. On y joint le mis à l'épreuve par excellente, Job. Mais, même hors de la Bible, reste l'exemple des martyrs et de leurs successeurs, les Pères du désert ; Ignace d'Antioche, évoqué par Angélique de Saint-Jean, en même temps que « les saints qui demeuraient dans les déserts de la Thébaïde ». La moniale a la même intuition qu'Hamon : « Les prisons sont les temples des martyrs [9]. »

Une telle union aux souffrances du Sauveur et de ceux qui l'ont suivi suscite une coloration sacrificielle, dont aucun indice ne renvoie à la mystique de Condren, mais qui est tout entière, et directement, christique, et biblique. Cette coloration est exceptionnellement nette chez Angélique de Saint-Jean : au moment de l'arrestation des douze « meneuses » à Port-Royal de Paris, elle écrit : « Voyant que nous étions environnées d'officiers de justice et d'archers, qui venaient nous enlever *cum gladiis et fustibus et armis*, je ne pensai plus qu'à m'unir à Jésus-Christ pour souffrir comme lui et avec lui, dans le silence, tout ce qu'il plairait à Dieu », et elle prononce alors, en entrant dans le chœur, les paroles qui « furent celles d'un grand martyr : *Gaudeo plane quia hostia Christi effici merui* [10]. »

9. Voir Angélique de Saint-Jean : le Christ (p. 123, 28, 29, 30, 125), Job (p. 112), Jean-Baptiste (p. 39), Ignace d'Antioche (p. 28), et plus généralement les martyrs (p. 274), les Pères du désert (p. 43). De même Lancelot, rendant visite en compagnie d'Arnauld à Saint-Cyran, écrit : « Lorsque nous fûmes entrés dans la chambre, je me considérai comme dans la chambre d'un martyr » (p. 144) ; il avait auparavant fait appel aux exemples d'Ignace d'Antioche et de saint Pierre (p. 72-73). Dans ses *Mémoires*, Fontaine évoque Joseph, Jérémie, Jean-Baptiste (p. 830), Jésus (p. 804), Pierre (p. 816), et s'amuse à raconter que Mme de Longueville regardait Sacy libéré de la Bastille « comme un nouveau Jonas qui sortait de la baleine. » (p. 849).

10. *Relation*, p. 28. La première citation – on l'a vue chez Fontaine – vient de *Matthieu*, 26, 47 : à Gethsémani, Jésus est arrêté par une troupe venue « avec des épées et des bâtons et des armes ». La seconde provient du martyr Ignace d'Antioche : « Je me réjouis pleinement d'avoir mérité de devenir une victime pour le Christ » (« *Lettre aux Romains* », 4 ; dans les *Écrits des Pères apostoliques*, Paris, Cerf, 1963, p. 173). Voir aussi, sur cette coloration sacrificielle, les pages 29, 40, 274... de la *Relation*.

La déréliction qui a inspiré à Jésus les terribles plaintes « Mon âme est triste jusqu'à la la mort » au Jardin des Oliviers et le « *Lamma sabactani* » sur la Croix, a été vécue intensément par Saint-Cyran et Angélique de Saint-Jean, et dans les deux cas peu de jours après leur incarcération. À la Pentecôte de 1638, le nouveau prisonnier du donjon de Vincennes a traversé une période d'abandon que lui-même – sans rien devoir à saint Jean de la Croix – qualifie de « nuit » : pénétré d'effroi devant les jugements de Dieu sur sa vie, il chercha une aide dans la lecture de la Bible, mais il n'y rencontra que des versets de mort. La crise l'éprouva pendant douze à quinze jours, mais il en sortit purifié et résolu à ne vivre désormais que de sa bibliothèque intérieure, livré à la grâce divine. Mais, sous ces angoisses et dégoûts tant extérieurs qu'intérieurs, qui envahissaient sa sensibilité, subsistait au centre de l'âme, à peine perceptible, la paix joyeuse, inaliénable selon le Discours après la Cène dans l'évangile de saint Jean, et qui est le fruit de la charité. C'est elle qui fait rester attaché à correspondre à la volonté de Dieu. L'abbé esquisse ici la théorie de l'existence d'une sensibilité intimement spirituelle (dont pourrait donner une image les formes les plus recueillies de l'écoute musicale), et qui rejoint la conception oxymorique du mystique saint Syméon le nouveau théologien d'une « sensibilité supra-sensible ». La durée courte de cette crise, son caractère unique, éloignent aussi de ce que saint Jean de la Croix appelle « nuit passive », qui peut s'étendre sur de longues années [11].

Le récit de la moniale est beaucoup plus célèbre : elle subit douloureusement une épreuve qui dura six semaines et lui apprit ce que c'était que « ces portes ténébreuses dont Dieu parla à Job » (38,17). Bien qu'elle aussi emploie le terme de « nuit », on n'aperçoit chez elle non plus aucun indice d'une référence à saint Jean de la Croix : Angélique s'estime tentée par le démon, avec la permission de Dieu, et semble surtout proche de Job. Comme lui, elle se trouve au contact du désespoir, non qu'elle y sombre, mais « parce que j'entrevoyais assez clairement

11. Lancelot, éd. citée, p. 71-73. Voir Jean Orcibal, *Saint-Cyran et le jansénisme*, Paris, Seuil, 1961, p. 39 et 32-83 ; Philippe Sellier, « Joie et mystique chez Pascal », dans *Port-Royal et la littérature. Pascal*, Paris, Champion, 2010, p. 644-647. Sur la durée de ces épreuves, Saint-Cyran, partant de la désolation des apôtres pendant et après la Passion – trois ou quatre jours – affirme que « Dieu les continue aux autres quelquefois huit, et quelquefois plus » (cité par Lancelot, p. 72). Malgré cette crise, Dieu « le tenait ferme dans le fond de l'âme » (*ibid.*, p. 73).

par où on y va ». Pourtant, comme Saint-Cyran – elle ressent, sous « cette affliction d'esprit », que si « Dieu me châtiait dans sa colère », cela « ne m'ôtait pas la confiance qu'il se souvînt aussi de sa miséricorde [...] Je m'apercevais bien qu'encore que cet état me fût bon, parce qu'il m'humiliait et ne me troublait pas, car je n'en avais au fond du cœur nulle inquiétude, et je consentais parfaitement à la conduite de Dieu et à la lumière de sa vérité, quoiqu'elle me condamnât, néanmoins il me paraissait facile que cela ouvrît le chemin à une tentation dangereuse ».

Comment Saint-Cyran et Angélique situent-ils leur épreuve dans le cadre de leur théologie augustinienne de la grâce ? Tous deux considèrent que l'état normal de l'existence chrétienne est lumière et joie. Comme l'écrit la moniale, « les hommes, en croyant nous ôter tout, ne touchent point à notre trésor quand Dieu laisse dans notre cœur le sentiment de sa grâce ». Mais « il n'a qu'à détourner son visage, et nous ne trouvons rien entre nos mains de toutes les richesses que nous étions persuadées qu'on ne pouvait nous ravir ». S'agit-il là d'une allusion à un passage souvent cité par les augustiniens du *De correptione et gratia* (9, n. 24), où Jésus détourna son visage de l'apôtre Pierre, et celui-ci sombra de la présomption (« Moi, je ne te renierai pas ») dans le triple reniement. Nullement, car la religieuse n'a pas faibli. Il faut au contraire penser à l'*apparente* éclipse de Dieu, telle que l'ont éprouvée Job et le Christ de Gethsémani et du cri d'abandon sur la Croix. De là la magnifique conclusion d'Angélique : « La science de la Croix ne s'apprend qu'aux pieds de la Croix, qui est la chaire d'où Jésus-Christ l'enseigne à ceux qui veulent bien l'y suivre et s'y attacher avec lui. » Cette science, elle l'a apprise dans sa captivité [12].

Du témoignage à l'insolence

Après ces trois caractéristiques singulières, il faut passer maintenant à un trait que partage Port-Royal avec maints récits de martyrs : la prison devient l'occasion de défendre la cause sacrée qui y a conduit les captifs. L'apologie apparaît, sinon toujours dans les lettres, du moins

12. Éd. citée, p. 60-68. Dans le *De Correptione et gratia* : « *Avertit autem ab illo faciem suam Dominus, et factus est conturbatus.* »

fréquemment dans les récits composés à tête reposée : *Relations* et *Mémoires*. Cet aspect frappe tout particulièrement dans le récit d'Angélique, ponctué de conversations-débats avec Mme de Rantzau ou avec l'archevêque, dans ceux d'Anne-Marie Eustoquie de Brégy et de Madeleine Christine Briquet. Certains de ceux qui sont commis à surveiller déplorent qu'on leur fasse exécuter une si lamentable besogne [13].

Au-delà de la défense du monastère persécuté, on propose des exemples de résistance chrétienne dont on espère qu'ils fortifieront les lecteurs et célèbreront la gloire de Dieu : tels sont les cas de Saint-Cyran chez Lancelot et de Sacy chez Fontaine [14].

Comme les martyrs devant leurs juges, dans bien des récits, l'apologie vire parfois à une saine insolence. Fontaine vexe celui qui l'interroge par sa désinvolture. Sacy lui-même, malgré sa gravité habituelle, ne cache pas son rire en présence même du gouverneur de la Bastille, qui lui dit : « Remuez-vous. Dieu dit dans l'Évangile : *Aide-toi et je t'aiderai*. M. de Sacy me regarda en riant de la citation de ce passage nouveau de l'Évangile qu'il avait oublié sans doute [sans aucun doute] dans sa traduction du Nouveau Testament de Mons [15]. » La *Relation* d'Anne-Marie de Brégy respire ce même air de moquerie, et celle de Madeleine-Christine Briquet contient des pages qui font penser au comique des premières *Provinciales*. Mais la palme – sinon du martyre – du moins de l'insolence revient à Angélique de Saint-Jean : elle identifie, rien de moins, l'archevêque au grand prêtre qui a fait arrêter Jésus ou aux pasteurs condamnés par Jérémie. Elle lui applique la parabole de Lazare et du mauvais riche : je me présente « à vos pieds, comme le Lazare couché à la porte d'un riche », et est-il nécessaire « que je vous dise de quoi a besoin une personne à qui depuis six mois vous refusez même les miettes qui tombent sous votre table, qu'on ne refuse pas aux chiens [16] ? »

13. *Relation* d'Angélique, p. 32-33.

14. On retrouve ici des précédents vénérables, comme *La Passion de Félicité et Perpétue*, composée pour l'essentiel par Perpétue elle-même, dans sa prison, près de Carthage en 203. Le récit s'ouvrait ainsi : « Si les anciens exemples de foi, qui attestent la grâce de Dieu et travaillent à l'édification des hommes, ont été consignés par écrit pour que cette lecture, comme par un nouvel examen des événements, serve à honorer Dieu et à redonner force aux hommes, pourquoi ne pas consigner aussi les témoignages récents qui répondent également à ces deux fins ? »

15. *Mémoires* de Fontaine, éd. citée, p. 799, 818, 848.

16. Éd. citée, p. 28, 269 et 126, où elle reproche à Péréfixe de la priver des sacrements. Voir aussi p. 130.

Les échos assourdis

Après cet inventaire des caractéristiques les plus marquantes de cette littérature de captivité, il reste – pour finir – à souligner que cette proximité de maintes personnalités de Port-Royal avec la prison s'est répercutée ensuite en toutes sortes d'échos bien plus lointains que les récits eux-mêmes. J'en mentionnerai trois : les deux premiers se marquent par l'intensité que prend la métaphore de la prison ; le troisième – sans doute le plus assourdi, mais non le moins poignant – consiste en une transfiguration poétique de la détresse de la captivité.

Le premier de ces échos semble bien s'entendre chez Pascal, dont Victor Brombert, dans *La Prison romantique*, trouvait le recours à cette image si frappant qu'il a, de façon inattendue, commencé son livre, consacré en principe au XIXe siècle, par un chapitre consacré au jeune théologien de Port-Royal.

Dès le 1er avril 1648, Blaise et Jacqueline Pascal – qui ont lu peu auparavant les *Lettres chrétiennes et spirituelles* de Saint-Cyran (1645-1647) – écrivent à leur sœur Gilberte : « Nous devons nous considérer comme des criminels dans une prison toute remplie des images de leur libérateur et des instructions nécessaires pour sortir de la servitude. » De là, dans les *Écrits sur la grâce*, le leitmotiv des « chaînes », des « liens ». Et dans les *Pensées* les célèbres fragments « Un homme dans un cachot... » et « Qu'on s'imagine un nombre d'hommes dans les chaînes et tous condamnés à la mort » [17], qui devaient servir d'ouverture fracassante au projet d'apologie. Ces textes étaient dotés d'une telle force qu'ils ont inspiré Tolstoï dans *La Mort d'Ivan Illitch* et Malraux pour le titre et la fin de *La Condition humaine*. On ne sera donc pas surpris de constater que le verset biblique le plus souvent cité par Pascal est celui-ci : « Si le Fils vous met en liberté, vous serez vraiment libres » (*Jean*, 8, 36).

17. Fr. 195 et 686 (dans l'éd. Sellier conforme à la copie de Gilberte). Voir fr. 186 : « Commencement / Cachot ». Ces trois « Pensées » figurent dans le dossier de notes préparatoires intitulées : « Commencement » et dans son début de rédaction, la « Lettre pour porter à rechercher Dieu ». Voir aussi le fr. 230 : « de ce petit cachot où il se trouve logé » (à propos de l'homme dans l'univers). Je me permets de renvoyer sur l'importance des chaînes et de la captivité, à l'étude « Imaginaire et théologie », dans les *Essais sur l'imaginaire classique*, Paris, Champion, 2005.

Écoutons maintenant une voix de femme, en ouvrant un manuscrit de la Bibliothèque de Port-Royal (ms. 130), intitulé *Pensées de la Mère Angélique de Saint-Jean*. Le passage que j'ai retenu célèbre le Christ comme « la clef de David », seule capable de libérer les captifs. Ce texte, qui tend vers le poème en prose, médite sur ce qu'on appelle les antiennes Ô, sept invocations au Christ, ponctuées par l'appel à sa venue, chantées dans les derniers jours qui précèdent Noël, du 17 au 23 décembre : *Ô Sapientia, Ô Adonaï, Ô radix Jesse*... Celle que je viens d'évoquer s'intitule *Ô clavis David*. En voici le texte, inspiré d'un verset de l'*Apocalypse* (3, 7) : « Ô clef de David et sceptre de la maison d'Israël, tu ouvres et personne ne ferme, tu fermes et personne n'ouvre : VIENS, et fais sortir de sa prison le peuple captif qui vit dans les ténèbres et l'ombre de la mort. » Voici la méditation de la moniale, que je dispose typographiquement pour en faire mieux saisir la qualité poétique :

Mon âme est enchaînée et prisonnière,
tant qu'elle est renfermée dans ce corps de mort,
et liée de tant d'impuissance que lui causent sa faiblesse et ses misères.
Il ne m'est pas permis de faire effort
Pour rompre les portes de ma prison,
avant que mon juge vienne lui-même me délivrer.
Tout ce que je puis faire cependant,
C'est de soupirer vers vous, ô Jésus,
qui avez la clé et la disposition de toutes les grâces,
afin qu'il vous plaise ouvrir
au moins quelquefois pour peu de temps
la porte de cette prison
pour me faire respirer l'air et la lumière
d'une consolation spirituelle,
et me donner quelque avant-goût de cette heureuse liberté
qui est l'objet de mes désirs et de mon gémissement.
C'est vous, mon Sauveur,
qui venez m'apporter cette joie
en m'annonçant la nouvelle que le royaume des cieux approche ;
et dans l'espérance de ma liberté
je vous invoque en vous disant : Ô CLAVIS DAVID.

Après Pascal et Angélique de Saint-Jean, le troisième écho probable de l'expérience de la persécution et de la prison n'est autre que Racine, l'orphelin de Port-Royal. Il est connu que le scénario obsédant qui reparaît sans cesse dans ses tragédies reprend la persécution de victimes innocentes, gémissantes et en pleurs. Cette strate profonde de l'archéologie racinienne, ce « hiéroglyphe oublié » (Marthe Robert) ne renvoient-ils pas à ce que le dramaturge a vu enfant : les religieuses persécutées, menacées par les descentes de police, en larmes ? Il y aurait alors lieu d'écrire *Un souvenir d'enfance de Jean Racine*. Ce souvenir affleure dans une note qui date vraisemblablement de l'époque où il composait *Esther* ; il y a écrit « Port-Royal », comme quasi-titre d'un verset du prophète Michée : « Les femmes de mon peuple, vous les avez chassées de la maison qu'elles aimaient ; à leurs petits enfants vous avez arraché ma louange pour toujours. »

Or *Esther* brille, sur l'éventail des tragédies raciniennes, comme une tragédie de la captivité. Sainte-Beuve a merveilleusement reconnu dans les chœurs d'*Esther* (et dans une moindre mesure d'*Athalie*, où l'enfermement est quand même dans le Temple) le chant des moniales [18]. Le poète a dépeint l'entrée de ces chœurs, non pas comme celle qui était rituelle dans la tragédie grecque, mais comme l'arrivée en désordre, de différents côtés, des religieuses qui se mettent en place pour la liturgie.

Comment ne pas entendre la plainte et l'espérance de Port-Royal dans les célébrations des jeunes Israélites prisonnières (vers 304) ?

UNE ISRAÉLITE, seule.

Pleurons et gémissons, mes fidèles compagnes.
À nos sanglots donnons un libre cours.
Levons les yeux vers les saintes montagnes
D'où l'innocence attend tout son secours.
Ô mortelles alarmes !
Tout Israël périt, pleurez, mes tristes yeux.
Il ne fut jamais sous les cieux
Un si juste sujet de larmes.

UNE AUTRE ISRAÉLITE

N'était-ce pas assez qu'un vainqueur odieux
De l'auguste Sion eût détruit tous les charmes,
Et traîné ses enfants captifs en mille lieux ?

18. Voir l'étude « Les tragédies de Racine et Port-Royal », dans *Port-Royal et la littérature II*, Paris, Champion, 2000. Pour Sainte-Beuve, voir son *Port-Royal*, Paris, Robert Laffont, « Bouquins », 2 vol., 2004 : t. II, p. 360-361.

TOUT LE CHŒUR
Ô mortelles alarmes !

LA MÊME ISRAÉLITE
Faibles agneaux livrés à des loups furieux,
Nos soupirs sont nos seules armes (vers 293-307).

Voilà pour les plaintes. Et maintenant pour l'espérance :

Ton Dieu n'est plus irrité.
Réjouis-toi, Sion, et sors de la poussière.
Quitte les vêtements de ta captivité,
Et reprends ta splendeur première.
Les chemins de Sion à la fin sont ouverts.
Rompez vos fers,
Tribus captives... (v. 1236-1242.)

On le voit, cette longue expérience de la prison, qui a duré aussi longtemps que l'exil des Juifs à Babylone, a laissé un étonnant sillage littéraire.

*
* *

Pour conclure, le XVIIe siècle apparaît comme une époque séduisante pour qui veut se pencher sur les rapports entre littérature et prison. Mais même les multiples textes qui renvoient aux sept années de captivité de Mme Guyon [19] font pâle figure auprès de la richesse orchestrale que nous permet d'entendre Port-Royal. L'emprisonnement de Saint-Cyran n'a été que le prélude à une partition étonnamment variée : hommes et femmes, prêtres et laïcs, de tous les âges et de diverses conditions ; captifs s'exprimant par leurs lettres de prison ou par leurs Relations, ou proches racontant ces épreuves et portant un témoignage de foi.

Port-Royal nous offre collectivement le modèle des sentiments chrétiens pour tous ceux qui sont « prisonniers pour le Christ ». Il a vécu

19. Voir D. Tronc, *Les Années d'épreuves de Madame Guyon. Emprisonnements et interrogatoires sous le Roi Très Chrétien*, Paris, Champion, 2009.

longtemps sous la menace de l'incarcération et s'y est évangéliquement préparé, comme l'attestent les écrits qui s'intitulent peu ou prou *Règles pour les temps d'épreuve et de persécution* (Agnès Arnauld, Angélique de Saint-Jean, Hamon...).

En ses écrivains les plus remarquables, cette expérience de l'enfermement s'est exprimée par le lyrisme. Si Sacy à la Bastille paraît esquisser le motif stendhalien de la « prison heureuse », les autres captifs ont fait face avec une fermeté dramatique à ce qu'ils ressentaient comme une épreuve christique.

Comment raconter la prison au XVIIe siècle ?

Par Emmanuèle LESNE-JAFFRO

En liberté maintenant me pourmène
Mais en prison pourtant je fus cloué :
Voilà comment fortune me démène
C'est bien, et mal. Dieu soit de tout loué.
Clément Marot [1].

Le poème de Clément Marot chante, vers 1530, l'allégresse et l'étonnement de la liberté retrouvée après l'emprisonnement. Si la stupeur de l'arrestation frappe tous les prisonniers, tous n'ont pas le bonheur de célébrer leur liberté en rondeau, comme cette voix de la Renaissance. Je propose de décrire les modalités du récit de captivité au XVIIe siècle, à une époque où la prison n'entre pas encore dans le champ du judiciaire, comme le rappelle Michel Foucault, qui souligne la rupture majeure opérée à la fin du XVIIIe siècle dans la conception de l'emprisonnement :

> Son rôle c'est d'être une prise de gage sur la personne et sur son corps : *ad continendos homines, non ad puniendos*, dit l'adage ; en ce sens, l'emprisonnement d'un suspect a un peu le même rôle que celui d'un débiteur. Par la prison on s'assure de quelqu'un, on ne le punit pas. Tel est le principe général. [...] La prison [...] était, dans la pratique, directement liée à l'arbitraire royal et aux excès du pouvoir souverain. Les « maisons de force », les hôpitaux généraux, les « ordres du roi » ou ceux du lieutenant de police, les lettres de cachet obtenues par les notables ou par les familles avaient constitué toute une pratique répressive, juxtaposée à la justice régulière et plus souvent opposée à elle. Et cet enfermement extra-judiciaire se trouvait rejeté aussi bien bien par les juristes classiques que par les réformateurs. Prison, fait du prince, disait un traditionaliste comme Serpillon [...]. Détention, figure et instrument privilégié du despotisme, disent les réformateurs [...] [2] ?

1. C. Marot, *L'Adolescence clémentine*, *Rondeau parfait à ses Amis après sa délivrance*, éd. Frank Lestringant, Paris, Gallimard, 1987, p. 216.
2. M. Foucault, *Surveiller et punir. Naissance de la prison*, Paris, Gallimard, 1975, p. 120-121.

Mon propos vise moins l'expérience vécue de la prison que sa représentation littéraire, et interroge le croisement du témoignage et de la littérature. Je vais d'abord tenter de circonscrire le champ du récit de captivité pour ensuite discerner ses espèces ou ses différentes déclinaisons. Je limite cette investigation aux récits personnels qui renvoient à une expérience directe de la captivité, excluant les relations de témoins extérieurs comme Mme de Sévigné évoquant dans sa correspondance l'affaire Fouquet, le procès de Pomponne ou encore les relations historiques.

Qu'est-ce qu'un récit personnel de prison au XVIIe siècle ? Commençons par un détour. Dans l'examen de la pièce *Médée* (1660), Corneille rappelle avec finesse combien le spectacle du cachot est déplaisant pour le public :

> J'oubliais à remarquer que la prison où je mets Ægée est un spectacle désagréable, que je conseillerais d'éviter : ces grilles qui éloignent l'acteur du spectateur et lui cachent toujours plus de la moitié de sa personne ne manquent jamais à rendre son action fort languissante. Il arrive quelquefois des occasions indispensables de faire arrêter prisonniers sur nos théâtres quelques-uns de nos principaux acteurs, mais alors il vaut mieux se contenter de leur donner des gardes qui les suivent et n'affaiblissent ni le spectacle ni l'action, comme dans *Polyeucte* et dans *Héraclius*. J'ai voulu rendre visible ici l'obligation qu'Ægée avait à Médée, mais cela se fût mieux fait par un récit [3].

Plus de quarante années après la production de *Médée*, Corneille semble regretter le risque pris de représenter la prison sur la scène, le risque de déplaire et de rendre l'action languissante. La geôle n'est pas un objet ni un lieu compatible avec le divertissement et le plaisir. *Polyeucte* rappellera plus discrètement la captivité par la présence de gardes sur la scène. Si la représentation du cachot est déplaisante et peu recommandable pour le dramaturge, elle renvoie à une réalité pressante du XVIIe siècle, qui a donné matière à de nombreux témoignages. La question soulevée par Corneille dessine un clivage entre la littérature de fiction, le théâtre, destiné à plaire, et la littérature liée à la réalité d'une épreuve, la littérature de témoignage. Apparaît un des premiers

3. P. Corneille, *Œuvres complètes*, Paris, Éditions du Seuil, 1963, p. 174.

paradoxes du récit de prison : comment concilier une expérience éminemment douloureuse, dans laquelle le désespoir et la peur sont le plus souvent au premier plan, avec l'artifice d'une narration qui ne peut pas totalement esquiver l'enjeu de la séduction de l'auditoire ? Mésaventure traumatisante, d'une part, et artifice rhétorique, d'autre part, le récit de prison articule ces deux conditions.

S'il est permis de rapprocher les œuvres par-delà les siècles, de risquer l'anachronisme incongru (mais la prison n'est-elle pas désespérément anachronique ?), je convoquerai une réflexion d'un autre dramaturge, Jean Genet, qui confirme l'idée de Corneille. Dans une introduction à un recueil de lettres de prisonniers, Jean Genet remarque :

> Un livre écrit en prison – et dans n'importe quel lieu de réclusion – s'adresse peut-être davantage à des lecteurs non réprouvés, qui jamais n'ont été et n'iront en prison, et c'est pour cela que d'une certaine manière un livre pareil s'avance d'une démarche oblique [...]. C'est donc derrière une grille, seule acceptée par eux, que ses lecteurs, s'ils l'osent, devineront l'infamie d'une situation qu'un vocabulaire honnête ne sait restituer, mais derrière les mots admis, discernez les autres [4] !

Après Corneille, Genet reformule en 1970 la question de la recevabilité de la représentation de l'expérience carcérale. Que peut-on représenter de la réclusion, par quels moyens, par quels mots peut-on la rendre acceptable, regardable, visible ou lisible ? Pour engager la description des témoignages sur la prison que le XVIIe siècle nous a livrés, il faut prendre la mesure de leur situation ; comme toute œuvre littéraire, ils n'échappent pas à la prise en compte des lecteurs.

Corneille attire notre attention sur un autre point : un récit peut être l'alternative au « spectacle désagréable » de la prison. Comment Corneille le conçoit-il, comme la narration par un tiers de l'enfermement du roi Égée délivré par Médée, ou par un récit d'Égée lui-même ? La solution qu'apporte *Polyeucte* est celle de la simple présence de gardes, autrement dit une métaphore de la geôle. Mais quittons l'univers du théâtre.

4. J. Genet, « Introduction à : *Les frères de Soledad* », dans *L'ennemi déclaré*, Textes et entretiens choisis 1970-1983, Paris, Gallimard, 2010. Autrement dit, tout récit de prison est auto-censuré, et je censure ici moi-même la violence de l'expression de Genet.

L'idée d'une codification, d'une formalisation possible du récit de prison, semble impliquer la banalisation de l'épreuve carcérale rapportée. Or, le récit de prison quelque soit sa forme, revendique et proclame l'irréductible singularité de chaque expérience. Si la mise au cachot nie l'individu dans sa liberté, le récit revendique son statut de parole individuelle et singulière. Le récit de prison fictionnel trahit cet aspect des témoignages sur la détention : la fiction banalise et réduit aux lieux communs ce que les récits des captifs veillent à préserver, la singularité de chaque emprisonnement à travers laquelle l'individu proclame et retrouve sa dignité et sa liberté.

Le récit carcéral est ainsi un étrange objet : son enjeu est de rappeler une présence, mais il joue à passer inaperçu en investissant des genres qui le masquent, ainsi dans les Mémoires ou encore lorsqu'il se déploie en vers au milieu d'un recueil de poésie chez Théophile de Viau. Voué à publier une dissimulation, à conjurer une mise à l'écart, il est souvent caché dans d'autres formes ; c'est l'un des aspects de sa « démarche oblique ».

Les *Mémoires* de Brienne le jeune nous en fournissent un exemple éclatant : le texte est présenté comme la relation de la vie d'un secrétaire d'État aux affaires étrangères tombé en disgrâce pour folie, ou « extravagance », relation ayant pour objet les ministères de Richelieu et de Mazarin, un voyage en Laponie et les débuts du règne personnel de Louis XIV. Le titre infiniment long porte très discrètement la mention de la captivité et les allusions du mémorialiste à sa condition de prisonnier ne manquent pas, mais elles sont rapportées à « l'exil », terme qui estompe la réalité de l'enfermement. Il faut attendre, en effet, cinquante pages pour que la désignation des conditions d'écriture apparaisse :

> Le Brienne d'alors ne valait pas le Brienne d'aujourd'hui. Mes Malheurs m'ont appris bien des choses que je ne savais pas, et une captivité aussi dure que la mienne me distingue tellement de messieurs mes confrères [...] [5].

Les *Mémoires* de Brienne sont avant tout un « récit de prison ». Le texte, principalement écrit en détention, masque autant qu'il le peut

5. L.-H. de Loménie, comte de Brienne, *Mémoires*, éd. Paul Bonnefon, Paris, Société de l'Histoire de France, 1916-1919, 3 vol. , t. I, p. 47.

cette origine. A-t-on affaire à un sous-genre des Mémoires ou plus encore à la forme matricielle des Mémoires ? Marc Fumaroli attire notre attention sur ce point dans la préface à *La Consolation de la philosophie* de Boèce, mais sans produire d'écho. Évoquant plus spécifiquement le chapitre autobiographique (8, I) du livre, Marc Fumaroli, le définit ainsi :

> Texte germinal, où il faut voir l'incunable d'un genre littéraire promis, après une incubation de dix siècles, à une étonnante floraison en France, de Commynes à Retz, de Saint-Simon à Chateaubriand [6].

Ce constat capital s'inscrit dans les débats sur les Mémoires, qui ont relayé ceux touchant à l'autobiographie, et à la définition d'une origine du genre ; à cet égard Marc Fumaroli apporte une alternative aux réponses présentant Rousseau, ou encore saint Augustin comme des modèles. Ce récit d'un condamné à mort serait moins le modèle que l'embryon ou le germe à partir duquel le genre des Mémoires va se déployer. Cette hypothèse permet de penser le récit de prison comme le noyau de narrations plus vastes, et non pas comme un épisode accessoire.

Chez Théophile de Viau, c'est par un artifice de composition que le récit carcéral se cache. Ainsi Théophile consacre de façon ostensible une *Apologie* en prose (en plus de sa version latine) à dénoncer le scandale de son incarcération, mais plus discrètement, la troisième partie de ses œuvres poétiques, soit onze pièces, est dédiée à narrer la captivité. Outre cet aspect formel de la dissimulation, Théophile insiste sur la difficulté matérielle du témoignage : écrire en prison est tout simplement interdit. À cet égard, lorsque le poète Jean Cassou rapporte qu'il a élaboré de mémoire en 1941, sans le support de l'écriture, ses *Trente-trois sonnets composés au secret* [7], il fait écho à cette description des contraintes et des censures qui s'opposent au témoignage carcéral, fût-il poétique.

Dans *l'Apologie de Théophile* [8], violente diatribe contre son persécuteur, le père Garasse, le poète Théophile de Viau dénonce l'étroite

6. Boèce, *Consolation de la philosophie*, Préface de Marc Fumaroli, Paris, Petite Bibliothèque Rivages, 1989, p. 27.

7. J. Cassou, *Trente-trois sonnets composés au secret*, Paris, Gallimard, 1995.

8. Th. de Viau, *L'Apologie*, dans *Œuvres complètes*, éd. G. Saba, Paris, Champion, 3 vol., 1999, t. II, p. 167-181.

surveillance dont il fait l'objet et qui rendrait l'entreprise du témoignage impossible, si la providence ne permettait de contourner l'injustice ; écrire pour exposer la détention, publier le cachot, montrer le lieu du secret, prouve la faveur de la providence. L'écriture carcérale dément ainsi l'accusation d'impiété, retourne contre le détracteur ses accusations :

> Ne vous étonnez pas que dans un cachot si serré j'aie trouvé de l'ouverture à faire passer cette Apologie. Ce n'est pas que je n'y sois gardé fort soigneusement et que deux fois le jour on ne vienne épier ici jusqu'à mes regards pour voir si je ne fais pas quelque embûche à ma captivité ; mais Dieu ne veut pas que les hommes puissent découvrir une voie qu'il me laisse d'écrire les justes sujets de ma plainte : il me fait cette grâce afin que mon malheur ne laisse pas pour le moins quelque honte à ma mémoire ou quelque tache à la vie des miens, et que je témoigne au public que mon affliction ne me vient que de votre crime et de mon innocence [9].

En écho à *L'Enfer* de Clément Marot, c'est sans doute chez Théophile que l'on trouve les évocations les plus touchantes de l'obscurité du cachot, « les affreuses ténèbres », leitmotiv de toute sa poésie :

> Les rayons du soleil, affaiblis comme par une éclipse perpétuelle, tentent pendant deux heures seulement aux alentours de midi de tromper l'obscurité du lieu, et laissent filtrer de minces filets de lumière, plus pâles que le plus faible des lumignons, par le renfoncement tortueux d'une meurtrière fort éloignée. Le reste du temps, une chandelle minuscule produit une espèce de lueur et fuligineuse comme le feu d'une lanterne sourde, et, dans un tel espace de ténèbres verse une lumière si pauvre que c'est à peine si elle parvient à dissiper un moment l'obscurité et à permettre à mes yeux de diriger mes pas dans ce cachot au sol inégal [10].

Le thème est repris en vers, dans la « Très humble requête de Théophile à Monseigneur le Premier Président » :

> Privé de la clarté des cieux
> Sous l'enclos d'une voûte sombre,
> Où les limites de mes yeux
> Sont dans l'espace de mon ombre [11].

9. *Ibid.*, t. II, p. 181.
10. *Ibid.*, p. 185.
11. *Ibid.*

La privation de lumière, emblème du cachot, constitue de la même façon chez Brienne une humiliation très vivement ressentie ; l'épisode où l'on condamne une des ses fenêtres est vécu et rapporté comme une punition terrible. Certes, il n'est pas privé de papier, et dispose de quelques livres et de documents qui lui permettent d'écrire ses *Mémoires*, mais sous un étroit contrôle. Dans les brèches d'un texte élaboré pour le masquer, le ressentiment de Brienne perce la surface de la narration historique :

> Mais, à la vérité, celui dont j'écris l'histoire était si différent de cet autre qui pourrit dans les cachots de l'inquisition de France (pour ne pas dire toujours Saint-Lazare) que j'ai cru pouvoir, en m'égayant, le traiter de héros en comparaison de ce pauvre prisonnier, qui, faute de meilleure occupation, s'amuse à écrire le récit de ses propres aventures. Hier encore, de fraîche mémoire, après dix ans de la plus dure captivité qui fût jamais, on s'avisa sur des crimes supposés et sur des choses qui se sont passées il y a deux ou trois ans dans ce même lieu où je suis détenu, et dont j'ai fait une pénitence plus que suffisante, hier, dis-je, on s'avisa de me fermer mes fenêtres du côté de Montmartre, d'où me venait la plus belle vue (s'il peut y en avoir de belle dans une prison telle que celle-ci), avec des barres de fer scellées dans le mur avec des planches ; de me barricader ma porte, de m'y faire un guichet pour me passer par ce trou mon manger, comme à un pestiféré ; en un mot après m'avoir fouillé sur un ouï-dire que j'avais quelque arme offensive, ce qui ne se trouva point après que six frères dévots m'eurent mis en chemise et en caleçon dans un des cachots de la lingerie, on me ramena dans ma chambre ainsi barrée, grillée et fortifiée de nouveau de tout ce qu'on s'est pu aviser de plus cruel et de plus contraire à mon humeur, toujours libre et enjouée, ce qui ne plaît pas aux supérieurs de cette affreuse maison [12].

Témoigner de la prison est une anomalie, un paradoxe dans la mesure où le prisonnier n'a pas de légitimité à prendre la parole ; il est tenu au secret pour brider cette parole. Matériellement, mais aussi psychologiquement, tout est fait pour que le récit carcéral n'ait pas lieu.

Au-delà des difficultés matérielles (l'obscurité, le défaut de papier, de plume) et de la censure, le sentiment d'indignité, la dégradation psychologique sont des obstacles les plus redoutables. Bassompierre en

12. Brienne, *op. cit.*, t. II, p. 119-121.

apporte l'illustration. Incarcéré par ordre de Richelieu à la Bastille depuis 1631, il n'en sort qu'au bout de douze ans, après la mort du ministre. Son *Journal* s'attarde, alors qu'il connaît sa sixième année à la Bastille, sur des considérations touchant la défaite des armées françaises dans les Grisons, en Valteline, et quelques succès militaires en Méditerranée :

> Je n'avais que faire de m'étendre sur ces deux diverses actions ; mais m'étant embarqué dans l'affaire des Grisons, où j'ai gardé toujours quelque affection, après avoir été vingt et un ans colonel de cette nation, j'ai pensé devoir aussi dire cette brave action à l'honneur de la France, *n'ayant rien à dire de moi qui croupis dans ma misérable prison* [13].

Cet argument est repris dans la chronique de 1639, trois ans plus tard :

> Étant détenu depuis tant de temps au château de la Bastille, où je n'ai autre chose à faire qu'à prier Dieu qu'il termine bientôt mes longues misères par ma liberté ou par ma mort, *que puis-je écrire de ma vie, puisque je la passe toujours d'une même façon*, si ce n'est qu'il m'arrive de temps en temps quelques sinistres accidents ; car je fus privé des bons dès que j'ai été privé de ma liberté. *C'est pourquoi n'ayant rien à dire de moi*, je remplis le papier de ce qui se passe tous les mois dans le monde de ce qui vient à ma connaissance. Et comme l'hiver toutes choses se reposent, ou se préparent pour agir au printemps, ce mois de décembre est fort maigre et stérile de nouvelles [14].

Par nature, le récit de captivité est menacé par le vide ou l'inconsistance. Quel peut-être son objet ? L'expérience carcérale prive la vie de son potentiel narratif, précisément parce qu'elle l'ampute de toute action : « Que puis-je écrire de ma vie ? » La mémoire reste le seul ressort pour le détenu. Il ne s'agit donc pas seulement de censure. Au contraire, la censure semble stimuler la parole. Bassompierre est confronté à l'insignifiance de sa propre vie, anéantie, et il perçoit la captivité comme une épreuve qui échappe au récit. Être en prison, c'est

13. F. de Bassompierre, *Journal de ma vie*, *Mémoires relatifs à l'Histoire de France*, éd. Petitot, Paris, Foucauld, t. XXI, 1823, p. 353-354. L'italique met en relief les formules exemplaires.
14. *Ibid.*, p. 419.

être mort au récit, ce qui souligne la pression du modèle épique implicite qui nourrit la représentation de Bassompierre. En dehors d'une grande action, le récit est sans objet.

J'ai évoqué jusqu'à présent Théophile de Viau, Brienne, Bassompierre. Mais l'inventaire des témoins et des victimes d'incarcération au XVIIe siècle est beaucoup plus vaste. Théophile, Bassompierre et Brienne ont en commun d'avoir écrit pendant leur détention. Théophile compose des poèmes et des pièces de défense apologétiques. S'ajoutent les témoins qui écrivirent après coup : Nicolas Fontaine [15] raconte sa propre détention à la Bastille aux côtés de Sacy, mais aussi celle de Saint-Cyran, sous Richelieu, Angélique de Saint-Jean sa captivité au couvent des Annonciades [16]. Ajoutons Bussy-Rabutin [17], Retz [18]. Les récits Camisards [19] énumèrent avec précision au rang des persécutions, déclinées en un martyrologe qui prolonge ceux des années 1580, les longues prisons issues d'un autre théâtre de cruauté, non plus celui de la Conciergerie, le Châtelet, la Bastille ou le fort de Vincennes, le donjon de Nantes, le couvent des pères de Saint-Lazare, mais des prisons du sud des Cévennes, Montpellier, Aigues-Mortes [20]. N'oublions pas Pontis [21], racontant sa

15. Nicolas Fontaine, *Mémoires ou Histoire des Solitaires de Port-Royal*, éd. P. Thouvenin, Paris, Champion, 2001.

16. Angélique de Saint-Jean, Arnauld d'Andilly, *Relation de captivité*, éd. L. Cognet, Paris, Gallimard, 1954.

17. Roger de Bussy-Rabutin, *Mémoires*, éd. Lalanne, 2 vol., Paris, Charpentier, 1857.

18. F. de Gondi, cardinal de Retz, *Mémoires*, éd. S. Bertière, Paris, Garnier, 2 vol., 1987.

19. A. Mazel, E. Marion, E., et J. Bonbonnoux, *Mémoires sur la guerre des Camisards*, Montpellier, Les Presses du Languedoc, 2001.

20. La liste pourrait se prolonger, en nous faisant sortir du cadre du XVIIe siècle jusqu'aux innombrables aventures de Casanova qui fit l'expérience de nombreuses geôles d'Europe, pas seulement des Plombs à Venise, aux *Mémoires* de Mme Roland sous la Terreur. Cette réflexion trouve d'intéressants modèles d'analyse dans l'attention portée depuis quelques années au témoignage, renouvelant utilement l'approche de la notion de genre, comme le font les Mémoires, et enfin dans l'attention prêtée aux récits concentrationnaires, puis génocidaires, récits de rescapés, au sujet desquels Primo Levi affirme : « Le récit de rescapé est un genre littéraire » (cité par Catherine Coquio dans *Les genres de travers*, PUR, La licorne, 2007, n° 82).

21. Louis de Pontis, *Mémoires*, éd. A. Villard, Paris, Champion, 2000.

détention en Allemagne, et Dassoucy [22], qui produit de très singuliers récits de prison, autonomes ou intégrés aux *Aventures d'Italie*. Fouquet est l'archétype du prisonnier, transféré d'une forteresse l'autre, mais aussi Lauzun compte parmi les célèbres figures de la Bastille ; celle-ci focalise l'attention, comme un symbole, mais occulte la variété des lieux de détention dans la France à l'Âge classique. Poursuivons l'inventaire avec La Rochefoucauld [23], l'illustre « prison des princes » pendant la Fronde, ou plus humblement Daniel de Cosnac, La Porte.

La fréquence du récit de prison dans les Mémoires est remarquable et ses combinaisons possibles sont variées. Il faut à présent décrire cette variété en dégageant quatre types principaux, dont les critères ne sont pas homogènes, les récits écrits en prison, les récits rédigés après coup, les récits autonomes et les récits mêlant vérité et fiction.

Bassompierre et Brienne offrent un premier type de narration : ils présentent l'exemple de deux récits mémorialistes dont la singularité se révèle d'emblée, tous deux sont écrits en prison, et sans horizon de libération certaine. Le critère du lieu de l'écriture mémorialiste et de sa situation par rapport à la détention est central. Homme de guerre et de cour, Bassompierre écrit son *Journal* à la Bastille, où il a été incarcéré en février 1631 par ordre de Richelieu, comme on l'a vu. Le *Journal* s'interrompt avant la libération. Brienne écrit à Saint-Lazare, où sa famille l'a fait interner « en qualité de fou » en 1674 : il n'en sortira que dix-huit années plus tard. Il commence la première rédaction de ses *Mémoires* vers 1682. Dans les deux cas, ces témoignages sont écrits en captivité. Mais ni Bassompierre ni Brienne n'ont pour objet la prison : l'un et l'autre écrivent comme pour l'oublier. La détention est évoquée de façon sporadique, elle n'est pas l'objet des Mémoires.

Brienne compose une histoire des ministères de Richelieu et de Mazarin et des affaires politiques qu'il peut éclairer jusqu'en 1661, mêlée de récits plus personnels, comme le voyage en Laponie. Bassompierre tient la chronique, en forme d'annales, des événements marquants dont il est informé pendant sa détention : le récit englobe les

22. C. Dassoucy, Coypeau, *Les Aventures burlesques de Dassoucy*, éd. E. Colombey, Paris, Delahays, 1858.

23. F. de La Rochefoucauld, *Mémoires*, dans *Œuvres Complètes*, éd. Louis Martin-Chauffier, revue et augmentée par J. Marchand, Paris, Gallimard, Bibliothèque de la Pléiade, 1964, p. 131.

années qui précèdent la prison, et il raconte son arrestation en l'émaillant de détails plaisants, indiquant des centaines de lettres d'amour, qu'il brûle par galanterie pour ne pas compromettre des dames. Une organisation précise du récit se dessine à travers ce modèle : les premiers signes de la disgrâce, la confiance du serviteur du roi qui ne veut pas douter, le refus de la fuite, les modalités de l'arrestation, du transfert en prison, des interrogatoires par le gouverneur ou le lieutenant civil, les premiers moments de la détention, enfin l'étirement du temps et l'attente, le maintien d'une sociabilité étrange, la constance ou l'impatience. Retz fournit l'exemple héroïque de l'évasion comme une variante de cette syntaxe narrative, mais son récit appartient au second type des narrations ultérieures.

Théophile de Viau offre un exemple intéressant de poésie carcérale en vers, dans la troisième partie de ses œuvres poétiques, conforme à l'édition de 1625, établie du vivant de Théophile ; cette partie réunit 11 pièces poétiques écrites en prison. S'y ajoute *l'Apologie de Théophile* en prose. Cet ensemble évoque les conditions de l'incarcération, la colère du poète et met particulièrement en avant la piété consolante. Celle-ci s'illustre par exemple dans la 4e strophe de la seconde pièce, « La pénitence de Théophile » :

> Mon jeu, ma danse et mon festin,
> Se font avec saint Augustin,
> Dont l'aimable et sainte lecture
> Est ici mon contrepoison
> En la misérable aventure
> Des longs ennuis de ma prison [24].

Le récit poétique de prison se déploie à travers les formes diverses d'une poésie narrative égrainant des « Plainte », « Pénitence », « Requête », « Très humble requête », « Remerciement », « Prière », « Remontrance », plus singulièrement le cycle des dix odes intitulé : « La maison de Sylvie », et pour conclure une « Lettre » en vers, autant de pièces adressées à différents dédicataires. La simplicité de l'expression de Théophile me paraît remarquable, comme on a pu le voir dans les exemples précédemment cités. Je suis frappée par les nombreuses similitudes avec l'œuvre de Marot et avec ses métaphores, ses images,

24. Th. de Viau, *op. cit.*, p. 148.

la tonalité de ses vers sur les mésaventures de ses emprisonnements. Cet aspect suggère le réinvestissement d'un modèle littéraire, qui ne se limite pas à la forme, et confirme l'élaboration du récit de prison comme genre. La répétition d'une syntaxe identique des récits, chez Bassompierre, Retz, Fontaine, syntaxe qui combine la même suite d'éléments, conduisant à la répétition d'un scénario récurrent que j'évoquais plus haut, engage l'identification du genre (soupçons de disgrâce, arrestation, incarcération, puis les variantes de l'évasion, ou des démarches conduisant à la libération, etc.).

Abordons à présent un deuxième type de récit, la narration ultérieure. Le narrateur, contrairement au cas précédent, sait comment s'achève la détention et est éclairé par la connaissance du dénouement.

Dans le cas de Bussy-Rabutin, l'incarcération à la Bastille n'est qu'une péripétie douloureuse, racontée après coup, pendant l'exil en Bourgogne, et mise en perspective dans l'ensemble de la vie. Notons toutefois les différences de ton par rapport à la relation comparable de Retz : l'épisode est réinscrit dans un dessein d'héroïsation du personnage chez Retz, alors que Bussy insiste au contraire sur sa décrépitude et sa déchéance, en inversant précisément le modèle héroïque dans une intention apologétique (à la manière de Théophile). Retz raconte avec un plaisir non dissimulé et avec enjouement son évasion de Nantes qui constitue le point de fuite de la narration ; Bussy-Rabutin ne poursuit pas le récit des *Mémoires* au-delà de sa libération obtenue en raison de la dégradation de sa santé. L'épisode est glorieux chez Retz, avilissant pour Bussy, et cette différence signale une divergence capitale dans les enjeux de l'œuvre : Bussy espère un retour en grâce, Retz est définitivement désabusé du monde.

À la catégorie des « prisons glorieuses » ou héroïques, appartient la brève évocation d'une incarcération de huit jours dans les *Mémoires* de La Rochefoucauld. Plusieurs traits sont caractéristiques de ces narrations : le mémorialiste intègre l'épisode de la prison à un récit plus vaste. Nous n'avons plus affaire à une dissémination, voire à une dissimulation de la détention, comme chez Bassompierre et Brienne.

Les captivités rapportées par Fontaine appartiennent aussi à cette catégorie. Fontaine rapporte la prison de Saint-Cyran à Vincennes, et celle de Sacy qu'il partage à la Bastille. Il ne s'agit pas dans le premier cas d'un récit en première personne, mais Fontaine reste un témoin direct très discret même dans l'épisode de sa propre détention. L'habileté de Nicolas Fontaine est d'inscrire ces captivités dans le tableau plus vaste des persécutions contre les jansénistes, de mettre en relief la sainteté des personnages persécutés, Saint-Cyran et Sacy, et d'ajouter une pierre à un édifice collectif auquel contribuent Angélique de Saint-Jean, Thomas du Fossé, Lancelot. La grande force du récit de Fontaine réside dans le mélange des registres comiques, lyriques et pathétiques, alors que la palette de Bussy-Rabutin reste celle du seul pathétique. Il ordonne avec précision les arguments et les motifs (mise en parallèle de la prison de Sacy et de celle de Saint-Cyran) et déploie une écriture véritablement inspirée, aux images spirituelles efficaces (le feu sous le boisseau), comme on peut le voir à travers ces exemples. Démontrant que Saint-Cyran vivait très retiré, Fontaine met en avant la faute stratégique de Richelieu, qui lui fait une soudaine publicité en le retenant cinq ans à Vincennes. Arme destinée à réduire les résistances, la prison devient l'outil du rayonnement de la sainteté, l'arme qui se retourne contre le persécuteur :

> Ce saint homme [...] était depuis cinq ans prisonnier au bois de Vincennes, où l'on peut dire que Dieu, au lieu de cacher ainsi cette grande lumière sous le boisseau, la tirait au contraire de l'obscurité pour la placer dans un lieu élevé afin qu'elle éclatât devant les hommes. [...] Dieu qui élève les humbles, voulut enfin tirer son serviteur du grand secret. Il permit pour cela qu'on lui rendît de mauvais offices auprès de M. le Cardinal de Richelieu [...]. Ils voulaient par cet emprisonnement cacher cet abbé dans l'obscurité, et c'est ce qui le tira de l'obscurité au contraire [25].

Fontaine renchérit par un deuxième argument qui est d'ordre spirituel : l'inefficacité des persécutions de Richelieu renvoie à leur vanité confrontée à la grandeur des desseins divins. La sainteté ne peut être captive, elle échappe aux critères humains. « Je n'ai garde de me plaindre de rien, sachant que Dieu fait tout », dit Saint-Cyran, sur lequel la prison n'a pas de prise [26]. À côté de la peinture sublime de Saint-Cyran « heureux dans sa prison » [27], Fontaine évoque les amis

25. N. Fontaine, *op. cit.*, p. 372-373.
26. *Ibid.*, p. 379.
27. *Ibid.*, p. 381.

de Saint-Cyran, conscients des souffrances induites par cette captivité. Le regard sur la prison est double : les points de vue spirituel et humain se complètent.

Les limites de son propre témoignage sont bien marquées par Fontaine. Il évoque d'abord l'hostilité de Saint-Cyran à son entreprise :

> Je demande pardon à ce saint homme si j'ose ici parler de lui. Je sais combien il a désiré demeurer caché, et qu'on ne dît rien de lui ni pendant sa vie, ni après sa mort, et qu'il dit un jour que si quelqu'un pensait jamais à rien écrire de lui, il souhaiterait de pouvoir venir lui arracher la plume des mains [28].

Fontaine souligne ensuite le mystère du cœur ; il conclut la brève histoire de la libération de Saint-Cyran :

> Je n'entre pas davantage dans l'histoire de ce saint homme. Qui pourrait pénétrer ce qui se passait dans le sanctuaire de son cœur ? Il n'y avait que Dieu qui en fut témoin [29].

La faiblesse de la perspicacité humaine est confrontée à la grandeur de la vision de Dieu. L'invalidité ou l'humilité du témoignage humain limite le témoignage de Fontaine qui ne peut que laisser entrevoir le mystère. La force des récits de prison issus de Port-Royal est indiscutablement liée à la puissance de leur spiritualité qui innerve la rhétorique implacable des *Mémoires*. Les *Mémoires* de Pontis, qui relatent un emprisonnement en Bavière, offrent un exemple de narration ultérieure, déléguée à un tiers, Pierre Thomas du Fossé. La détention vécue par l'homme de guerre à Augsbourg en 1644, oublié des puissants de la cour de France, mais providentiellement libéré grâce à un imagier de Bretagne, constitue le moment crucial de la conversion du futur solitaire de Port-Royal.

La signification providentielle de l'épreuve de la prison est au centre des récits camisards. Les *Mémoires* d'Élie Marion rapportent ainsi l'évasion d'un groupe de camisards conduits par Abraham Mazel hors de la Tour de Constance d'Aigues-Mortes. La description très minutieuse des murailles de cette tour confère à l'évasion, annoncée par de multiples inspirations, un caractère providentiel :

28. *Ibid.*, p. 378.
29. *Ibid.*, p. 385.

> La muraille de cette tour qui a dix-huit pieds ou environ d'épaisseur est d'une hauteur prodigieuse et à peu près de la grosseur du dôme de Saint-Paul. Il y a trois étages voûtés dans cette tour, qui sont trois prisons différentes. [...] Pour monter dans la prison où Abraham Mazel était, ou pour en descendre, il y a trois portes à passer, des sentinelles à surprendre, la muraille qui environne par le bas, qu'on appelle le bassin à franchir, des portes et des marais à passer, enfin des difficultés qui humainement parlant sont insurmontables à qui prétend se sauver d'une telle prison. Cependant, ledit Abraham Mazel eut une inspiration dès qu'on l'y eut mis, qui lui dit d'avoir bon courage, qu'il sortirait dans peu de temps [30].

L'épisode est ainsi inscrit dans la démonstration d'une logique providentielle qui utilise la persécution même comme un signe pour se manifester.

La relation ultérieure et intégrée à un plus vaste ensemble narratif est le type le plus courant. Il reste cependant à décrire deux types de récits plus exceptionnels.

Le type de la relation autonome de captivité est représenté par l'entreprise d'Angélique de Saint-Jean. La détention de la religieuse retirée de Port-Royal de Paris et détenue au couvent des Annonciades, après la dispersion de plusieurs sœurs, est seule l'objet du récit. Il ne s'agit pas d'un épisode ou d'une péripétie dans l'évocation d'une vie entière, ni même d'événements appartenant à un tableau historique. Il s'agit d'un récit à la première personne, écrit après l'épreuve, tout entier dédié à rapporter la violence psychologique de la détention et, ajoutons encore une précision, un écrit commandé par la communauté.

Il faut considérer comme un récit autonome l'*Apologie* de Théophile, même si son ampleur est plus réduite. Il constitue un mémoire, destiné à plaider la cause du prisonnier, et s'ajoute à d'autres textes qui participent d'un vaste plaidoyer. Cette *Apologie* ressortit à la forme du placet ou de l'épître, et rentre aussi dans la première catégorie des récits écrits pendant la détention, que nous avons décrite plus haut, les critères de distinction n'étant pas exclusifs ici.

Enfin, je réserve un traitement particulier à ce que l'on peut désigner comme récit attiré par la fiction et dont l'exemple nous est fourni par

30. É. Marion, *op. cit.*, p. 138-139.

Dassoucy [31]. L'auteur des *Aventures burlesques* a, contrairement aux exemples précédents, connu maints emprisonnements, au fil de sa vie aventureuse de musicien et de poète, à Montpellier, à Rome, et en a rendu compte dans plusieurs œuvres. Loin des modèles spirituels ou héroïques qui informaient le récit de prison dans les exemples précédents, c'est davantage le modèle picaresque qui permet de situer l'écriture de Dassoucy. La narration qui porte le titre : *La prison de M. Dassoucy* se démarque des chapitres XII et XIII des *Aventures* (récit d'une incarcération à Montpellier) et des *Pensées de M. Dassoucy dans le Saint-Office de Rome* (dissertation convenue sur le déisme et l'athéisme visant à détourner les accusations d'impiété). Précédée d'une préface adressée au roi, qui mélange flatterie et familiarité, *La Prison* se présente sous la forme étonnante et déroutante d'une conversation entre Dassoucy et un interlocuteur fictif désigné sous le nom d'Éraste. Le recours au modèle de la conversation-promenade montre que le récit de prison cherche à se conformer au goût du public ; l'échange entre Éraste et le narrateur qui est prié de raconter sa détention, permet de l'illustrer :

> — N'allons pas si vite, dit Éraste. Quoi, à peine êtes-vous entré dans les Enfers que vous voulez passer aux Champs-Élysées. Arrêtons-nous un peu, s'il vous plaît, dans ce poste, car il me semble que vous y devez faire une fort agréable figure.
> — Quoiqu'il n'y ait pas beaucoup de plaisir à demeurer en Enfer, je ne laisserai pas de m'y arrêter un peu pour m'accommoder à votre désir [32].

L'artifice de la conversation et de la promenade permettent à Dassoucy de prendre sa revanche comme poète, tout en faisant oublier les chefs d'accusation embarrassants grâce à cet effet qui déréalise l'expérience. Il offre ainsi une réponse inattendue au désarroi de Corneille constatant, comme on l'a vu, combien le spectacle de la prison est déplaisant.

31. Je renvoie ici à une étude que j'ai faite de ce cas : « Le récit de Prison de Dassoucy », dans *Avez-vous lu Dassoucy ?* Actes du colloque international du CERHAC, 25-26 juin 2004, édités par D. Bertrand, PUBP, 2005, p. 291-303.

32. C. Dassoucy, *La prison*, *op. cit.*, éd. E. Colombey, p. 417.

La palette des formes relatant des emprisonnements est vaste et variée, mais souple. La description formelle du récit de prison peut paraître secondaire, dérisoire, opposée au drame d'une existence blessée, confrontée à l'évocation des persécutions vécues par une communauté ; mais, en montrant la richesse de ces témoignages, on mesure que l'élaboration du récit, sa sophistication (Dassoucy), son humour (Fontaine), son inflexion mondaine (Bassompierre, Brienne, Bussy) ou au contraire sa signification providentielle (dans les récits de Port-Royal et les récits Camisards) sont les dernières armes des prisonniers. Ces témoignages sont sans doute assez miraculeusement parvenus jusqu'à nous, parmi une masse d'expériences anonymes et muettes.

Si Corneille n'a pas trouvé la solution pour rendre la prison spectaculaire sur la scène, Dassoucy parvient à donner des séductions au récit carcéral grâce à un habile mélange de fiction et de vérité. Enfin, Bussy-Rabutin confirme le pouvoir de fascination des « longues prisons », lorsqu'il rapporte que ses lectures les plus fascinantes, lors de son embastillement, furent les récits contant les interminables captivités subies par les rois dans les Histoires :

> Je m'étais rebuté de la lecture dans les premiers mois. Quant on lit en prison, on ne s'attache qu'aux matières qui peuvent faire craindre : quand on trouve dans les histoires de longues prisons, on ne manque jamais de prendre cela pour soi ; toutes les grandes disgrâces font trembler ; de vingt volumes que j'avais lus, il ne m'était demeuré dans la mémoire que la prison de Marie Stuart de dix-huit ans, celle de Charles d'Orléans, de vingt-cinq, celle de Jean, comte d'Angoulême, son frère, de trente : je n'avais retenu que cela. Les sujets mêmes et les aventures agréables m'avaient fait souffrir en les lisant, parce que j'avais du regret de n'être pas en état d'en avoir de semblables [33].

Le talent d'écrivain de Bussy n'est plus à démontrer, et nous voyons là curieusement quel lecteur il fut à la Bastille. Enfin, il se confirme que les narrations carcérales à la première personne empruntent sans doute

33. R. Bussy-Rabutin, *op. cit.*, t. II, p. 266-267.

à la *Consolation de la philosophie* comme aux grandes figures de prisonniers des Écritures, mais le modèle de l'Histoire s'impose aussi avec évidence [34].

34. Pour une analyse plus précise des enjeux de ces récits de prison, je renvoie à mon article : « Récit de prison et d'opposition dans quelques Mémoires du XVIIe siècle », *L'idée d'opposition dans les Mémoires d'Ancien Régime*, éd. M.-P. de Weerdt-Pilorge, *Cahiers d'histoire culturelle*, n° 16, Presses Universitaires de Tours, 2005, p. 37-48.

L'abbé de Saint-Cyran : « Je me regarde plutôt prisonnier de Dieu que des hommes » (Lancelot, *Mémoires*).

Par Denis DONETZKOFF

Au matin du vendredi 14 mai 1638, lendemain de la fête de l'Ascension, « dès deux heures après minuit », le logis de Saint-Cyran est assiégé par les archers du chevalier du guet, « au nombre de vingt-deux ». Ils se sont « mis en sentinelle de tous côtés, jusque dans les jardins d'alentour ». « Sur les six heures ils [viennent] frapper à la porte », où le chevalier du guet dit au directeur de Port-Royal « d'un ton assez bas l'ordre qu'il avait de le faire monter dans un carrosse qui l'attendait ». La réponse du futur prisonnier de Vincennes est caractéristique de la tonalité spirituelle qui marquera toute sa captivité : « Allons, Monsieur, où le roi me commande. Je n'ai point de plus grande joie que lorsqu'il se rencontre des occasions d'obéir. » Il lui demande seulement un délai, le temps « de prendre sa soutane, car il n'était encore qu'en robe de chambre ». Saint-Cyran devient ainsi le précurseur et le modèle de tous ceux qui, après lui, seront emprisonnés et même privés des sacrements pour leur attachement inconditionnel à saint Augustin tel que le comprend Port-Royal.

Si le hasard – ou la Providence – n'avait voulu qu'au même moment son ami intime, Robert Arnauld d'Andilly n'ait voulu venir lui « dire adieu [...] pour s'en aller le lendemain à sa maison de Pomponne », Saint-Cyran serait entré les mains vides dans sa prison. Mais « M. d'Andilly avait alors dans la main les *Confessions* de saint Augustin, et il lui dit : « Tenez », voici un livre « dont vous m'avez fait présent autrefois. Il faut que je vous le rende ». Et de demander à son ami où il menait tous ces gens qui entouraient son carrosse. Et Saint-Cyran de lui répondre : « Ce sont eux plutôt qui me mènent. Je me regarde plutôt prisonnier de Dieu que des hommes [1] ».

1. Claude Lancelot, *Mémoires touchant la vie de M. de Saint-Cyran*. Édition établie, présentée et annotée par Denis Donetzkoff, Paris, Nolin, 2003, p. 70.

Les portes du château de Vincennes ne s'ouvriront à nouveau pour le rendre à la liberté que le 6 février 1643, plus de quatre années et demi après son incarcération, et moins de neuf mois avant sa mort, le 11 octobre, sa santé définitivement ruinée par sa captivité.

Les causes de cet emprisonnement ont été longuement et souvent énumérées, discutées, commentées et pesées. Arnauld d'Andilly écrit [2] lui avoir « entendu dire diverses fois qu'il y en avait jusqu'à dix-neuf causes qui y avaient [...] toutes contribué ». Et d'en énumérer six, qu'il déclare savoir « de certitude » pour avoir été « le témoin de la plupart » : le refus de l'évêché de Bayonne ; le refus de soutenir la nullité du mariage du duc d'Orléans ; le refus de reconnaître la valeur suffisante de l'attrition [3] ; l'inimitié du père Joseph, l'Éminence grise, rongé de jalousie à cause de la confiance que les religieuses du Calvaire, sa fondation, qu'il avait confiées à Saint-Cyran avant son départ pour l'Espagne, avaient prise en lui pendant son absence, et ulcéré du soutien accordé à Laurent de Troyes, que le père Joseph accusait d'illuminisme ; l'hostilité de Sublet des Noyers, fervent partisan des jésuites [4] enfin.

Claude Lancelot ajoute à ces six motifs l'hostilité de Charles de Condren et de Vincent de Paul, l'affaire du père Séguenot et sa critique

2. *Mémoire de M. d'Andilly au sujet de Messire Jean du Verger de Hauranne, abbé de Saint-Cyran*, dans : *Vies intéressantes et édifiantes des religieuses de Port-Royal, et de plusieurs personnes qui leur étaient attachées. Précédées de plusieurs lettres et petits traités, qui ont été écrits pour consoler, soutenir et encourager ces religieuses dans le temps de leur oppression, afin de servir à tous les fidèles qui se trouvent dans le temps de trouble*, s.l., 1750, t. 1, p. 1-44.

3. Cette question touchait Richelieu d'autant plus vivement que la politique qu'il menait lui faisait craindre la damnation. Il avait demandé à Jacques Lescot un billet l'assurant que l'attrition suffisait avec le sacrement : « Il y voyait la permission de poursuivre sans remords sa politique. » Il conserva toujours sur lui cette « amulette » que Lescot se fit rendre par Chavigny, qui raconta le fait au P. Desmares, immédiatement après la mort de Richelieu (Deslyons, *Journaux*, Bibliothèque nationale de France, fonds français, ms 24998, f° 619).

4. Le 2 mai 1638, des Noyers envoie à Chavigny l'ordre d'arrestation de Saint-Cyran, en soulignant que si l'abbé est l'auteur « des méchantes doctrines qui courent [...], il mérite bien pis que la prison » (Archives du ministère des Affaires Étrangères, France 830, f° 142). Le père Pinthereau, dans son *Progrès du jansénisme*, Avignon, 1655, est plus explicite encore : « La prison, sans doute, ou le supplice de cet hérésiarque aurait été le salut de tout le royaume, et nous aurions remporté la gloire d'avoir étouffé nous-mêmes une hérésie naissante parmi nous. »

des vœux de religion ; la trop grande influence du père Caussin, confesseur de Louis XIII, s'employant à travailler à la réconciliation de Marie de Médicis avec son fils et soutenant auprès de son royal pénitent la nécessité de la contrition ; l'hostilité de l'abbé de Prières et des cisterciens, jaloux de l'influence de Saint-Cyran à l'abbaye de Maubuisson notamment ; la rancœur de Sébastien Zamet, évêque de Langres, cruellement blessé dans son orgueil de fondateur de l'Institut du Saint-Sacrement.

On pourrait encore joindre à ces treize raisons la fondation des Petites Écoles, la formation du groupe des Solitaires, la retraite éclatante d'Antoine Le Maistre, en bref, la crainte de voir Saint-Cyran succéder au cardinal de Bérulle à la tête du parti dévot, opposé notamment à la politique étrangère d'alliance avec les puissances protestantes soutenue et menée par Richelieu.

Il faut bien toutes ces raisons pour rendre compte de l'hostilité du tout puissant cardinal-ministre, à l'égard d'un ancien ami – il n'est pas de pire haine que celle provenant d'une amitié que l'on estime trahie – qui refusait d'appartenir à sa clientèle pour préserver son indépendance intellectuelle et spirituelle [5].

Arnauld d'Andilly et Lancelot se rejoignent pour reconnaître, par-delà les raisons humaines de la captivité de leur ami et maître, le dessein providentiel de Dieu. Pour le premier, « la principale de toutes » les causes qui ont contribué à cette prison, « est tant de bien que Dieu voulait faire dans celle illustre prison par lui, ou plutôt dans cette sainte retraite, par laquelle on peut dire qu'il a été *segregatus in Evangelium Dei*, puisque la divine bonté s'en est servie pour l'engager par ses admirables lettres à la conduite de tant d'âmes, dont son extrême humilité l'aurait empêché de vouloir jamais se charger s'il fût demeuré dans le monde, et dont il a cru au contraire ne pouvoir s'exempter de prendre soin, voyant que Dieu les portait à s'adresser à lui, nonobstant des difficultés qui s'opposaient à leurs désirs, tant par la peine qu'il avait à trouver de quoi écrire et à prendre le temps de pouvoir écrire. C'est ainsi que « Dieu s'est voulu servir de ce moyen pour vaincre la résolution qu'il avait prise de cacher, autant qu'il pourrait, dans le silence et

5. La lecture de l'« interrogatoire que M. Lescot fit subir à M. l'abbé de Saint-Cyran, au Bois de Vincennes, dans le cours du mois de mai 1639 », dont on trouvera le texte dans le *Recueil d'Utrecht*, p. 17-149, d'une lecture difficile en raison de son style juridique, demeure d'une lecture indispensable.

la retraite, les grâces qu'il avait reçues et qu'il désirait n'être connues que de lui seul » [6]. Pour le second, « la vertu de cet excellent serviteur de Dieu était trop grande pour n'être pas couronnée par la patience qu'il disait lui-même en être le comble dans l'âme des justes parfaits. Il fallait que cinq années de captivité la fissent éclater aux yeux de toute l'Église, afin qu'il devînt illustre par sa prison et que son innocence fût mieux reconnue par le recouvrement de sa liberté » [7]. On reconnaît sans peine un *topos* de la littérature biblique et hagiographique : bien loin de le réduire au silence et de le briser, les persécutions endurées par le juste rendent son témoignage plus éloquent encore.

Était-ce aussi l'avis du prisonnier ? Que dit-il de sa captivité ? Que dit-il de lui-même ?

Nous savons, par les réponses qu'il donne à Jacques Lescot lors de son interrogatoire, que les inimitiés solides énumérées par Arnauld d'Andilly et Lancelot lui sont connues. Mais il ne les considère que comme des causes secondes en regard de la cause première, qui est Dieu lui-même. Pour lui, en effet, il ne fait pas de doute que c'est Dieu qui, d'une part, lui fait faire pénitence dans sa prison pour les péchés de sa vie passée [8], mais qui aussi, d'autre part, au travers de cette purification

6. Arnauld d'Andilly applique à Saint-Cyran ce que Paul dit de lui-même en *Romains*, 1, 1 : « Paul, serviteur de Jésus-Christ, apôtre par la vocation divine, choisi et destiné pour annoncer l'Évangile de Dieu ».

7. *Mémoires*, édition citée, p. 88.

8. Dans l'attente de la publication de notre édition critique de la correspondance de Saint-Cyran, nous renvoyons dans cet article au catalogue définitif que nous en avons établi, en indiquant d'abord le numéro d'ordre de la lettre, puis son destinataire, enfin sa date. Lettre 185 – À Anne de Boulogne de Saint-Ange – 15 janvier 1641 : « J'ai accoutumé de dire que s'il n'y a point de belles prisons, il y peut avoir de belles et d'agréables pénitences, et le moyen de rendre les prisons belles est de les convertir en pénitence en les recevant de Dieu comme telles. » Ou encore : Lettre 210 – À Anne Duvergier – [1641, avant le 2 avril] : « Je vous envoie ma petite chapelle avec mes saintes reliques afin que vous me les gardiez jusqu'à ce que le roi m'ait tiré de ce château. Ce n'est pas lui qui m'y a mis, mais Dieu, afin que je ne cesse de le prier pour moi, pour vous, et pour nos amis et ennemis, et de faire jour et nuit pénitence pour mes péchés, le moindre desquels mérite que nous tombions, sinon au feu d'enfer, au moins en celui du purgatoire, si nous n'avons soin d'en demander pardon à Dieu et d'en faire pénitence avant de mourir » ; Lettre 411 – À Emmanuelle de La Guette de Chazé – [Avant le 10 mars 1642] : « Pour moi, je suis en pénitence, la faisant dans la prison comme Lazare, selon saint Bernard, la devait faire dans le tombeau après sa résurrection, s'il n'en avait été dispensé par la grâce de celui qui l'avait ressuscité » ; Lettre 523 – [À Marie Angélique d'Aquaviva d'Atri] – 20 août 1642 : « Pourvu que je ne m'en-

douloureuse, entend faire de lui un martyr, c'est-à-dire, au sens étymologique, un témoin de la vérité au service de laquelle il a mis et sa vie et sa plume depuis près de vingt ans, et à qui il rend grâce de la faveur qu'il lui fait, bien loin de se plaindre du sort qui lui est réservé :

> Si j'eusse été du monde ou de la Cour, j'eusse passé sans doute pour un traître, puisque vivant comme j'ai vécu dans l'Église depuis ma prêtrise, je suis devenu un homme d'hérésie ou d'erreur. Je vous dis encore que je suis trop heureux, et que je ne puis assez admirer la grâce que Dieu me fait. Je l'étendrai jusqu'aux derniers effets de la persécution. Car les prisons ne sont que les premiers, et s'il me conserve la chaleur que je sens, je chanterai un *Te Deum* à la fin. J'ai néanmoins sujet de craindre que ce ne soit plutôt par résolution et par effort que par une vraie affection et disposition du cœur que je dis que je suis prêt à tout. Mais je dois remettre tout à Dieu et me tenir en repos et en patience en attendant l'événement tel qu'il plaira à Dieu, qui emprisonne et qui délivre lui seul, comme il vivifie et mortifie [9].

On reconnaît une réminiscence du cantique d'Ezéchias, roi d'Israël, ramené miraculeusement à la vie alors que déjà s'ouvraient devant lui les portes du royaume des morts.

Quelle est, en dernière analyse cette vérité ? C'est la conviction profonde, fondée sur la Bible, les Pères et l'enseignement de l'Église par la bouche de saint Augustin, qu'il est impossible d'aller à Dieu par la crainte devant ses jugements seulement – on reconnaît l'attrition –, mais qu'il y faut l'amour, répandu dans le cœur des hommes par le Saint-Esprit qui lui a été donné – c'est la contrition –, selon une parole de saint Paul si souvent citée par Augustin et par Saint-Cyran.

nuie pas dans ma prison et que je n'y considère pas ceux qui m'y ont mis mais Dieu, à qui seul il appartient de le considérer, que j'y prie Dieu et que je tâche d'y purger mes péchés en louant Dieu de la grâce qu'il m'a faite de m'y mettre, je suis comme assuré que Dieu y aura égard à la fin et que je serai moins frustré de mon espérance que le laboureur qui a travaillé plus de huit mois de suite dans les champs. »

9. Lettre 162 – À une supérieure de religion – Septembre 1640. *1 Rois*, 2,6. Voir aussi la lettre 406 – À Antoine Singlin – 3 mars 1642 : « Elle solennisera toujours l'heure en laquelle il plut à Dieu lui toucher le cœur, dans le même jour où cet extrême bonheur lui arriva, et ce jour-là dans la semaine, et cette semaine dans le même mois [...]. C'est ainsi que j'ai résolu de célébrer le jour de ma prison, qui m'a été une grâce sensible et un grand témoignage de la charité de Dieu envers moi. »

Au témoignage de Lancelot, la rencontre liturgique providentielle de la date d'incarcération comme de la date de libération de Saint-Cyran atteste la concordance entre l'intention divine et la volonté du prisonnier :

> M. de Saint-Cyran sortit de Vincennes le 6 février, un vendredi, comme il y était entré un vendredi. C'était dans l'octave de la Purification, ce qu'il prit pour marque d'avoir été exaucé dans la prière qu'il faisait continuellement à Dieu de ne le point tirer de là qu'il n'eût achevé de le purifier, croyant qu'il ne l'y avait envoyé que pour cela [10].

Lui qui a toujours voulu vivre ignoré du monde et fuyant les visites, comment ne pourrait-il voir dans sa prison la réponse de Dieu à ses prières de l'aider à demeurer séparé de toutes les distractions venant du dehors pour n'appartenir qu'à Dieu et ne vivre que pour lui :

> Je ne vous dis rien de la visite qu'on m'a rendue. Il faudrait trop parler de ma prison, qui a été double jusques à présent, et dans une plus grande solitude que jamais. Je n'aime rien moins que de voir le monde, et surtout de grands seigneurs et de grandes dames. Ceux qui honorent plus la vérité de Dieu que l'éclat de la fortune des hommes, et qui les étonnent, comme saint Paul effraya le grand seigneur romain [11], lorsqu'ils leur parlent de la pureté des règles de l'Évangile, doivent toujours être seuls et retirés avec Dieu. Je sens en moi je ne sais quel renouvellement de courage quand ils me viennent voir. Ce qui me fait craindre leur abord, préférant l'humilité chrétienne de la retraite à cette générosité qui peut n'être qu'humaine et naturelle, outre que le véritable état d'un prisonnier comme moi est la solitude et le silence [12].

Quelques mois à peine après son arrestation, il ouvre son cœur à Antoine Le Maistre : bien loin de regretter de l'avoir reçu au nombre de ses dirigés, même si cela a sans doute été la cause prochaine de sa disgrâce, il se déclare même prêt à récidiver, sans hésitation aucune.

« Je me réjouis de ce que vous dites que votre retraite a donné lieu à mon emprisonnement », lui écrit-il. Il voit dans sa prison une cause de fierté, et non d'humiliation :

> Le sujet pour lequel on me fait la guerre ne me console pas seulement mais me flatte en quelque sorte, puisque si on peut jamais espérer d'être

10. *Mémoires*, édition citée, p. 148.
11. *Actes*, 22, 27-30.
12. Lettre 545 – À Liée-Madeleine de La Guette de Chazé – 20 octobre 1642.

> secouru de la grâce de Dieu, c'est lorsqu'on n'est attaqué que pour elle. Car puisqu'elle est grâce, c'est-à-dire reconnaissance, il est impossible qu'elle ne rende ce qu'on lui donne, l'ingratitude ne se trouvant que parmi ses ennemis, qui sont appelés ingrats par les saints Pères.

Il prie Dieu « de ne pas permettre que cette occasion [lui] échappe sans en recueillir le fruit » qu'il doit, « ne pouvant croire que Dieu » la lui ait « envoyée que pour ce sujet, c'est-à-dire pour [le] purifier comme ces plantes dans l'Évangile que Dieu [nettoie] en les taillant pour les rendre plus fécondes » [13].

Et de poursuivre :

> Je m'estimerais trop heureux si j'en puis tirer cet avantage, et si cette petite épreuve peut servir pour expier les fautes que j'ai commises, non en travaillant à des choses mauvaises, mais en travaillant aux bonnes par des mouvements humains et en une manière peu digne de leur grandeur et de leur sainteté [...]. Il m'a donné cette pensée dès le commencement de ma disgrâce, et je l'ai reçue comme une grande grâce, le suppliant de me l'imprimer tellement dans l'âme que je ne l'oublie jamais, parce que c'est peut-être le seul dessein qu'il a dans cette rencontre. Je sais que vous ne manquerez pas de m'aider à en faire un bon usage, sans lequel je serais malheureux, quelque résolution et quelque fermeté humaine que je pusse témoigner, laquelle j'appréhenderais plus qu'un abattement et un renversement entier, parce qu'au moins il ne serait pas accompagné de l'orgueil, qui est la chose du monde dont Dieu a plus d'aversion et la source de toutes sortes de vices dans les particuliers, comme il l'a été dans toute la nature des hommes. J'espère que Dieu me délivrera de cette misère, comme je l'en prie de tout mon cœur, et qu'il me donne part à la force de son Fils, qui n'a été fort que dans son humilité et dans le rabaissement de son cœur par lequel il a surmonté toutes les persécutions de ses ennemis et tous les efforts de l'enfer [14].

D'ailleurs la solitude de sa prison ne constitue que le prolongement naturel de la solitude dans laquelle il a choisi de vivre volontairement pour demeurer fidèle à la vérité de l'Évangile :

> Et si auparavant j'ai rejeté tous les emplois et toutes les charges qui se sont quelquefois présentées à moi depuis vingt-cinq ans, je puis dire que

13. On reconnaît sans peine une allusion à *Jean*, 15, 1-8.
14. Lettre 103 – [À Angélique Arnauld ?] – [Été 1638 ?].

> depuis dix ans j'en ai eu une espèce d'aversion parce que je me suis plus connu moi-même et que j'ai été plus informé de la vérité ecclésiastique. Et c'est ce qui me fit résoudre de plus en plus à la solitude de mon logis et à me séparer de quelques amis de grande condition à qui j'avais été obligé de dissimuler le fond de mon cœur, ce qui a été cause que je suis tombé en l'état où je suis, que j'estime comme le comble des faveurs que j'ai reçues de Dieu, et je le prie de m'y fortifier jusqu'au bout et de m'envoyer plutôt à la mort la plus douloureuse que de permettre que je blesse son Évangile et la Tradition en la moindre chose, étant prêt de la défendre, non seulement aux dépens de ma liberté mais aussi de ma propre vie [15].

De 1640, une période cruciale de son incarcération, datent trois lettres, qui revêtent une importance particulière. En mai 1639, Jacques Lescot était venu à Vincennes pour y procéder – une année après son arrestation ! – à l'interrogatoire du prisonnier. Il revient le trouver le 29 avril 1640 et là, « commença de lui dire [...] que ses amis, qui s'employaient pour lui auprès » du cardinal, « lui avaient fait entendre qu'il était prêt de donner quelque chose par écrit ». Et de préciser sa demande, en ajoutant « s'il ne voulait rien mettre de l'attrition et de la contrition ». Saint-Cyran lui donna alors, en quelques lignes, une manière de profession de foi : « Je proteste devant Dieu et ses anges que je n'ai à présent, et n'ai jamais eu par le passé aucune opinion particulière, et que je n'en veux jamais avoir d'autres à l'avenir que celles de l'Église apostolique et romaine, à laquelle je veux, toute ma vie, adhérer jusqu'aux moindres franges et filets de sa robe, et nommément au saint concile de Trente, tant aux canons qui en forment les dogmes et la discipline qu'aux décrets qu'il a faits touchant la discipline et l'administration des sacrements ». Elle demeura sans effet, et même les amis du prisonnier furent étonnés de ce que Richelieu « prît prétexte de ce que M. de Saint-Cyran n'avait rien dit de la contrition pour le tenir aussi resserré que jamais ». Chavigny s'étant une nouvelle fois entremis auprès du cardinal, celui-ci lui déclara « qu'il serait encore dans la

15. Lettre 187 – À dom Le Bret – 31 janvier 1641. Voir aussi la lettre 292 – À dom Ferrand – 23 octobre 1641 : « Je n'estime ma prison que parce qu'elle tient un peu de la vie des chartreux, et pour répondre en un mot à tout ce que vous m'en dites, je m'y tiens très heureux, et par conséquent très obligé à ceux qui m'y ont mis. Je ne les considère point. C'est à Dieu à les considérer, de la justice duquel ils ont été les instruments. »

volonté de l'élargir, s'il voulait déclarer que la simple attrition avec le sacrement pouvait produire la grâce ».

Saint-Cyran écrivit donc à Chavigny, en collaboration notamment avec son neveu, Martin de Barcos, et sans doute Antoine Arnauld, le 14 mai suivant [16], une lettre à la formulation embarrassée, pour ne pas dire torturée :

> Comme disciple de l'Église catholique, je fais profession de la suivre en toutes choses. Et ainsi, puisqu'elle n'a pas décidé ce point, et qu'elle laisse à ses enfants la liberté d'en tenir ce qu'ils voudront, comme témoigne assez M. de Genève, je ne crois pas devoir prévenir ses jugements, mais plutôt laisser cette question au même état où elle l'a laissée, reconnaissant avec elle que toutes les deux opinions sont probables. Savoir, l'une que la contrition est nécessaire, et l'autre que l'attrition est suffisante avec le sacrement. Et il est très véritable que, dans la pratique, j'ai suivi l'une et l'autre, m'accommodant à la disposition des pénitents, sans leur demander autre chose, sinon qu'ils aient une douleur sincère d'avoir offensé Dieu, et un vrai désir de changer de vie, les absolvant après cela sans aucune crainte, soit qu'ils aient attrition ou contrition. De quoi je ne me mets nullement en peine, sachant que cela doit être décidé devant le tribunal de Dieu et non devant celui des prêtres, puisque ce sont des mouvements intérieurs de la grâce de Dieu que lui seul est capable de connaître et de discerner, la lumière des hommes ne pouvant aller plus loin que d'en discerner les objets.

Et de préciser que

> l'opinion de ceux qui croient qu'elle suffit est probable, comme celle de ceux qui croient qu'elle ne suffit pas, ne voulant juger ni de l'une ni de l'autre, puisque l'Église n'en a pas encore jugé. Et je suis si éloigné de condamner ceux qui tiennent pour l'attrition, que je condamne ceux qui les condamnent, parce qu'ils agissent contre l'unité de l'Église, la troublent et la divisent en jetant des scrupules dans les consciences lorsqu'ils entreprennent de décider ce qu'elle n'a pas encore décidé et que je suis prêt d'embrasser aussitôt qu'elle le décidera.

Cette lettre n'eut pas le résultat espéré, et Richelieu « demeura toujours dans la même dureté et fut inflexible à tout ce qu'on lui put dire ».

16. Lettre 139 de notre édition.

D'ailleurs, sa lettre à Chavigny tourmentait la conscience de Saint-Cyran. Il s'en ouvre avec véhémence à Robert Arnauld d'Andilly dans les jours qui suivent [17].

> Tout ce qui m'est resté dans l'esprit depuis votre départ, c'est un secret mécontentement de n'avoir pas parlé si fortement qu'il fallait, et défendu plus ouvertement et avec plus d'étendue la vérité. Je vous avoue que vos langages et les tempéraments que vous donnez aux paroles, je dis tous les académistes, ne s'accordent pas bien avec l'éloquence des pensées, des actions, des mouvements que donne la vérité divine à celui qui la connaît et qui l'aime. Les raisonnements et les trop grandes mesures de paroles n'appartiennent qu'aux philosophes et aux courtisans. Mais ceux de notre profession, qui ne regardent pas tant les hommes à qui ils parlent que Dieu de qui ils parlent, sont animés d'un autre esprit qui leur fournit un autre langage. Et sans vous, qui m'avez peut-être trop humilié, pour ne pas dire rabaissé, j'en eusse usé de la sorte en cette occasion. Et peu s'en faut que je ne m'en repente.

Au courtisan qui discute et raisonne, il oppose le guerrier, qu'il aurait dû demeurer, c'est-à-dire « un homme qui ne demande qu'à combattre pour la vérité à peine d'y perdre la vie ». Si la mort doit être la rançon du courage, il mourra « heureux que Dieu [lui] ait fait la grâce de faire pénitence pour [ses] péchés en défendant la pénitence, et empêchant que l'on n'achève de la ruiner entièrement ».
À un autre de ses amis [18], il écrit vers le même temps :

> Dieu m'affligera encore mais il ne m'abandonnera pas. Ses persécutions, jointes avec ses assurances et ses grâces sont plus à souhaiter que ses faveurs et ses caresses. Je puis vous dire dans la chaleur de je ne sais quelle vigueur que je trouve en moi que ma prison est mon purgatoire. Dieu m'y a mis ; j'y serai tant qu'il lui plaira [...]. Je n'ai garde de me plaindre de rien, sachant que Dieu fait tout [...]. Je suis à Dieu captif ou libre [...]. Après cela ne plaignez plus ma prison. Je suis prêt d'y être cent ans et d'y mourir si Dieu le veut [...]. J'espère que Dieu couvrira les défauts de ma charité par l'intégrité de ma foi, que sa miséricorde m'a donnée en un degré dont je ne puis assez lui rendre grâces. Si je pouvais dire au démon de ma charité ce que je lui puis dire de ma foi, je mourrais à l'instant avec une joie incroyable en lui disant : *Tu in me non invenies quidquam* [19]. Voilà les sentiments où je suis de ma prison. Vous

17. Lettre 141 de notre édition.
18. Lettre 142 de notre édition.
19. Adaptation de *Jean*, 14, 30 : « Tu ne trouveras rien en moi. »

> m'êtes témoin que d'abord je n'ai pas voulu faire un pas pour l'éviter [...]. Je loue Dieu de tout plus que jamais. Je me moque de tout ce qui en peut arriver, moyennant que Dieu en soit glorifié *sive per vitam sive per mortem*, comme dit l'Apôtre [20]. Il faut qu'un prêtre soit courageux et prêt à toutes rencontres. La prêtrise fut donnée aux lévites en récompense de leur valeur, et le pontificat à Phinée [21]. Tous les Juifs étaient vaillants à la guerre parce qu'ils étaient la figure des chrétiens, et les prêtres allaient les premiers à la bataille. L'Église judaïque ne fut relevée contre les rois de Syrie que par la vaillance des Maccabées, qui étaient prêtres.

Et de conclure :

> Adieu. Qu'on garde bien le silence. Qu'on ne dise pas un mot. Je vous en prie tous autant que je puis. Je vous le redis encore, vous avez tort d'être tristes d'une chose dont je ne le suis nullement. Je ne fus jamais plus résolu que depuis le succès de cette affaire. J'ai toujours dit qu'elle ne réussirait pas autrement. Je fais ici pénitence de mes péchés ; et si mon sentiment ne me trompe, j'ai sujet de croire que Dieu le prend ainsi et me fait cette grâce de le vouloir jusqu'au bout, de bon cœur, sans être fâché contre personne, non pas même contre N., qui me fait grande pitié. Je l'ai recommandé et le recommande à Dieu comme si c'était moi-même.

En décembre 1641, il confiera à la religieuse qui avait soin de sa petite nièce qu'il ne consent « pourtant pas à ce » qu'elle lui dit, « qu'elle priera pour [s]a délivrance », à moins qu'elle ne l'entende « de la délivrance de [s]on âme, qui est plus engagée dans les liens du péché, pour ne pas dire seulement du corps qui en est la cause, que le corps ne l'est dans les liens de la prison dont, par la grâce de Dieu, [il] ne [fait] nul cas ». Bien plus, il serait « marri d'avoir donné un écu », non seulement au diable, « qui a fait assez voir qu'il [l]'y a fait mettre, mais même à la moindre ou plus grande créature du monde pour en sortir. Il est défendu, quand on est détenu dans quelque prison, de rien donner pour en sortir ». C'est pourquoi il serait « marri de donner la moindre parole pour sortir de la [s]ienne ». Et de conclure : « Je la tiens

20. *Philippiens*, 1, 20 : « Selon la ferme espérance où je suis que je ne recevrai point la confusion d'être trompé en rien de ce que j'attends ; mais que, parlant avec toute sorte de liberté, Jésus-Christ sera encore maintenant glorifié dans mon corps, comme il l'a toujours été, soit par ma vie, ou par ma mort. »

21. *Josué*, 22, 30-31.

trop précieuse pour moi. Je ne la changerais pas pour la plus glorieuse liberté du monde, si Dieu ne me la donne ».

Il attend de Dieu seul sa liberté, « sans la lui demander ». Pourquoi ?

> Parce que je sais qu'il me le défend et qu'il veut que je croie que c'est une grâce qu'il ne fait pas à plusieurs, de laquelle c'est un crime de vouloir être délivré. Je vous dis mes sentiments, qui sont plus profondément gravés dans mon cœur que sur ce papier. Quand nous serons au lieu où est cette bienheureuse [sa nièce, Anne Duvergier, morte le 13 décembre précédent], nous saurons l'avantage que j'ai d'être prisonnier, et combien j'ai raison de vouloir être plus tourmenté pour lui que je ne le suis, s'il le veut et qu'il me l'ordonne (notre petite le sachant maintenant, ne peut offrir à Dieu des prières contraires pour moi). Je me contente de la grâce qu'il m'a faite en cette petite, qui me flatte tant que c'est de là que je commence à croire que c'est peut-être un effet de celle que Dieu m'avait faite de me mettre en prison. Je lui ai demandé dès le commencement qu'elle me servît de purgatoire et qu'il m'y purifiât autant qu'il sait que je le dois être et que je lui dois de satisfaction pour mes fautes [22].

Il fait de la sainte indifférence sa règle de conduite, et ne se « met pas en peine, par la grâce de Dieu, de [sa] liberté, parce que c'est à lui de me la rendre s'il lui plaît, et en la manière qu'il l'entend. Car c'est lui seul qui me l'a ôtée ». C'est pourquoi, il n'en accuse personne. « Mais les complaisances qui témoignent trop de flatterie ou de timidité [lui] déplaisent. » C'est pourquoi il ne veut « pas qu'on s'en serve en [sa] cause comme, par la grâce de Dieu, [il] ne [s'] en [est] pas servi et aimerai[t] mieux mourir que de le faire, n'ayant vu que trop de moyens de [le] tirer de ce lieu par cette voie ». C'est ainsi que « Dieu est maître de la vie et de la liberté » [23].

Si Dieu a ainsi disposé de la liberté de son serviteur, c'est pour que l'exemple de sa fermeté convainque ceux qui s'égarent de la vérité de ses paroles : « J'ai cette consolation dans le lieu où je suis que les plus habiles d'entre eux [les « Messieurs » qui attribuent à Saint-Cyran « des voies particulières et suréminentes et comme de nouvelles idées dans la conduite des âmes »] commencent à demeurer d'accord qu'il n'est pas si facile que l'on s'imagine d'ordinaire de ramener les âmes à Dieu et

22. Lettre 331 – À une religieuse, sur la mort de sa nièce – 1641, après le 13 décembre.

23. Lettre 136 – À Robert Arnauld d'Andilly – 15 avril 1640.

de les rétablir véritablement dans l'innocence qu'[elles] ont perdue, en sorte qu'on les puisse tenir pour des personnes vraiment converties et dont la vie soit autre qu'elle n'était auparavant ». Et de conclure : « J'espère que la postérité reconnaîtra que Dieu a permis ma prison pour mieux faire connaître la nécessité de la pénitence, de laquelle j'avais besoin le premier, et que pour cette raison il a voulu que je l'enseignasse aux autres plutôt par mon exemple et par mes souffrances que par mes discours. »

Aussi n'est-ce plus désormais par ses paroles ou ses écrits qu'il sert la cause de Dieu, mais par son silence : « Il n'y a rien que je fasse plus mal volontiers en ce temps que de parler et d'écrire, et j'espère que quand il n'y aurait que cela, je serai redevable à ma prison pour m'avoir appris à garder le silence mieux encore que je n'avais fait auparavant, combien que, par la grâce de Dieu, je n'ai point à me repentir d'y avoir contribué par des ouvrages publics qu'on me puisse justement attribuer [24].

Sa prison, loin d'être une source d'affliction, est la cause de sa joie, dans un renversement des valeurs mondaines dans la droite ligne de l'Évangile : « Vous voyez comme je me joue de ma prison, étant prêt, ce me semble, de la changer en une autre qui sera pire quand il plaira à Dieu. Et certes, s'il est dit dans l'*Histoire romaine* d'un grand capitaine du monde : *Quem carcer horrificaverat*, j'espère que si Dieu me conserve jusques au bout la grâce qu'il me fait à cette heure, on pourra dire de moi, quoique je ne sois qu'un petit capitaine dans l'Église en qualité de prêtre : *Quem carcer lætificaverat* [25]. »

Dans la même perspective, il confie à une dirigée qu'il l'a toujours eue « présente devant Dieu depuis [s]a détention, et d'une manière plus particulière que les autres, parce [qu'elle y a] un peu plus contribué et ainsi » qu'il croit lui « avoir une plus particulière obligation d'une faveur que nul ne comprend si bien que » lui. Il poursuit :

> Je crains que les hommes, dans leur langage, ne la nomment autrement que moi dans le mien, osant vous dire que pour rien du monde je ne voudrais n'avoir été et n'être pas prisonnier. Si je voulais vous en écrire les raisons, ce serait une effusion si grande de raisons et de mouvements de

24. Lettre 237 – À Antoine Arnauld – [Juin ? 1641].
25. Lettre 271 – À Robert Arnauld d'Andilly – 25 août 1641.

> mon cœur, que je serais à l'instant obligé de les arrêter de peur que, pour les vouloir trop exprimer, je ne passasse les bornes de la discrétion. Cela suffira pour vous faire comprendre que, vous croyant en partie la cause d'un si grand bien, je n'ai pu vous oublier, quelque silence que j'aie gardé avec vous. Et j'ose vous dire que s'il n'appartient qu'à Dieu de se nourrir de la connaissance et de l'amour de soi-même, il n'appartient qu'à ceux qui aiment les âmes pour l'amour de lui de se nourrir et de vivre de l'amour et de la charité qu'ils ont pour elles. C'est l'entretien d'un vrai solitaire, soit qu'elle soit dans une cellule ou dans une prison, de passer par un entretien tout intérieur de la vue et de l'amour de Dieu à la vue et à l'amour du prochain, et par la même voie qui fait et forme un repos admirable dans le cœur, retourner du prochain à Dieu [26].

Aussi bien la vérité ne saurait-elle être emprisonnée, si ceux qui la défendent peuvent, eux, être privés de leur liberté :

> Pour ce qui est de ma prison, je vous dirai que c'est contre saint Paul de croire que la vérité puisse être prisonnière [27] et contre saint Jean qui, étant en prison, prêchait par ses disciples celle pour laquelle seul il était venu [28]. En quoi il me semble que sa prison était comme le Ciel, et qu'il ressemblait en cela à Jésus-Christ qui n'établit la foi par ses disciples qu'après qu'il y fut monté. Si vous croyiez que tout le monde est notre pays, et toutes les maisons qui sont dans le monde notre maison, et toutes les richesses du monde notre propre bien, vous ne croiriez jamais que je fusse prisonnier ni pauvre. Aussi ne crois-je pas l'être, et je me considère non seulement comme libre, ce que les païens ont pu dire, mais aussi comme effectivement délivré demeurant encore dans la prison, ce que les païens n'ont jamais dit ni pu dire de leur sage folie, ni à Dieu ni aux hommes, comme je le dis hardiment et selon le sentiment de ma conscience à tous les deux [29].

Bien plus, loin de désirer recouvrer la liberté, il redoute cette éventualité. « Les richesses, la santé et la liberté, doivent être également redoutables à ceux qui sont incommodés, malades et prisonniers », écrit-il à une religieuse, en rappelant qu'il a « dit autrefois à une veuve qui se plaignait à [lui] de la crainte qu'elle avait de devenir pauvre »,

26. Lettre 585 – [À Marie-Angélique d'Aquaviva d'Atri] – [1642].
27. Réminiscence de 2 *Timothée*, 2, 9 : « Mais la parole de Dieu n'est point enchaînée ».
28. Allusion à *Matthieu*, 11, 2-6 et *Luc*, 7, 18-23.
29. Lettre 286 – À Angélique Arnauld – Septembre 1641.

qu'il craignait pour sa part « au contraire de devenir riche, ce qui était très vrai ». Et de poursuivre :

> Je vous ai dit avec la même sincérité que je crains d'être délivré de ma prison, parce que je n'en sais pas les suites, qui sont plus à craindre que celles d'une prison comme est la mienne. L'âme qui est avec Dieu m'entend fort bien. Sa volonté étant une avec celle de Dieu, elle ne saurait me délivrer que selon qu'elle le verra dans l'ordre de Dieu. C'est en ce sens que je vous ai parlé, qui est plus dans mon cœur, si je ne me trompe, que dans mon esprit [30].

Lorsqu'il quitte Vincennes le 6 février 1643, sa santé est définitivement compromise : plusieurs fois, il s'est trouvé tout proche de la mort et de l'aveuglement. Rien de ces épreuves n'aura pourtant réussi à l'ébranler. Cinq jours à peine avant sa libération, il exhorte encore Antoine Arnauld au combat : rien ne doit le retenir, non plus que ses amis.

> Je vous dis encore une fois que, quand je croirais rentrer dans le grand donjon où j'ai été six mois et où j'ai pensé mourir, je penserais faire un crime de garder le silence en cette affaire, dans laquelle je vous prie d'agir avec toute l'étendue de votre esprit et de votre pouvoir en communiquant toutes choses à M. de Sens [...]. Je salue tous mes amis et les supplie de prendre part à cette lettre, et de n'avoir non plus d'égard à ma prison que si j'étais en pleine liberté [31].

Les mêmes sentiments se retrouvent dans une lettre du même mois de février au marquis des Portes : « Je rends grâce à Dieu de la miséricorde qu'il m'a faite de [me] soutenir [dans ma prison], quoiqu'elle ait été plus pénible et plus fâcheuse que je ne puis dire. »

> Toute la gloire que j'en retire est qu'elle m'a plus confirmé dans l'espérance de la rémission de mes péchés que tout ce que j'avais pu faire de bon auparavant, parce que Dieu m'a fait la grâce de la supporter, si je ne me trompe, en cette manière si éloignée de nos sens et de nos raisons qu'il nous a marquée dans son Évangile. J'y ai reconnu par mon expérience la vérité de toute l'Écriture sainte en ce point, qu'il n'y a rien qui

30. Lettre 332 – À la même religieuse, sur la mort de sa nièce – [1641, après le 13 décembre].

31. Lettre 594 – À Antoine Arnauld – 1er février 164[3].

éprouve tant quel est le fond de l'âme vers Dieu que la persécution et l'affliction, et que si on la souffre avec l'humilité et la fermeté que Dieu demande et que sa seule grâce produit dans nous, on devient plus conforme à Jésus-Christ en cette seule occasion qu'en toutes les autres par lesquelles on s'est efforcé de l'imiter en sa charité par toutes sortes de bonnes œuvres, quand on en aurait fait des plus excellentes sans aucune interruption dans le cours d'une longue et bonne vie.

Et de conclure qu'il ne s'en réjouit « pas dans [ses] sens », mais qu'il s'en réjouit « infiniment dans [son] esprit, parce qu'elle [lui] tient lieu [...] du plus grand gage [qu'il ait] jamais reçu de la miséricorde de Dieu en [son] endroit » [32].

En avril, il répète à Mme de Chazé que « Dieu seul [l]'a délivré de la captivité où [il a] été détenu cinq ans ». Bien sûr, « cela n'exclut pas l'obligation [qu'il a] au principal entremetteur de [sa] délivrance, qui est M. N. ». Dieu, sans doute, s'est servi de lui, parce que Saint-Cyran, pour sa part, avait « toujours eu une ferme résolution de n'y contribuer rien de [son] côté et de finir très volontiers [sa] vie dans une prison, si Dieu ne [l]'en retirait sans [qu'il s'en] mît en peine ». Où a-t-il puisé cette conviction et cette force ? C'est ce qu'il sait « de l'Évangile » qui lui « a appris d'en user ainsi ». C'est pourquoi, il est « plus consolé de la grâce que Dieu [lui] a faite de [l']avoir toujours fortifié jusques au bout dans ce dessein, que de la liberté qu'il [lui] a donnée en un temps où tous [ses] amis avaient commencé à ne l'espérer plus ». Ainsi, si cette liberté « est bonne à quelque chose », sa correspondante y aura « autant de part que qui que ce soit, et » qu'elle en pourra « user comme d'un bien qui [lui] appartient et que Dieu ne [lui] a donné que pour le service de [ses] amis » [33].

Vingt années après la mort de Saint-Cyran, le 10 octobre 1663 au soir, Claude Lancelot se sent poussé, comme par une inspiration divine, à livrer par écrit à la postérité, de peur que tant de merveilles de la grâce ne se perdent un jour dans l'oubli faute de témoins, ce qu'il a vu et entendu directement de Saint-Cyran, aussi bien que ce qu'il a pu en apprendre des autres. Les évangélistes n'ont pas agi autrement, et si le mémorialiste a pu mériter le titre d'évangéliste de Saint-Cyran en raison

32. Lettre 598 – À Henri de Budos, marquis des Portes – [Février 1643].
33. Lettre 602 – [À Liée-Madeleine de La Guette de Chazé ?] – 14 avril 1643.

de l'admiration naïve et scrupuleuse dont son texte témoigne à l'égard de son maître, il le mérite aussi au titre de la démarche employée – porter témoignage de ce qu'il a vu et entendu – et de la méthode utilisée, qui est d'employer le texte scripturaire comme clef de lecture de la vie de son modèle.

Il ne fait aucun doute pour lui que Saint-Cyran constitue la figure emblématique du juste persécuté parce que insupportable aux injustes, et que cependant la persécution n'empêche pas d'accomplir la mission que Dieu lui a confiée. Bien au contraire, l'hostilité de ses ennemis fait des épreuves subies par le juste une source de fécondité plus grande encore.

> Mais Dieu voulait faire voir en lui que sa Parole n'était point captive, et qu'il l'avait choisi, comme un autre Élie, pour renouveler toutes choses dans son Église. En effet, il est comme la première source de tout le renouvellement que nous voyons dans la doctrine de la grâce et dans la pratique de la pénitence. Je crois que l'on peut dire qu'il a plus touché d'âmes du milieu de ses liens et plus porté de monde à rentrer dans la véritable piété, qu'aucun homme dont nous ayons ouï parler depuis saint Bernard [34].

Passons sur l'exagération rhétorique et considérons les principaux *exempla* bibliques auxquels Lancelot compare son maître et qui lui semblent le plus à même de caractériser la personne et l'action de son héros.

Commençons par la plus haute et sans doute la plus inattendue parce que la plus osée, celle du Christ. « Jamais homme n'a parlé comme cet homme-là », s'exclament les Solitaires après les conférences spirituelles de Saint-Cyran, reprenant le témoignage des hommes d'armes envoyés par les pharisiens pour arrêter le Christ, et qui reviennent sans avoir accompli la mission dont ils avaient été chargés [35]. Saint-Cyran lui-même d'ailleurs assimile le cercle des Solitaires réuni autour de lui aux apôtres rassemblés autour du Christ :

34. *Mémoires*, édition citée, p. 65.

35. *Mémoires*, édition citée, p. 62. La citation se lit en *Jean*, 7, 46. La mère Agnès Arnauld affirme de même : « Jamais homme n'avait parlé comme celui-là » (*Mémoires pour servir à l'histoire de Port-Royal et à la vie de la Révérende Mère Marie-Angélique de Sainte-Madeleine Arnauld*, Utrecht, 1752, t. I, p. 365).

> Un jour, entre autres, qu'il était tout plein de joie parce qu'il voyait l'heure s'approcher, il vint se consoler avec nous pour nous fortifier. Il dit la messe et nous parla ensuite à chacun en particulier. Et il disait à quelques-uns : « *Numquid vos vultis abire ?* » M. de Séricourt, dont il semble que le don était la grande foi, répondit avec beaucoup de fermeté : « *Domine, ad quem ibimus ? Verba vitæ æternæ habes* ». Pour moi, j'avoue que j'eus la même pensée que lui, et je ne doute point que tous les autres ne l'eussent de même [36].

Ce ne sont pas seulement ici les paroles du Christ mises par Saint-Cyran dans sa propre bouche, comme celles de Pierre dans celle de Séricourt au nom des Solitaires qui sont significatives, mais également le contexte dans lequel elles sont employées. Le Christ vient de terminer le long discours sur le Pain de vie lorsque, devant la défection de plusieurs de ses disciples, il s'adresse à ceux qui sont demeurés près de lui ; de manière analogue, Saint-Cyran vient de célébrer l'Eucharistie lorsque se déroule le dialogue que je viens de rapporter. L'assimilation du directeur de Port-Royal au Christ ne saurait être plus expressive. La même remarque vaut pour son arrestation, pour laquelle « il semble » qu'on avait donné aux archers du chevalier du guet venus l'arrêter, « la même défiance de M. de Saint-Cyran que Judas avait donnée aux Juifs touchant Jésus-Christ », puisque, « comme s'ils eussent eu pu qu'il ne leur eût échappé, ils vinrent au nombre de vingt-deux et se mirent en sentinelle de tous côtés, jusque dans les jardins d'alentour » [37].

Les deux grandes figures apostoliques que sont Pierre et Paul sont appelées en renfort. Saint-Cyran, comme Paul, s'« éleva si haut » au cours d'une conférence le jour de la Conversion de Saint Paul, « qu'il sembla être transporté jusqu'au Ciel, comme l'avait été cet apôtre depuis sa conversion » [38]. Pour ce qui est de Pierre, son *exemple* est appliqué *a contrario* au directeur de Port-Royal, que « Dieu ne délivra pas de ses chaînes, comme il fit à saint Pierre », mais « il le délivra au

36. *Mémoires*, édition citée, p. 68. Les citations sont de *Jean*, 6, 68 : « Et vous, ne voulez-vous point aussi me quitter ? » et 6, 69 : « À qui irions-nous, Seigneur ? Vous avez les paroles de la vie éternelle. »

37. *Mémoires*, édition citée, p. 69.

38. *Mémoires*, édition citée, p. 63. L'extase de saint Paul, à laquelle le texte renvoie, se lit en *2 Corinthiens*, 12, 2-4.

moins de ses peines » et, bien plus, « il le remplit de mille consolations par la même Écriture par laquelle il l'avait voulu affliger » [39].

L'Ancien Testament n'est pas oublié, jusque dans sa liaison typologique avec le Nouveau Testament. Le directeur de Port-Royal a ainsi été choisi par Dieu « comme un autre Élie, pour renouveler toutes choses dans son Église » [40], ce qui revient à l'égaler à Jean-Baptiste, qui, selon le texte scripturaire, est le nouvel Élie chargé de préparer la venue du Christ [41], jusque dans sa prison et par sa mort. Dans la nuit de son arrestation, « comme il faisait toujours lire chez lui un chapitre de l'Écriture, on tomba sur ce lieu de Jérémie : *Ecce in manibus vestris sum. Facite mihi quod bonum et rectum est in oculis vestris* ». Et Saint-Cyran d'en conclure : « Voilà pour moi [42]. » Or, l'on sait que les lamentations du prophète Jérémie forment le texte des Leçons de ténèbres dans la liturgie de la Semaine sainte, la persécution subie par le prophète étant l'annonce de celle du Christ, et aussi désormais de Saint-Cyran.

L'épreuve fondatrice vécue par Saint-Cyran « durant les premiers quinze jours de sa prison », et que nous pouvons, par référence à la catégorie fondamentale de saint Jean de la Croix, appeler la nuit de Vincennes, est tout entière elle aussi mesurée à l'aune de l'Écriture sainte.

Dieu, qui voulait l'« humilier par des images horribles et des frayeurs de ses jugements qui lui causèrent des peines inconcevables », lui fait rencontrer dans sa Parole ce qui est le plus propre à l'effrayer. Lisait-il le texte évangélique : « Un aveugle peut-il conduire un autre aveugle », qu'aussitôt « il croyait être de ceux-là » ; ou encore : « Toute plante que mon Père céleste n'a point plantée sera arrachée », et « il s'imaginait que le temps en était venu, et que sa prison en devait être le commencement ». Mais c'est aussi par sa Parole que Dieu, « un jour [...], comme il sortait de la prière » dans laquelle le prisonnier demandait à Dieu « qu'il lui plût de lui faire voir par sa sainte Parole en quel état il était devant lui, il se trouva que la première qu'il lut fut celle-ci :

39. *Mémoires*, édition citée, p. 73. La référence est à la délivrance miraculeuse de saint Pierre dans les *Actes*, 12, 7.

40. *Mémoires*, édition citée, p. 65.

41. *Matthieu*, 17, 10-13 et *Marc*, 9, 11-13.

42. *Mémoires*, édition citée, p. 69. La citation est de *Jérémie*, 26,14.

"Vous qui me relevez et me retirez des portes de la mort, afin que j'annonce toutes vos louanges aux portes de la ville de Sion. Je serai transporté de joie à cause du salut que vous m'aurez procuré. Les nations se sont elles-mêmes engagées dans la fosse qu'elles avaient faite pour m'y faire périr. Leur pied a été pris dans le même piège qu'ils avaient tendu en secret" ».

Pour Lancelot, il ne fait donc pas de doute – et il se fait l'écho direct de la conviction intérieure de Saint-Cyran telle que nous l'avons rencontrée dans ses lettres –, que « Dieu ne voulait que le purifier » par toutes ses peines « pour le rendre le véritable froment de Jésus-Christ, selon cette excellente parole du martyr saint Ignace » [43]. Le psaume, qui échoit au directeur de Port-Royal lors de la messe d'action de grâces célébrée à Port-Royal de Paris pour sa délivrance, le 13 février 1643, et qui lui est dévolu par cette manière si particulière et si chère à Port-Royal du tirage au sort, constitue comme le sceau divin qui authentifie une fois pour toutes cette lecture providentielle de la prison de celui que tous ses disciples appellent, sans hésitation aucune, le serviteur de Dieu : « Jugez, Seigneur, ceux qui me font injustice ; désarmez ceux qui combattent contre moi [44]. »

Et le mémorialiste conclut, de telle manière qu'il n'est plus possible au lecteur de voir en Saint-Cyran autre chose qu'un saint passé au feu de la purification par Dieu lui-même, et rendu semblable au Christ, à saint Étienne, et à tant d'autres saints qui, loin de chercher une revanche contre leurs persécuteurs, ont prié pour eux, afin que leur péché ne leur soit pas imputé :

> Les voies de Dieu sont si inconcevables qu'il n'y a que les saints qui les puissent pénétrer. Et lorsqu'ils voient son doigt marqué quelque part, sa grandeur les ravit tellement qu'ils sont comme hors d'eux-mêmes et ne considèrent plus ce qui est sur la terre. Il me semble que c'est l'état où entra alors M. de Saint-Cyran, en repassant dans son esprit les merveilles du Seigneur et la conduite qu'il avait tenue sur lui dans sa détention et sa délivrance. Mais je m'imagine qu'il demandait aussi à Dieu, par ce long prosternement, qu'il lui plût de changer en bénédictions toutes les vengeances que ce psaume lui avait fait prononcer contre ses ennemis, afin que leur mort ne fût qu'une destruction de ce qu'il y avait

43. *Mémoires*, édition citée, p. 71-73. Les références bibliques sont : *Luc*, 6, 39 ; *Matthieu*, 15, 13 ; *Psaume*, 9, 14-16.

44. *Psaume*, 34.

> de mauvais en eux, qui en fît des hommes tout nouveaux, comme le dit si souvent saint Augustin [45].

L'engagement total de Saint-Cyran pour les vérités de la grâce qu'il avait découvertes progressivement ne fait aucun doute, même si, peut-être, il est permis de penser que l'image idéale – véritable icône vivante du Christ – que Lancelot nous a laissée de son directeur, force quelquefois peu ou prou la réalité, ou que la très amicale bienveillance du regard de Robert Arnauld d'Andilly privilégiait les rayons de lumière aux traits peut-être plus marqués de grisaille. On connaît bien, en effet, le toilettage qu'il a fait subir aux lettres de Saint-Cyran avant de les livrer au public, comme est bien connu le processus d'idéalisation du directeur du monastère développé par tout Port-Royal, et dont l'expression parfaite est ce magnifique portrait de Saint-Cyran par Philippe de Champaigne, que Louis Marin a pu décrire comme un véritable « buste reliquaire ». Aussi, après avoir cheminé sur ces hauteurs sublimes, aimerai-je nous remettre un peu les pieds sur terre au terme de ce parcours, en évoquant très brièvement la correspondance de Moulinet, lieutenant de Vincennes, avec Chavigny, gouverneur du château.

Le 20 juin 1641, il rend compte à son supérieur de la mission dont il l'avait chargée : proposer d'abord la chambre « où était M. d'Hoquincourt », puis « la chambre basse ». Saint-Cyran a demandé « huit jours de temps pour y penser. S'il prend » finalement « la résolution d'y loger, [Moulinet] la [fera] accommoder comme il désirera » [46]. Le 10 juillet suivant, le lieutenant de Vincennes annonce à Chavigny que « M. de Saint-Cyran s'est logé dans la chambre basse » qu'il lui a fait donner, et énumère les souhaits du prisonnier concernant l'aménagement de son nouveau domicile :

> Il demande que l'on la fasse plancher de bois par en bas, et que l'on mette une plaque de fer à la cheminée pour échauffer la chambre par le moyen du feu qui sera dans la chambre d'auprès la cheminée étant à l'opposite. Il désire aussi que la cheminée de la chambre soit fermée de bois pour empêcher la chaleur quand il voudra [...]. Il demande aussi de faire ouvrir une baie de porte qui a été murée pour y prendre un jour sur

45. *Mémoires*, édition citée, p. 153-155.
46. Ces notes sont extraites des *Archives du Ministère des Affaires Etrangères*, France 1590. Pour celle-ci : f° 293.

> le jardin à la ruelle de son lit, où il veut faire un retranchement pour un cabinet de la grandeur de la ruelle de son lit retranché de tapisserie. En attendant que l'on fasse le plancher, il demande que l'on mette un parterre de natte, croyant que cela sera long à faire, à cause qu'il a froid. Attendant cet accommodement, il demande à se loger dans l'une des chambres qui sont sur l'escalier qui est celle des valets de chambre et laquais de Madame, qui a vue sur la cour et entrée dans la chambre où est M. de Vauzel. L'autre est celle qui est au-dessus de la chambre des filles de Madame [47].

Douze jours plus tard à peine, Moulinet avoue qu'

> il n'y a encore rien de commencé en la chambre de M. de Saint-Cyran, sinon au parterre de natte qu'il a commandé lui-même au nattier, qu'il a fallu faire venir pour le contenter, et en a fait le marché à la toise. Pour ce qui est du plancher, il est venu un menuisier de la part de M. de Mauvoye pour prendre la mesure dudit plancher pour le faire. J'ai su depuis que ç'a été Mgr le Surintendant qui en a parlé à M. de Mauvoye à la sollicitation de M. d'Andilly, qui donna à dîner à mondit seigneur à Pomponne le 14 de ce mois [48].

Loin de moi d'idée de vouloir diminuer ou rabaisser par ces rappels la haute image de Saint-Cyran que Port-Royal a voulu laisser à la postérité, et dont j'ai pu vérifier la réalité au long d'un compagnonnage de maintenant près de vingt années. Bien au contraire, me semble-t-il, ces quelques notations nous le rendent plus attachant et plus proche, dans ces quelques faiblesses humaines [49], si on peut appeler faiblesses un

47. F° 301.
48. F° 305.
49. D'ailleurs Saint-Cyran révèle, dans quelques rares allusions, qu'il n'avait pas toujours été aussi instruit dans les vérités de la vie chrétienne, et qu'il les avait découvertes progressivement. Voir par exemple la lettre 430 – À Jean Guillebert – [Fin 1641-mars 1642], chapitre 6 : « Combien que je puis vous assurer du lieu où je suis, qui m'oblige de parler humblement, que j'entrevoyais dès lors, comme au travers d'un nuage, les défauts de ma théologie dans les chefs principaux, et je pouvais dire ce que le grand maître de l'Église dit de lui-même lorsque, par l'inclination que Dieu lui avait donnée à la vraie sapience, il était en peine de la trouver : *Notre plus grand mal est que nous ne l'aimons pas assez, étant trop prévenus de l'amour de nous-mêmes, qui nous fait chercher et cultiver dès notre premier âge, par l'avis même de nos parents et de nos meilleurs amis, qui sont nos premiers directeurs, ce qui est plus agréable à plusieurs, et qui peut donner ou du bien, ou de la réputation, ou des charges* ».

attachement somme toute bien compréhensible, pour un homme de son âge, à quelque confort matériel au service de la conservation d'une santé déjà bien ébranlée avant sa captivité, et définitivement ruinée par celle-ci. Pour notre bonheur, elles ont résisté au labeur hagiographique de ce véritable laboratoire de textes qu'était devenu Port-Royal. Elles sont d'autant plus précieuses qu'elles semblent bien en contradiction avec les avis rudes que Saint-Cyran lui-même donnait aux autres sur l'usage des maladies [50].

Claude Lancelot avait bien conscience de cette tension entre la réalité et sa représentation, et laisse échapper une confidence qui résonne comme un aveu :

> Pour moi, j'avoue que c'était une de mes dévotions de m'arrêter quelquefois à considérer M. de Saint-Cyran comme la plus vive image de Jésus-Christ que j'eusse jamais vue. Car je ne pouvais remarquer en lui, ni en ses paroles, ni en ses actions, aucun défaut. Ce n'est pas que je sois dans l'erreur de ceux qui croient qu'on puisse être sans péché en cette vie. Et lui-même la condamnait bien fort, aussi bien que saint Augustin, disant d'ordinaire que les plus justes en font une infinité sans les connaître. Mais c'est que les fautes des parfaits sont si petites qu'elles ne se voient que dans la lumière du soleil, comme les atomes. Et ma vue était trop faible pour en pouvoir remarquer en ce grand serviteur de Dieu, tant sa vie était édifiante [51].

Preuve supplémentaire, s'il en était besoin, de la scrupuleuse honnêteté de son labeur de mémorialiste, de pieux évangéliste du directeur de Port-Royal, cette confession de Lancelot nous rend Saint-Cyran plus attachant encore, plus humain et plus proche, et donc plus imitable. Elle témoigne de la force de conviction et d'attraction de celui que Pierre Thomas du Fossé décrivait comme un véritable « aimant spirituel » [52].

50. *Mémoires*, édition citée, p. 335-341.
51. *Mémoires*, édition citée, p. 328.
52. Pierre Thomas du Fossé, *Mémoires pour servir à l'histoire de Port-Royal*, publiés par F. Bouquet, Rouen, 1876-1879, t. I, p. 20 : « Sa haute piété jointe à sa profonde connaissance de l'Écriture et des Pères étaient en lui comme un aimant spirituel, qui attirait des différentes provinces du royaume un grand nombre de personnes, sur qui Dieu voulait faire éclater sa divine miséricorde. »

La prison selon Nicolas Fontaine

Par Pascale THOUVENIN

Depuis l'arrestation de l'abbé de Saint-Cyran en 1638, la détention n'a cessé d'accompagner l'histoire de Port-Royal, d'abord en tant que menace, puis sous la forme terriblement réelle de l'assignation des religieuses et de la détention à la Bastille. L'entrée du groupe dans l'histoire mémorielle n'a pas seulement eu lieu sous l'impulsion de la journée du Guichet par laquelle, en 1609, la jeune mère Angélique Arnauld faisait entrer sa communauté dans la réforme, par un acte volontaire de séparation radicale d'avec le monde, mais, de manière tout aussi décisive, avec l'arrestation des directeurs spirituels de Port-Royal. Acte de rupture avec le monde non moins radical, mais contraint et imposé par la violence du pouvoir, la détention a imprimé dans les Mémoires de Port-Royal une présence obsédante. Port-Royal a tiré de la coïncidence des situations une puissance d'affirmation de son identité, qui éclate avec une force collective d'autant plus frappante que l'ensemble de ces textes a connu une publication groupée dans les années 1730 et 1750, au moment où s'organisait la contestation parlementaire à l'encontre de l'absolutisme royal. C'est un fait remarquable que les grands Mémoires de Port-Royal – à l'exception de ceux de Lancelot, qui offrent le seul témoignage indirect, concernant l'emprisonnement de l'abbé de Saint-Cyran à Vincennes –, ceux de Pierre Thomas du Fossé et de Fontaine, ainsi que les « relations de captivité », sont des textes autobiographiques qui incluent l'expérience de la détention. La fécondité mémorielle de Port-Royal découle donc de l'expérience de la vie carcérale, non pas seulement en raison de la force historique des événements, en soi suffisamment remarquable, pour occuper une place d'exception dans ces Mémoires ou motiver les nombreuses relations de captivité des religieuses, mais aussi parce qu'une expérience personnelle de cette nature peut représenter le point focal d'une vie ou la pierre de touche d'un être porté aux limites de la vérité de soi. Le lien entre autobiographie et condition carcérale, sa signification en vue de l'étude de la vérité autobiographique mériterait une ample enquête, que l'on pourrait mener pour ce qui concerne Port-Royal à partir de ses précurseurs, tels que l'apôtre Paul, saint Jean de La Croix, ou même Le Tasse ou Agrippa d'Aubigné. Un être humain est-il encore une personne dans ce moment hautement critique et à peine croyable où le pouvoir politique ou judiciaire exerce sur lui une toute-puissance irréfutable par la contrainte physique de la privation de la liberté ?

Nicolas Fontaine réitère pour sa part, au cœur de ses Mémoires, dans un long épisode central extrêmement travaillé, le récit d'une détention à la Bastille de près de deux ans et demi (mai 1666-octobre 1668) avec le bibliste Isaac-Louis Le Maistre de Sacy, esquissé une première fois dans les semaines qui suivirent leur élargissement dans une *Relation de la prison de M. de Sacy par M. Desloges, c'est-à-dire M. Fontaine, avec plusieurs de ses lettres* [1]. On se fondera donc surtout sur ces deux textes majeurs, sans exclure cependant quelques excursions annexes, pour examiner comment les *Mémoires* de Nicolas Fontaine organisent un monde de sens en réponse au défi déshumanisant que représente l'expérience de la prison, successivement, à travers une mise en cause très efficace de la justice humaine, un processus d'héroïsation sainte, et enfin la construction d'un mythe noir de la Bastille.

Il est indubitable, pour les membres de Port-Royal, que la justice humaine, au cours de l'histoire du monastère, n'a cessé de contredire la justice divine et de contrecarrer la foi dont vivaient ses membres et que le monastère a été « persécuté pour la justice », selon l'expression commune à ces textes. La puissance contestataire à l'encontre de l'absolutisme royal est un trait qui leur est commun. Les relations des religieuses et les Mémoires notent scrupuleusement, avec la précision d'un procès-verbal qui dénote une certaine culture du droit, les conditions juridiques des arrestations et les conditions concrètes, toutes plus ou moins violentes, la lettre des déclarations de l'autorité judiciaire, les

1. Publiée tardivement dans *Vies intéressantes des religieuses de Port-Royal et de plusieurs personnes qui leur étaient attachées*, Aux dépens de la Compagnie, 1752, t. IV, p. 159-327. *Desloges* est un pseudonyme humoristique faisant référence aux changements de domicile nombreux et imprévus pendant la période de clandestinité qui a précédé l'arrestation. Voir le *Dictionnaire* de Furetière : *Déloger :* « Changer de logis, de demeure. [...] Signifie aussi chasser, obliger à sortir d'un logis. [...] Signifie aussi décamper [...] ».

interrogatoires, les conditions de détention. Il est clair que les Mémoires de Port-Royal ne sont pas seulement à prendre en compte comme des témoignages personnels et ceux d'une communauté religieuse, mais aussi comme une protestation écrite déléguée par le corps des parlementaires, de plus en plus frustré de ses prérogatives de corps intermédiaire par l'exercice absolu du pouvoir. Dans la *Relation* qu'il écrit à la sortie d'une détention de plus de deux années et demie à la Bastille en compagnie de Le Maistre de Sacy, Fontaine note que lors de leur arrestation, « dans le Palais on disait que tout le monde allait à la tyrannie » [2]. Or l'apologie religieuse constitue le dispositif contestataire le plus sûr, parce qu'elle prononce par elle-même une contestation générale du « monde » et que sa justice n'est pas autre chose, en augustinisme, qu'une émanation de la corruption universelle issue de la chute, une manifestation individuelle et sociale des difformités hideuses de l'*amor sui* contre l'*amor Dei*. Cette contestation chrétienne radicale est inscrite dans les textes et se lit à travers la représentation de la justice du roi. Presque tout oppose la justice des hommes et la justice divine, à commencer par la miséricorde. Port-Royal adhère à la vérité chrétienne de la relativité de la justice humaine et de l'absolu de la justice divine : la première est inapte à rendre le coupable plus « juste », tandis que la justice divine accorde au pécheur au cœur contrit le don de son rachat. Les auteurs des relations de captivité inscrivent dans l'épigraphe qui précède leur récit la visée selon laquelle ils ont écrit : mettre au jour, par la narration des faits, le scandale du juste persécuté par une justice pervertie. Elles inscrivent le choc du conflit qui se joue entre la justice des hommes et la justice divine, par des citations de versets bibliques où s'exprime la confiance du juste persécuté par une justice aveuglée ou parjure : Suzanne (*Daniel,* XIII, 41), le prophète Daniel (*Daniel,* VI, 22), la prière de la reine Esther (*Esther,* XIV) [3]. Elles tracent ainsi, pour le lecteur, un horizon d'attente à l'efficacité programmatique indéniable.

Dans une remarquable conformité avec les autres Mémoires du siècle, les Mémoires de Port-Royal maintiennent une position d'allégeance et de loyalisme au roi, déplaçant, de manière tout aussi topique,

2. *Relation de la prison de M. de Sacy* (abrégé dans cet article en *RPS*), p. 178.

3. Ou encore *Judith,* IX, 14 ; *Ézéchiel,* XXXIV ; *Michée*, VII, 8-9 ; *Nombres*, XXII, 28 ; Ier *Livre des Rois*, XXVI, 19-20.

la responsabilité des persécutions sur le mauvais conseiller, en l'occurrence le ministre [4]. C'est par une voie moins directe mais plus sûre, et donc plus efficace, dans un contexte de dissidence, que Port-Royal met en cause la justice royale, par la représentation de l'institution judiciaire, de ses officiers et de ses procédures, dans un dispositif contestataire plus étendu. La scène de l'arrestation de Pierre Thomas du Fossé par le lieutenant civil, officier de police pourvu de fonctions judiciaires, traitée sur le mode burlesque et parodique dans plusieurs Mémoires, recourt à des procédés satiriques communs avec le théâtre et le roman contemporains qui s'attirent la connivence du lecteur [5]. Le recours à la séduction littéraire d'un ton et de thèmes auxquels le public est sensible permet aussi de diffuser, de manière à peine voilée, une théologie familière aux lecteurs de saint Augustin. Dans la cité terrestre, entièrement gouvernée par le règne de la concupiscence, il n'y a pas de *vraie* justice, de justice ordonnée à la vérité, mais seulement une *parodie* de l'idée de justice. C'est pourquoi la parodie littéraire, procédé qui invite à une lecture seconde, se prête, sous l'agrément, au dévoilement d'un sens grave. Ailleurs, dans sa *Relation de captivité* et ses *Mémoires,* Fontaine confirme cette suggestion en présentant des agents de la justice travaillés par la vanité, la cupidité, la violence, le pur désir de faire le mal. La leçon est aisément décodée par des augustiniens, qui ont lu dans les livres XIV à XVIII de *La Cité de Dieu* la corruption des sociétés et l'arbitraire des institutions.

Mais la plus forte protestation provient de la mise en « légende », au sens technique, des événements vécus et du phénomène d'héroïsation sainte qui leur est appliqué. La thématique de la détention sert la mise en perspective spirituelle de la justice des hommes et parachève ce que la controverse ne faisait que suggérer : elle subvertit radicalement l'idée de justice terrestre, en opposant le saint à l'impie, le *persécuté* au *persécuteur.* Elle le fait en recourant à l'un des fonds littéraires les plus anciens du christianisme, les *Acta sanctorum* ou « légende ». Par un

4. Fontaine, *Mémoires ou histoire des Solitaires de Port-Royal,* éd. P. Thouvenin, Paris, Champion, Sources classiques, n° 21, 2001, p. 842, 847, 849. Lancelot, *Mémoires touchant la vie de M. l'abbé de Saint-Cyran* [1738], éd. Denis Donetzkoff, Paris, Nolin, 2003, *passim.*

5. Fontaine, *RPS, passim* ; *Mémoires,* p. 793-796 ; Du Fossé, *Mémoires de Pierre Thomas, sieur du Fossé,* éd. F. Bouquet, Rouen, Charles Métérie, 1876-1879, Slatkine Reprints, Genève, 1976, t. II, p. 251-255.

effet de surimpression spirituelle soigneusement concerté, au moyen de thèmes, de citations scripturaires, d'analogies historiques renvoyant aux siècles de persécution de la première Église, ou d'analogies spirituelles, parmi lesquelles celle de l'*Imitation du Christ* paraît la plus probante, les textes dévoilent le sens caché de l'expérience de la persécution par une justice aveuglée et mensongère : permettre au chrétien d'accomplir sa vocation de juste ou de saint. La Béatitude des « Bienheureux persécutés pour la justice » sous-tend le récit de la détention à la Bastille. Nicolas Fontaine en dispose des signes, aisément lisibles par tout lecteur catholique, ce qui explique le succès de ces *Mémoires*, lorsqu'ils seront publiés en 1756 : à l'image des apôtres et des martyrs, le persécuté connaît joie et paix dans sa prison, car les signes de la présence de Dieu se révèlent plus vivement dans l'abandon du « monde ». La justice de Dieu étend sa paix sur ceux qui ont foi en lui, abolissant pour ses fidèles les effets de la justice des hommes : Sacy et Fontaine mènent à la Bastille une vie d'étude et de prière, continuant l'œuvre de traduction et de commentaire de l'Écriture engagée avant leur arrestation. Composante de l'histoire du christianisme des premiers siècles, la prison, associée à ses antécédents bibliques qui en constituent la *figure*, est l'une des réalités les plus puissantes et les plus significatives de la tradition scripturaire et patristique. Les circonstances historiques et politiques fournirent à un milieu aussi imprégné d'histoire religieuse et de spiritualité que Port-Royal le terrain favorable pour un épanouissement particulier de cette tradition. La captivité apparaît entièrement vécue et interprétée selon des modèles spirituels, devenus lieux communs : l'adhésion à ceux-ci et leur mise en pratique par le chrétien s'interprète comme une attestation de la réalisation du salut. C'est pourquoi le plus exemplaire d'entre eux, l'imitation du Christ, grave dans les étapes vécues par les membres de Port-Royal de l'arrestation, de l'interrogatoire et de la détention une participation effective à la Passion. L'assimilation entre Saint-Cyran et le Christ et, plus étroitement encore, entre Sacy et le Christ en développent la démonstration. Les Mémoires de Port-Royal en répercutent une multitude d'échos : comme le Christ, Saint-Cyran, puis à son tour Sacy bénéficient de la prescience de leur arrestation. Fontaine assimile intégralement Sacy au Christ et fait de son arrestation une répétition du drame sacré. Le modèle spirituel n'a pas seulement porté à une rhétorique plus ou moins ponctuelle de l'analogie, c'est toute la réalité littéraire du texte, dans ses structures, ses figures et ses réseaux de sens et d'images qui fusionne avec la réalité spirituelle qui lui donne sens. La captivité des patriarches, Joseph ou Jérémie, de Jean-Baptiste, de l'apôtre Pierre, répercutent des échos consonants [6]. La forte présence de l'apôtre Paul s'explique par l'adhésion des deux directeurs spirituels à la doctrine paulinienne de l'imitation et par le choix personnel que Sacy en avait fait comme compagnon spirituel permanent. Le témoignage carcéral de l'Apôtre appartenait à la pratique spirituelle la plus courante : comme le cardinal de Retz dans sa prison de Vincennes, Sacy méditait à la Bastille le nom de *Vinctus Christi,* « captif du Christ », que saint Paul s'appliquait à lui-même. Le mémorialiste suggère le degré de réalisation personnelle atteint par son maître, soulignant combien les ouvrages de Sacy écrits en captivité surpassaient les autres, de même que les lettres que l'Apôtre « avait écrites étant dans les chaînes, avaient je ne sais quoi de plus touchant que les autres » [7].

Une dialectique spirituelle puissante circule entre servitude visible et grandeur cachée. Le symbolisme évangélique de l'obscurité et de la lumière offre au Solitaire les images par lesquelles il perçoit le paradoxe de la volonté divine et discerne, sous l'humiliation apparente de la captivité, la grandeur du plan divin, comme dans ce développement paraphrasant l'Évangile de Luc (VIII, 16 ; XI, 33) :

> Ce saint homme, à qui tous ces messieurs se sentaient si obligés, le regardant comme l'organe dont Dieu s'était servi pour leur faire tant de grâces, était depuis cinq ans prisonnier au bois de Vincennes, où l'on peut dire que Dieu au lieu de cacher ainsi cette grande lumière sous le boisseau le tirait au contraire de l'obscurité pour la placer dans un lieu élevé, afin qu'elle éclatât devant les hommes [8].

6. Jérémie : *Mémoires,* p. 830 ; Jean-Baptiste : *ibid.* ; Joseph (*Genèse*, XL, 12-15 ; 23 ; XLI, 9) : p. 443, 830, 856-857 ; Pierre : p. 815.

7. Fontaine, *Mémoires*, p. 791, 793, 806, 819, 827-828, 831. Sur ces points, voir nos précédents articles : « Nicolas Fontaine et la légende de M. de Sacy : le récit de la captivité à la Bastille, de la *Relation de la prison de M. de Sacy* aux *Mémoires* », *Regards sur le passé dans l'Europe des XVIe et XVIIe siècles.* Actes du colloque tenu à Nancy (décembre 1995) par le Groupe de Recherches « XVIe et XVIIe siècles en Europe », Bern, Peter Lang, 1997, p. 277-289 et « *Non mihi, si linguæ centum sint, oraque centum, ferrea vox* (Virgile) : la prison chez Nicolas Fontaine », *Grandeur et servitude au siècle de Louis XIV,* journée d'études à la mémoire de M.-Th. Hipp, Presses Universitaires de Nancy, 1999, p. 59-71.

8. Fontaine, *Mémoires,* p. 372.

La pratique chrétienne déchire le voile des apparences, et la prison devient le lieu d'exercice des paradoxes chrétiens entre servitude et liberté, peine et récompense, souffrance et joie, que la correspondance échangée clandestinement propage entre Solitaires et religieuses, entre les captifs de la Bastille et les moniales quasi détenues dans leur propre monastère [9]. Selon le modèle paulinien, Sacy considère la Bastille comme une « captivité de Dieu », et lorsque les portes de la forteresse s'ouvrent enfin, c'est pour lui permettre de retourner dans le monde, c'est-à-dire dans la captivité des hommes [10]. Ce renversement axiologique essentiel au christianisme ne s'éprouve nulle part mieux que dans la privation de la liberté physique, condition de l'épanouissement de la liberté intérieure. Prenant possession de sa condition de prisonnier, Sacy

> [...] espéra de s'y reconnaître tout d'un coup comme dans son centre, et de regarder les barrières que l'on y mettait de toutes parts pour l'empêcher d'avoir communication avec les hommes, comme autant de serrures et de portes qui lui assureraient sa liberté, et qui empêcheraient que sa paix ne fût troublée par personne [11].

Les textes glosent littéralement la « Lettre aux martyrs » de Tertullien, elle-même assimilée dans tous ses détails dans le traité de *La Solitude* de Jean Hamon [12].

Des siècles de tradition scripturaire et patristique sont présents dans l'idée du sacrifice rédempteur et du rachat par la souffrance : Dieu permet que ses élus soient persécutés pour la justice. La prison est un purgatoire où l'on est impatient d'entrer : « J'avais besoin d'être pris », affirme Sacy [13], soulignant l'œuvre de purification entreprise alors. Les grâces dont le prisonnier devient le bénéficiaire rayonnent dans sa fécondité spirituelle. Sacy et Saint-Cyran entretenaient une immense

9. Voir, parmi de nombreux exemples, les lettres insérées dans la *RPS*, p. 193-196 (mère Angélique de Saint-Jean), 239-250 (Sacy et l'évêque N. Pavillon), 250-252, 266-270, 278-282, 282-285, 325 (Fontaine et J. Hamon).

10. *Mémoires*, p. 831.

11. *Mémoires*, p. 789.

12. Paru en 1734. Cet aspect mériterait une étude spécifique.

13. Sacy, *Choix de lettres inédites de Le Maistre de Sacy*, éd. G. Delassault, Paris, 1959, p. 187 (juin 1666) ; « Car pour M. de Sacy, on peut dire qu'il souhaitait plus la prison qu'il la craignait » ; *Mémoires*, p. 802.

direction spirituelle, tandis que Sacy pour sa part mène à son terme l'entreprise de traduction de l'Écriture sainte de Port-Royal : c'est une nouvelle convergence entre les directeurs spirituels de Port-Royal et l'Apôtre, qui « engendre dans les chaînes » [14]. Par l'épreuve qui lui est envoyée, le saint fait participer son entourage aux grâces propres à sa nouvelle situation : « Car on peut dire que cet état de M. de Sacy fut étrangement regretté de tous ses amis, et que leur charité fut rudement éprouvée par ce coup si peu attendu. On vit alors cette parole de saint Paul bien vérifiée : *Nam et vinctis compassi estis* [15]. »

Peine aux yeux du monde, la prison est une récompense pour l'homme qui cherche Dieu car il y trouve « le fruit que la grâce de Dieu lui a fait de se débarrasser du monde et de l'engager dans des affaires dont un état comme celui-ci n'est pas une peine qui l'accable mais une récompense qui le console » [16]. L'expérience de la prison est une faveur réservée à quelques âmes d'élite qui les fait accéder à une liberté qui anticipe sur la vie éternelle et en est la figure. À l'image des apôtres et des martyrs, le persécuté connaît joie et paix dans sa prison, car les signes de la présence de Dieu se révèlent davantage par la souffrance et sont perçus avec plus d'acuité. La vie des prisonniers devient une célébration continuelle : Saint-Cyran ne cesse pas de chanter les Psaumes et, ainsi que conclut Fontaine, « M. de Sacy vivait sans impatience, et continuait la traduction de l'Écriture. Il sanctifiait ainsi sa prison par la pureté de ses intentions, par l'humilité de ses souffrances, par la ferveur de ses prières, et par la sainteté de ses travaux » [17]. Dans un effet de diptyque contrasté, le mémorialiste trace vis-à-vis du portrait rayonnant de son maître celui de l'homme ordinaire qu'il est, beaucoup plus imparfait dans « [sa] pauvre petite simplicité » [18]. Ce qui fait les saints est l'opération souveraine de la surnature dans leur personne et le renversement de la nature irrésistible qu'elle suscite. L'entreprise totale d'héroïsation sainte des *Mémoires,* discernable à travers l'attraction littéraire souvent

14. Paul, *Épître à Philémon*, 10; Fontaine, *Mémoires*, p. 259, 830.
15. Paul, *Épître aux Hébreux*, 10, 34 ; Fontaine, *Mémoires,* p. 806.
16. Sacy, *Choix de lettres...*, éd. G. Delassault, p. 204 (12 décembre 1666) ; voir aussi : « Il se promettait que le silence y serait sa pâture, et que la séparation d'avec les hommes y serait sa joie », Fontaine, *Mémoires,* p. 789.
17. *Mémoires*, p. 816.
18. *Ibid.*, p. 811.

prépondérante de la Vie de saint, ou Légende, en établit la démonstration, pendant que la vocation personnelle du futur mémorialiste s'accomplit dans une « Imitation de M. de Sacy ».

Une équivalence essentielle existe entre *prison* et *solitude parfaite* : le détenu convertit sa *prison forcée* en *prison volontaire*. Une illustration vivante de la mise en pratique de cette synonymie spirituelle est contenue dans plusieurs chapitres du traité de Jean Hamon sur *La Solitude* : « Effaçons le nom de prison, appelons-la désormais solitude » [19]. La vie solitaire, librement consentie, ne représentait qu'une réalisation imparfaite du modèle érémitique des premiers siècles de l'Église, des « Pères des déserts », dont Robert Arnauld d'Andilly avait traduit les Vies [20]. Par un autre renversement de valeurs essentiellement chrétien, la *prison forcée* parachève la quête de Dieu dans un degré de perfection irréalisable par une volonté pleinement libre. La raillerie sarcastique du gouverneur sur le « noviciat » de la Bastille [21] et l'ironie inconsciemment porteuse de vérité qu'elle profère touchent à l'équivalence dans la tradition patristique entre la cellule du moine et celle du prisonnier. « La vie de M. de Sacy, révèle Fontaine, avait été une prison continuelle et cette séparation où il était de tout le monde l'avait accoutumé depuis longtemps de ne voir personne. Il avait toute sa vie étudié la Bastille [22]. » Sacy nommait la Bastille sa « chère solitude » [23], à l'instar de l'abbé de Saint-Cyran, recommandant depuis sa prison de Vincennes au jeune Antoine Le Maistre tout juste engagé dans la vie de Solitaire :

> Un Solitaire doit être dans sa solitude sans parler avec le monde que le moins qu'il peut, comme un prisonnier tel que je suis, dans sa prison en gardant sa clôture et rendant obéissance à celui qui le garde, comme un religieux à son supérieur [24].

19. Voir la seconde édition, Amsterdam, 1735, [B.N.F. : D-37356], XLIX, p. 148. Sept chapitres (XLIII-XLIX) développent l'idée de « La prison, solitude parfaite » : « Les avantages de la prison » (XLIV), « Les prisons sont des temples » (XLVII), « Les prisons sont des retraites » (XLIX).

20. *Les vies des Saints Pères des déserts et de quelques Saintes, escrites par des Pères de l'Église et autres anciens auteurs ecclésiastiques Grecs et Latins, traduites en François par M. Arnauld d'Andilly*, Paris, Pierre le Petit & Antoine Vitré, 1653, 2 vol. in-4°.

21. Sacy, *Lettres inédites*, p. 205, 12 décembre 1666 ; *RPS*, p. 198.

22. *Mémoires*, p. 809.

23. *RPS*, p. 251.

24. Lettre insérée dans Fontaine, *Mémoires*, p. 327-328.

L'équivalence entre *Bastille* et *Thébaïde* revient en *leitmotiv* dans les lettres échangées en détention entre Sacy et les religieuses [25]. Sommet de la vie religieuse, la prison est aussi une *retraite* [26], tandis que, en retour, la *prison volontaire* désigne métonymiquement l'état de solitude, ou encore Port-Royal des Champs, comme dans ce quatrain écrit par Antoine Le Maistre lors de sa retraite définitive :

> Lieux charmants, prisons volontaires,
> On me bannit en vain de vos sacrés déserts.
> Le suprême Dieu que je sers
> Fait partout de vrais Solitaires [27].

Les glissements métonymiques et les substitutions de termes sont légion dans les Mémoires ou la correspondance [28]. Une fois libéré, Fontaine prendra la décision pour faire perdurer les bénéfices spirituels de la captivité d'imposer à sa nouvelle existence d'homme libre une forme de claustration :

> Je fis résolution, pour perpétuer ma gratitude, de me faire une sorte de Bastille en me tenant aussi resserré dans ma retraite que si j'avais des grilles et des barres qui m'y renfermassent [...] [29].

On pourrait s'attendre à ce qu'un tel degré de spiritualisation du réel ait eu pour conséquence la déréalisation du récit, or il n'en est rien : l'intelligence spirituelle du réel n'a pas éclipsé l'attention à ses aspects les plus concrets. Le reportage sur le milieu carcéral que livrent les textes de Fontaine recèle par exemple des notations sociologiques inattendues, comme la mention d'un véritable « lobby » avant la lettre, dans le recrutement entièrement gascon du personnel pénitentiaire, à l'origine d'une solidarité infaillible dans la bêtise, la violence et l'absurdité, ou l'état d'ébriété quasi permanent des gardes [30]. Le réalisme

25. « Nous appelons ceci la Thébaïde et ceux qui y sont des solitaires », Sacy, *Choix de lettres*, éd. G. Delassault, p. 198 (14 oct. 1666), 206 (14 déc. 1666), 215 (6 mars 1667).

26. Sacy, *Choix de lettres*, éd. G. Delassault, p. 219 (21 avril 1667).

27. *Mémoires*, rapporté deux fois, p. 312 et 980.

28. Fontaine, *Mémoires*, p. 284, 664, 868, 872.

29. *Mémoires*, p. 857.

30. *RPS*, p. 280. Le gouverneur en effet recrute des hommes de confiance dans sa région d'origine. La satire des Gascons, commune à l'époque, trouve ici une expression

du vécu du détenu – la clandestinité et l'arrestation, l'intervention de l'autorité judiciaire, le quotidien de l'incarcération – est un trait remarquable de ces textes aussi bien que l'attention portée aux réalités humaines, psychologiques et spirituelles, comme la gravité des sentiments, les dernières paroles prononcées à l'adresse des proches, l'expression des états d'âme, la prière... Les expériences partagées trouvent une mise en œuvre littéraire fondée sur une série d'invariants thématiques et référentiels. Une certaine homogénéité de l'écriture appuie l'idée d'un accord de la collectivité des écrivains en vue d'une finalité commune. Il devient plus que jamais nécessaire de sonder les grandes correspondances de Sacy et de la mère Angélique de Saint-Jean Arnauld d'Andilly, qui ont joué le rôle de directeurs littéraires auprès de la communauté. Les textes de Fontaine se distinguent cependant par l'implacable reportage sur le milieu carcéral qu'ils livrent, à l'insu des agents de l'administration royale, et la mise en œuvre remarquable de la « légende » noire, du « mythe » de la Bastille.

Passé en quelques instants de la condition de Solitaire clandestin mais libre à celle de détenu *sine die*, le mémorialiste livre le témoignage d'une mémoire à jamais marquée, ou même impressionnée, tant s'impose l'analogie avec un processus photographique, par une multitude de personnes et d'événements. Ces instantanés de la mémoire s'accordent avec une esthétique du trait, du croquis pris sur le vif. Dans les Mémoires du temps, le récit de la prison, surtout de la prison d'État, est un classique : Bassompierre (dont les *Mémoires* parurent à Cologne en 1665), Retz (qui écrit dans les années 1675-1677, mais dont l'œuvre ne sera connue du public qu'au début de la Régence), Bussy-Rabutin (dont les *Mémoires* sont publiés en 1696) l'ont entrepris [31]. Fontaine rejoint ces auteurs sur tous les points que la situation de prisonnier commande par une nécessité de nature : l'arrestation, l'entrée dans les lieux et l'appréciation des conditions de détention, le déroulement rituel du quotidien. Une multitude d'anecdotes est consacrée aux préoccupations universelles des prisonniers, occuper son temps et communiquer. De là le caractère souvent haut en couleurs d'un récit qui se déroule comme une

virulente, à de rares exceptions près, comme dans le cas de Henri de Barrailh (voir ce nom dans le *Dictionnaire de Port-Royal*, 2004).

31. Voir aussi le récit de la captivité des princes de Condé et de Conti pendant la Fronde par Pierre Lenet.

collection d'anecdotes, le foisonnement des détails, qui témoignent de l'ingéniosité toujours féconde des prisonniers pour supporter leur isolement, se distraire ou échapper à la surveillance de leurs gardes.

Les maillons successifs de la chaîne implacable de l'ordre royal se trouvent saisis dans une parole, un geste, un trait de caractère ou de comportement, depuis le plus haut responsable, comme le lieutenant civil d'Aubray, passé soudainement de la sécheresse à l'obséquiosité, dès qu'il fut informé de la qualité et des alliances de Sacy, jusqu'au bas de l'échelle pénitentiaire, le porte-clés à la philosophie de circonstance : « Il mit la main à l'encensoir [...]. Le premier jour à la Bastille est le plus dur de tous [32]. » Les techniques policières, sans doute aussi anciennes que l'institution, comme la filature, la provocation, la confrontation des suspects, le déroulement de la procédure d'incarcération, sont consignées avec la précision d'un rapport d'inspection ; l'application du traitement réservé aux séditieux – Sacy est soupçonné de diriger l'opposition des religieuses à la signature du Formulaire –, l'arrestation en pleine rue au milieu du faubourg Saint-Antoine affairé, la visite domiciliaire et la saisie des papiers, l'ignominie de la fouille corporelle, l'interrogatoire et le transfert à la Bastille après quinze jours de détention provisoire à domicile, les formalités de l'enregistrement, sont traités en scènes tantôt truculentes tantôt graves. Peu d'aspects du quotidien échappent à la plume du Solitaire, des plus humiliants aux plus piquants : « Tout paraissait déchaîné, et jusqu'au porte-clés, le [Sacy] persécutait, ne voulant pas lui laisser la liberté d'aller à la garde-robe, et voulant qu'il fît venir une chaise de commodité dans sa chambre » [33], tandis que le mémorialiste souligne avec humour que pour contourner l'interdiction d'écrire qui était faite aux prisonniers, il avait pris la précaution de rejoindre Sacy « tout cousu » de plumes et de papier et muni de « petits magasins » [34]. Une extraordinaire et très réjouissante tentative de communication des Solitaires avec un prisonnier faussement accusé de sorcellerie tourne à la farce : le narrateur entremêle la gravité et la compassion avec l'humour et la cocasserie [35]. Ces récits alternent avec des développements personnels empreints de mélancolie et

32. *RPS*, p. 177-178,190.
33. *RPS*, p. 197.
34. *Mémoires*, p. 813.
35. *Mémoires*, p. 819-820.

de pathétique, comme le passage célèbre où les prisonniers aperçoivent du haut des tours les silhouettes muettes de leurs compagnons demeurés libres et participant *incognito* à une procession au pied de la forteresse [36].

C'est surtout dans le domaine de l'expression de la sensibilité personnelle que les *Mémoires* de Fontaine marquent leur différence sur l'ensemble des récits de captivité, à l'égal de la relation de la mère Angélique de Saint-Jean. Aiguisée par le caractère bouleversant de sa situation, la sensibilité du mémorialiste crève l'écran des conventions. L'histoire matérielle a pu dans une certaine mesure accréditer l'idée que la Bastille était une prison « de luxe » pour certains prisonniers de marque : on imagine sans mal en effet que la détention des trésoriers de l'Épargne, contemporaine de celle des Solitaires, comme plus tard celle de Voltaire, ait pu se dérouler dans des conditions clémentes. Celle de Fontaine demeure un témoignage exceptionnel non seulement par ses qualités documentaires et sa riche contribution à un état des lieux historique et authentique des réalités carcérales sous le règne de Louis XIV, mais aussi par la vision d'une condition humaine misérable et tragique, réalité signifiante au plus haut point dans le domaine moral et philosophique.

L'expérience personnelle terrible de la captivité s'exprime avec une retenue pathétique, la pudeur de l'indicible a laissé sa marque. Quand les mots reculent, se dressent les images ou ressurgissent les émotions imprimées à jamais. Peur sous toutes ses formes, désarroi dans la solitude, hantise de l'oubli en constituent la thématique lancinante. Brutale ou diffuse, la peur s'insinue dans toutes les circonstances : incertitude de l'arrestation des amis ou du transport à la Bastille, anxiété avant l'interrogatoire, crainte de la défaillance – Sacy lui-même répète ses réponses –, hantise d'une nouvelle séparation [37]. Il n'est pas jusqu'au lieutenant civil lui-même qui ne redoute de devoir à son tour monter en carrosse à destination de la forteresse [38]. Comment ne pas frémir sous l'effet de l'inhumanité aussi brutale que terrifiante du gouverneur, qui vante comme un privilège insigne le fait qu'à la Bastille les porte-clés se dispensent d'asséner aux détenus les coups de bâton et de clés

36. *Mémoires*, p. 825 ; *RPS*, p. 212-213, 216-217, 228-229, 253-254, 305.
37. *RPS*, p. 179, 182-185, 201-202, 217.
38. *RPS*, p. 180-181.

coutumiers dans les autres prisons [39] ! La plus infâmante des morts rôde : trente ans plus tard, Fontaine demeure glacé d'effroi à la menace du bûcher des hérétiques, pourtant bien improbable [40]. Une thématique du secret menaçant, corollaire de l'invisible puissance du prince, obsède la *Relation de la prison*. Les prisonniers se croisent sans se rencontrer, le cachot recèle parfois un malheureux innocent du crime qu'on lui impute, comme cet homme accusé de sorcellerie par vengeance [41]. On s'ingénie à entretenir les prisonniers dans une crainte perpétuelle [42], la rumeur court qu'il y a des « chambres pleines de jansénistes » [43]. L'oubli enfin peut engloutir une vie humaine, à l'exemple de ce prêtre catalan enfermé pour un obscur motif de lèse-majesté, et qui, passant pour fou bien qu'étant parfaitement sain d'esprit, quémandait pathétiquement des attestations de bonne santé mentale [44]. Chez Fontaine demeure la sourde angoisse de rester enfermé à jamais, et la parade bravache des trésoriers de l'Épargne, sur les terrasses, n'a pas d'autre signification [45]. « L'attente du moment *fatal* de faire le voyage de la Bastille », dans les instants qui suivirent son arrestation, n'était qu'un prélude à l'existence tragique qui habite les murs de la forteresse et meut les existences qu'elle abrite [46].

Plus insupportable que tout enfin, la solitude. Le sobre « assurément, la solitude de la prison est une chose terrible » [47] voile une expérience terrifiante des limites humaines. Tout à l'opposé des directeurs spirituels tels que Saint-Cyran et Sacy, dont les traits modelés par la solitude dessinent sous le regard de Lancelot et Fontaine le visage de la sainteté, la solitude de l'humanité ordinaire ne dénote que misère et corruption, absence totale de charité, expérience existentielle de la déréliction. C'est l'interprétation de Sacy :

> [...] certainement [c'est] une grande dureté aux hommes de laisser d'autres hommes semblables à eux se désespérer dans une effroyable

39. *RPS*, p. 218.
40. *RPS*, p. 159.
41. *RPS*, p. 214 ; *Mémoires*, p. 845, 848.
42. *RPS*, p. 197.
43. *RPS*, p. 204 ; « le bruit était grand à la Bastille qu'on allait la remplir de jansénistes », *Mémoires*, p. 804.
44. *RPS*, p. 232-234.
45. *Mémoires*, p. 832.
46. *Mémoires*, p. 801.
47. *RPS*, p. 199.

> solitude, sans recevoir la moindre consolation de qui que ce soit [...] ; certainement ceux qui commettent ces duretés en rendront un étrange compte à Dieu [...] et qu'ils répondront véritablement de la perte de ces âmes, puisqu'ils ont fait tout ce qu'il fallait pour les perdre [48].

Fontaine pour sa part, abandonné à la solitude durant trois mois dans une sorte de cachot, a vécu l'expérience effroyable de la mélancolie, au seuil du péché majeur de désespérance : « un fonds de tristesse si noire que si Dieu n'eût enfin eu pitié de moi, je crois qu'elle m'aurait conduit aux portes du désespoir » [49]. Quand elle ne mène pas au suicide ou à la folie, la privation de liberté engage à des tentatives d'évasion désespérées, comme celle de ces deux fugitifs qui échoue, l'un s'étant horriblement blessé. Au gouverneur, qui s'étonne de la folie qui leur a fait entreprendre leur évasion à huit jours seulement de leur libération, Sacy rétorque que

> [...] si l'on avait résolu de les délivrer huit jours après, cette entreprise devait encore hâter leur délivrance davantage, puisqu'elle faisait voir quel désespoir c'est que de se voir ainsi enfermé comme des bêtes ; que certainement il fallait beaucoup de compassion pour ces misérables, et que si l'on voyait de près ce qu'ils souffrent, on ne le permettrait pas [50].

Voie de salut pour le saint, la prison ne peut qu'évoquer l'enfer pour l'humanité commune. La galerie d'humains qui s'offre au regard dans la geôle redoutée de la Bastille ne présente, à peu d'exceptions près parmi les geôliers ou les prisonniers, qu'une effroyable chaîne de misères humaines. C'est une hallucinante cohorte d'humains disloqués, à la difformité physique sinistrement accordée avec celle du cœur, qui compose la garnison [51]. Quant aux prisonniers, les revers de fortune ou de condition dont ils sont les victimes représentent pour Sacy la marque indélébile de la faute originelle :

> M. de Sacy ne laissait pas néanmoins de faire de sages réflexions sur ce qu'on lui disait, et toute la chute d'Adam lui revenait en esprit dans cette faible image, et la misère où tous ses enfants en avaient été réduits [52].

48. *RPS*, p. 201.
49. *Mémoires*, p. 812 ; *RPS*, p. 214.
50. *RPS*, p. 258.
51. *RPS*, p. 232-233, 254-259.
52. *Mémoires*, p. 833.

Dénaturés par la folie du pouvoir, les représentants de la justice du roi tirent de leur office des satisfactions perverses : l'emprisonnement des Messieurs « enivrait d'un plaisir incroyable » le lieutenant civil chargé de leur arrestation, le gouverneur se flatte que le « colombier bien rempli » qu'est la forteresse soit sous sa direction un « terrible gîte » [53]. Le récit de la *Relation,* et plus encore celui des *Mémoires,* tendent vers l'allégorie morale, à travers une galerie de conditions, de types humains et de destinées ordonnés autour de la considération générale de la misère de l'homme et de sa nature déchue [54]. Le cœur de l'homme, nœud de vipères où grouillent les passions mauvaises et les vices, y apparaît dans toute sa corruption. Orgueil, cupidité, reniement des affections naturelles s'y déploient dans une monstrueuse liberté. Les passions et les vices humains composent une geôle où l'homme vit dans une épouvantable captivité, jusqu'au dernier degré de la clôture et au dernier cercle de l'enfermement, c'est-à-dire la folie. Personne en effet n'est certain d'être épargné par l'aliénation :

> Tels gardes gardaient d'autres gens dans la prison qui n'étaient guère moins misérables, et qui hors quelques-uns étaient presque tous fous : et l'on ne savait pas jusqu'alors que la Bastille fût devenue les petites maisons. On ne peut rien voir qui fasse plus de pitié que ces personnes qui deviendraient folles sans peine dans cet état si elles ne l'eussent pas été ; car assurément la Bastille et la manière dont on y traite les gens, est un grand chemin à la folie [55].

La vision de l'enfer des païens s'est imposée à l'esprit du mémorialiste dès la *Relation* : « C'est une image de l'enfer ; et rien n'est plus horrible qu'un lieu où presque tous les officiers, depuis le gouverneur jusqu'au porte-clés, et où tous les prisonniers avec toute la garnison n'ont pas une once de charité [56]. » La comparaison avec les *Mémoires* permet de mesurer le travail de création intervenu trente années plus tard. Une référence à Virgile (*Énéide,* VI, 625), où le poète rapporte les paroles de la prêtresse d'Apollon à Énée au seuil de sa descente infernale, est une déclaration de filiation poétique autant qu'une indication

53. *RPS,* p. 205, 227-228.
54. *Mémoires,* p. 831-837.
55. *RPS,* p. 233.
56. *RPS,* p. 299.

de la portée allégorique. Fontaine lui associe aussi l'écho d'une maxime tragique issue de la *Relation,* « la prison est une longue mort, où l'on va sans pouvoir voir rien de tout ce qui est dans le monde » [57], qui en approfondit la poésie ténébreuse :

> Je ne sais à quoi je m'arrête, car il n'y aurait point de fin si je voulais rapporter tout ce que j'ai vu en ce lieu; *Non mihi, si linguæ centum sint, oraque centum, ferrea vox,* comme dit Virgile parlant de l'Enfer, je ne pourrais jamais décrire ni les sévérités de ceux qui gardent les prisonniers, ni les subtilités de ceux qui se voient si exactement gardés ; c'est à qui fera pis des deux. Les uns font tout ce qu'ils peuvent pour séparer ceux qu'ils tiennent sous leur puissance de la société des hommes, et pour empêcher, tout vivants qu'ils sont, qu'ils aient aucun commerce avec les vivants. Les autres au contraire se roidissent contre ces prétentions, et mettent tout en usage pour montrer par des adresses surprenantes qu'ils ne sont pas morts, ni des gens ensevelis dans l'oubli. Tout cela faisait dire à M. de Sacy qu'on faisait voyager les jeunes gens dans les pays étrangers pour leur former l'esprit, mais qu'assurément un petit voyage seulement de six mois à la Bastille leur servirait beaucoup plus, pour leur former l'esprit, qu'un voyage de six ans [58].

L'imagination du captif que fut Fontaine a engrangé des images fortes, violentes, terribles. Le Solitaire disposait, pour en diriger et en organiser la vision tragique, de puissants modèles. Outre Virgile, on songe bien sûr aux célèbres *Pensées* de Pascal sur la condition humaine représentée par des hommes enchaînés, assistant, impuissants, à leur propre destruction, et au cachot où l'homme vit dans une proximité permanente avec la mort [59]. L'espèce de cachot où Fontaine fut d'abord enfermé, « sépulcre de morts » plutôt que demeure de vivants, la basse-fosse où croupissait un malheureux, qui reçut enfin « l'ordre de sa délivrance, ou, pour parler plus véritablement, de sa *résurrection* » [60], en offrent la vive expérience. Comme le notent encore les *Pensées,* la prison est le lieu où le divertissement, grâce auquel l'homme peut momentanément se détourner de la vue et de la pensée du malheur de

57. *Ibid.*

58. *Mémoires,* p. 837.

59. Pascal, *Pensées,* éd. Philippe Sellier, Paris, Garnier, 1991, Sell. 686, p. 485-486 et Sell. 195, p. 236, et Philippe Sellier, « Des *Confessions* aux *Pensées* : les seuils platoniciens », *Transversalités, Revue de l'Institut Catholique de Paris,* oct-déc. 1996, p. 25.

60. *RPS,* p. 191, 234.

sa condition, est impossible : « De là vient que la prison est un supplice si horrible. De là vient que le plaisir de la solitude est une chose incompréhensible », poursuit Pascal [61]. La *Relation* et les *Mémoires* l'attestent, mentionnant les divertissements dérisoires de certains – le comte de Lorges est réduit à lancer tous les jours sur le sol de sa chambre un millier d'épingles pour les ramasser, « sans quoi il fût devenu mat et incapable de tout » [62] – ou ceux des gardes, ceux du moins « qui ont de quoi » et à qui le vin, le tabac ou le jeu procurent une mince évasion, pendant que « les autres qui n'ont rien, tempêtent et crient ». Quant aux « enfermés », selon l'atroce terme en usage, faute même des misérables ressources de leurs gardes à peine moins malheureux qu'eux, leur désespoir est tel qu'ils « se consolent en jetant des hurlements, qui font au moins qu'on les entend si on ne les voit pas » [63].

Il reste à formuler une double hypothèse. Tout d'abord, l'étude détaillée de ces textes suggère que Port-Royal a légué au XVIIIe siècle, au moment où le jansénisme religieux s'est définitivement politisé, dans les années 1710, une fois le monastère détruit, un arsenal contestataire dont il a tiré le plus grand profit. La parution des Mémoires, échelonnée entre les années 1730 et 1750, est contemporaine du « jansénisme parlementaire » [64]. Elle a touché des milieux impliqués aussi bien dans Port-Royal (les familles Lamoignon, Le Pelletier, Bignon) que dans la réforme du système parlementaire. Ces Mémoires ont ainsi pu préluder à la dénonciation du système judiciaire de l'Ancien Régime par les Lumières. Associés à la montée du jansénisme parlementaire, ils ont pu servir d'outil efficace de contestation de l'absolutisme, en servant l'argument de l'arbitraire de la justice royale, en montrant la force collective de la protestation et surtout, en construisant des images symboliques de l'arbitraire royal impressionnantes et haïssables : la prison d'État, à Vincennes, et surtout à la Bastille. Ensuite, Fontaine paraît une fois de plus, grâce à ses talents d'écrivain et à la hardiesse littéraire de

61. *Pensées,* Sell. 168, p. 217.
62. *Mémoires,* p. 834.
63. *RPS,* p. 275, p. 277.
64. Voir les *Chroniques de Port-Royal*, « Jansénisme et révolution », Paris, Vrin, n° 39, 1990, ainsi que René Taveneaux, *Jansénisme et politique*, Paris, A. Colin, coll. U, 1965.

son œuvre autobiographique, si visible dans cet épisode de création privilégié qu'est le récit de la prison, préfigurer une expression littéraire nouvelle, que l'on ne désignait pas encore par le terme de romantique. De l'image classique de la chute et de la rédemption, fréquente dans la prédication et la direction spirituelle du temps, Fontaine a tiré grâce aux capacités très affectives de son imagination les éléments d'une vision poétique dense. Le récit de la Bastille glisse vers l'allégorie et jette les éclats d'une poésie à la fois sombre et lumineuse, née de la rencontre entre la charge affective puissante de l'expérience et la perception spirituelle et métaphysique de cette expérience. Enfermement et liberté, damnation et salut, isolement désespérant et solitude libératrice, humanité égarée et héros transfiguré, métamorphose de la relégation en épreuve salvatrice, claustration et évasion spirituelle préfigurent les variations romantiques à venir [65]. Le Grand Siècle français n'a pas eu son Milton, mais si dans les *Pensées* de Pascal brillent de grandes pages de poésie métaphysique et existentielle, les *Mémoires* et la *Relation de la prison* de Nicolas Fontaine en recèlent quelques éclats cachés.

65. Voir l'étude de Victor Brombert, *La prison romantique. Essai sur l'imaginaire*, José Corti, 1975, principalement les chapitres sur Stendhal, Hugo, Nerval, Baudelaire.

La prison vécue au quotidien par les religieuses de Port-Royal des Champs (1665-1669)

Par Françoise POUGE-BELLAIS

Nous sommes ici dans une parfaite solitude,
et nous n'avons que de ces visites intérieures et spirituelles,
toutes les autres en étant bannies.
Le monde, et tout ce qui est au-dehors,
n'a non plus de communication avec nous
que l'on a avec les morts qui sont dans le tombeau.

Cette citation est extraite d'une lettre écrite le 20 mars 1666 à son père, par une religieuse [1] de Port-Royal, Catherine de Champaigne, fille du peintre. Ce qu'elle écrit se rapporte aux événements survenus entre le 3 juillet 1665 et le 18 février 1669 à l'abbaye de Port-Royal des Champs.

On peut s'interroger sur l'intérêt de regarder de plus près cette période d'un peu plus de trois ans. L'intérêt ? En apparence, il ne se passe absolument rien. Et même, le monastère est enseveli sous une chape de plomb. En effet, les religieuses, durant toute cette période, sont coupées du monde extérieur, malgré elles, contraintes et forcées à la réclusion.

Dans un premier temps, j'aborderai le contexte de cette année 1665. En quoi l'enfermement des religieuses, décidé alors, est-il l'aboutissement d'une période de tension commencée depuis 1661 ? Puis dans un deuxième temps, j'essaierai de montrer comment se traduit « la prison » pour les religieuses de Port-Royal durant cette période, enfermement physique, enfermement spirituel et toutes les conséquences qui en découlent. Enfin j'évoquerai la manière dont se déroule cette « sortie de crise ».

1. J. Lesaulnier, *Philippe de Champaigne et Port-Royal. Témoignages*, La Rochelle, éd. Association Himeros, 2e éd., 2009, p. 89.

Le 3 juillet 1665, le drame est consommé. Les religieuses de chœur et les sœurs converses se retrouvent prisonnières à Port-Royal des Champs, cernées par la police : l'enfermement durera presque quatre ans.

Comment en est-on arrivé là ?

I. Juillet 1665, aboutissement d'un bras de fer avec l'autorité politique et religieuse entamé depuis 1661

Les signes avant-coureurs de la répression interviennent dès les 30 et 31 mars 1656, en pleine bataille des *Provinciales*, quand le lieutenant civil Daubray a perquisitionné au monastère des Champs pour y chercher des preuves d'imprimeries clandestines [2]. Il faut retenir de cet épisode, le fait que la peur est restée, et que tous les amis de Port-Royal ont pris conscience que la menace sur le monastère était réelle.

Dans les quatre années qui suivent, sous une relative accalmie, le feu couve.

Ainsi, en mars 1660, les Petites Écoles ferment : Le Chesnay, Les Granges, Les Troux. Le 13 avril 1661, un arrêt du Conseil d'État impose la signature du Formulaire. Dix jours plus tard, la police intervient et l'ordre de renvoi est signifié à toutes les pensionnaires (60 au total, dont la moitié aux Champs). Parallèlement, des « amis » sont exilés, d'autres se ménagent des refuges ou se cachent.

Il ne faut pas négliger un contexte psychologique, puis politique précis, en 1660-1661.

Tout d'abord, le 9 mars 1661, Mazarin meurt et Louis XIV s'affirme en roi qui entend être obéi. « C'était le roi très chrétien, écrit Sainte-Beuve, c'était aussi purement et simplement le roi ayant le goût du pouvoir absolu et de l'entière unité dans les choses de son royaume... Il s'était accoutumé à voir dans le jansénisme une de ces productions suspectes qui grandissent et se développent pendant les régences et sous les Frondes et qu'un bon régime abolit. » Sainte-Beuve résume ainsi parfaitement l'état d'esprit du roi et l'une des raisons de son opposition à Port-Royal [3].

2. J. Mesnard, « La couronne de Port-Royal des Champs », *Chroniques de Port-Royal*, 54, 2004, p. 124-125.

3. Sainte-Beuve, *Port-Royal*, Paris, éd. Robert Laffont, 2004, t. I, p. 921.

De plus, n'oublions pas qu'en août 1660, Louis XIV est revenu d'un long voyage dans le midi de la France. Il a épousé la très catholique infante d'Espagne, Marie-Thérèse, signé le traité des Pyrénées et pour lui, le moment est venu de réduire à l'obéissance les religieuses et leurs « amis ».

Le 21 août 1664, le climat se dégrade encore.

L'archevêque de Paris vient en personne à Port-Royal de Paris pour obliger les religieuses à signer le formulaire. Les interrogatoires des religieuses ne se passent pas comme il l'espérait et il proclame :

> Je vous déclare aujourd'hui rebelles et désobéissantes à l'Église et à votre archevêque, et comme telles, je vous déclare que je vous juge incapables [...] de la fréquentation et de la participation des sacrements. Je vous défends de vous en approcher comme en étant indignes à cause de votre opiniâtreté et de votre désobéissance, et ayant mérité d'être punies et séparées de toutes les choses saintes. Je reviendrai au premier jour pour y mettre ordre, selon que Dieu et ma conscience m'y obligent [4].

Le 26 août 1664, comme promis, l'archevêque revient mais il n'est pas seul. Il arrive avec huit carrosses, son grand vicaire, seize ecclésiastiques, le lieutenant civil, le prévôt de l'île, le chevalier du guet, quatre commissaires, vingt exempts, des archers, soit deux cents soldats qui se rangent en haie dans la cour du couvent, mousquet à l'épaule. La décision est solennellement proclamée : douze sœurs sont enlevées du couvent, trois autres le seront le 29 novembre suivant. Toutes sont placées dans d'autres couvents, mises au secret, sans contact avec les autres religieuses, ni avec l'extérieur.

Du 15 au 17 novembre 1664, les mêmes scènes se reproduisent à Port-Royal des Champs, interrogatoires des religieuses, excommunications formelles.

Le 30 novembre 1664, une lettre de cachet est adressée aux confesseurs, sur place. Pendant dix mois, jusqu'en juillet 1665, alterneront menaces et tentatives de conciliation, carotte et bâton vis-à-vis des religieuses et des amis de Port-Royal.

Puis, en juillet 1665, un changement de politique se produit : la décision est prise de regrouper les « non-signeuses » exilées et celles maintenues à Port-Royal de Paris avec celles de l'abbaye des Champs.

4. *Ibid.*, p. 968.

Ce changement d'attitude peut s'expliquer pour plusieurs raisons [5].

Tout d'abord, le roi constate que non seulement les moniales ne fléchissent pas dans leur refus de signer le Formulaire, mais qu'en plus cela lui coûte de l'argent. En effet, c'est 4 à 500 livres par prisonnière que le roi devait payer à titre de pension aux couvents qui accueillaient les sœurs exilées. Quand le paiement a du mal à arriver, les couvents réclament. Renvoyer les seize filles aux Champs pour y « manger leur revenu » est financièrement une bonne solution.

De plus, la crainte de contamination des signeuses par les résistantes à la signature se faisait jour. Marguerite Perier écrira : « M. de Paris jugea qu'il était à propos d'y envoyer aussi celles qui étaient restées à la maison de Paris et qui n'avaient point voulu signer, de peur qu'elles ne fissent rétracter celles qui avaient signé [6]. »

Et puis, troisième raison, à la Cour et au siège de l'archevêché, on se rendait bien compte que tant que les religieuses restaient à Paris, il était plus facile pour elles de garder le contact avec l'extérieur et d'avoir des conseils éclairés sur la conduite à tenir.

D'ailleurs, les moniales n'ont pas été dupes. Ainsi, Élisabeth Le Féron, qui avait pris la tête de la résistance à Paris, après l'éloignement des « meneuses », a bien compris l'enjeu et le risque de ce départ :

> Nous l'acceptons de bon cœur, quand il plaira à Dieu que la violence et la persécution nous jettent dans un lieu qui porte assurément une bénédiction particulière par sa solitude et sa tranquillité ; [...] mais j'en reviens toujours là qu'il faut que ce soit la tempête qui nous y jette, et non pas notre choix.

Les 2 et 3 juillet 1665, un ballet de carrosses vient rechercher les religieuses dispersées dans différents couvents pour les conduire à Port-Royal des Champs. Les récits de captivité écrits par les sœurs relatent ces événements avec beaucoup d'émotion et de transports. Je n'y reviens pas, mais c'est un vrai scénario de film : le cheval déferré qui boite et oblige à s'arrêter, les retrouvailles sur la route des Champs, les cris de surprise et de joie à la vue des habits blancs et des croix rouges, les interpellations d'un carrosse à l'autre, etc. Bref, ce sont sept

5. *Ibid.*, p. 1009.
6. *Ibid.*

carrosses, en file indienne dans la montée de Jouy, qui parviennent enfin à Port-Royal des Champs.

Le 3 juillet 1665, les religieuses en révolte contre l'autorité du roi sont arrivées à Port-Royal des Champs. Elles y resteront au secret pendant presque quatre ans ; la vie d'internées commence. Elle durera jusqu'en février 1669.

II – Un internement de près de quatre années

Il est difficile de bien connaître cette période parce que justement, le couvent est coupé du monde et perd peu à peu ses contacts avec l'extérieur. Le monastère n'a de contact qu'avec les geôliers. La manœuvre politique réussit pleinement.

Quels en sont les protagonistes ? 36 religieuses sont donc arrivées à Port-Royal des Champs en ce 3 juillet 1665. Au total, elles sont 73 professes de chœur et 12 professes converses.

La mère Du Fargis est la prieure de Port-Royal des Champs. Elle ne s'en laisse pas conter : par exemple, en juin 1665, elle refuse de recevoir M. Chamillard, nommé confesseur à Port-Royal, suite à son comportement contre les mères et les sœurs de Paris. Elle explique même à l'archevêque sa position. Sainte-Beuve écrit à son sujet : « Elle a de la dignité, le respect de soi-même et des autres, le sentiment de ses droits et beaucoup de mesures dans la résistance. En ces tristes jours, la mère Du Fargis est, à bien des égards, de la meilleure école de Port-Royal » [7]. C'est elle qui accueille les religieuses rapatriées à Port-Royal des Champs.

L'abbesse est Madeleine de Ligny, à la tête de la communauté depuis le 12 décembre 1661. Élue, elle a succédé à la mère Agnès. Elle aussi possède une forte personnalité et occupe sa fonction dans ces moments difficiles d'affrontement avec l'évêché et avec l'archevêque Hardouin de Péréfixe. Elle appartient à la famille Séguier et après l'hostilité déclarée du chancelier Séguier à l'abbé de Saint-Cyran et à son influence sur l'Institut du Saint-Sacrement, s'engager pour Port-Royal, c'était

7. *Ibid.*, p. 980.

s'opposer à une partie de sa famille. À Port-Royal de Paris, elle avait tenu tête à l'archevêque [8]. Dans l'énervement de la journée du 21 août, où il les excommunia toutes il déclara, très en colère, à l'abbesse qui voulait lui parler :

> Taisez-vous, vous n'êtes qu'une petite opiniâtre et une superbe, qui n'avez point d'esprit et vous vous mêlez de juger de choses à quoi vous n'entendez rien... Vous n'êtes qu'une petite pimbêche, une petite sotte, une petite ignorante qui ne savez ce que vous dites ; il ne faut que voir votre mine pour le reconnaître ; on voit tout cela sur votre visage.

Quant à l'abbesse ainsi apostrophée, une des moniales rapporte :

> On peut rendre ce témoignage à sa vertu qu'elle ne parut jamais plus calme que pendant ce tonnerre, et que son visage fut moins altéré des injures qu'elle ne l'aurait été de quelque louange, qui au moins l'aurait fait rougir ; elle ne changea pas seulement de couleur.

Elle refusa toujours de signer malgré les pressions, et parlant de Péréfixe, faisait valoir « qu'il croyait que, parce qu'elles étaient des filles, elles devaient être des bêtes ». Quand Madeleine de Ligny arrive aux Champs, le 25 juillet 1665, l'abbaye retrouve enfin sa supérieure, qui ne reverra jamais la maison de Paris. Elle restera abbesse jusqu'au 23 juillet 1669, date de l'élection de la mère Du Fargis. Elle incarne la résistance pendant toute cette période terrible.

Qui sont les autres rebelles ? Tout d'abord toutes celles qui ont été exilées l'année précédente, aux premiers rangs desquelles Angélique de Saint-Jean, tête pensante de cette révolte avec la mère Agnès, sa tante, deux autres cousines, les sœurs Christine Briquet et Eustoquie de Brégy et toutes les sœurs de Port-Royal de Paris restées fermes sur leurs positions, notamment Élisabeth Le Féron.

Comment se matérialise cet enfermement ?

C'est d'abord un isolement physique et une présence policière permanente. Sainte-Beuve parle d'un état de blocus [9]. Des gardes du corps de la compagnie de Gesvres étaient chargés de surveiller les extérieurs du cloître et d'empêcher toute communication avec l'extérieur.

8. *Dictionnaire de Port-Royal*, dir. Jean Lesaulnier et Antony McKenna, Paris, 2004, Champion, p. 678.
9. Sainte-Beuve, *Ibid.*, p. 1010.

Les jardins aussi, à l'intérieur de la clôture, sont envahis, les clés sont confisquées par les soldats et les promenades des religieuses y sont interdites. Quand il est apparu que la captivité allait durer, elles furent autorisées à y venir respirer quelques heures, toujours surveillées mais de plus loin. Des rondes à pied ou à cheval étaient effectuées pour les observer et éviter qu'elles ne parlent aux jardiniers ou à d'autres laïcs.

Cependant, la captivité mais aussi la proximité avec leurs geôliers a fini par créer sinon des liens ou du moins un régime un peu adouci. Tout en appliquant à la lettre les ordres reçus, ils se montraient assez discrets et évitèrent de gêner les sœurs en tout ce qui n'était pas contraires à leurs ordres.

Si les ordres sont le blocus total, on connaît pourtant des lettres écrites, transmises et reçues durant cette période, autre preuve qu'un certain assouplissement s'est établi, ou bien que les religieuses ont réussi à déjouer la surveillance et ont pu communiquer avec l'extérieur dans la clandestinité.

De même, on sait, par exemple, que Mlle de Séricourt, rendit visite à ses tantes et ses cousines, en octobre 1667, à Port-Royal des Champs, où elle avait été pensionnaire. Elle y passe quelques jours malgré les consignes strictes imposées aux religieuses captives. Cette visite est tolérée par les gardes et l'archevêque n'en est pas informé.

On sait aussi que M. de Saint-Gilles avait réussi à informer la mère Agnès qu'il viendrait pour tenter de la rencontrer (en mars 1667). Un stratagème avait été élaboré pour qu'elle se trouve dans le jardin à l'heure dite. Hélas, elle n'a pas été autorisée à venir au jardin ce jour-là. Le rendez-vous fut manqué.

L'isolement se déroule aussi par un environnement humide et malsain.

Élisabeth Le Féron écrit sur leur arrivée à Port-Royal : « Nous y serions trop à l'étroit [...] ; l'air y est assez malsain [10]... »

À l'étroit ? Certes, des travaux d'agrandissement ont été réalisés, avec le soutien et le financement du duc de Luynes dans les années 1652. La mère Angélique Arnauld a évoqué ces travaux notamment dans une lettre à la reine de Pologne [11] :

10. *Ibid.*, p. 1009.

11. Lettre du 16 mai 1652, dans *Lettres de la révérende mère Marie-Angélique Arnauld, abbesse et réformatrice de Port-Royal*, Utrecht, 1742, t. II, p. 110-113. Nous sommes en pleine guerre des Princes et la soldatesque pille les campagnes.

> Lui et quelques autres de nos amis, voyant que nous étions très incommodées et que nous n'avions point de cellules, et d'ailleurs peu de place pour recevoir le grand nombre de filles qui se présentent à nous, même des religieuses d'autres maisons dont nous avons déjà plus de vingt, se sont résolus, sans que nous ayons jamais songé à les en prier, de faire rehausser notre parloir, y faisant deux étages, où il y aura soixante cellules.

Après ces aménagements, il n'y a pas eu de réels travaux d'entretien ni de nouvelles constructions.

L'air y est malsain ? Les fièvres intermittentes, doubles, tierces, quartes, nues, sont rapportées dans nombre de correspondances et de mémoires [12]. C'est d'ailleurs ce climat malsain qui avait en partie expliqué le repli des Champs sur Paris à partir de 1625. Les travaux d'assainissement commencés par les Solitaires entre 1648 et 1651 ont permis, entre autres, de créer un canal pour faciliter l'écoulement et drainer les eaux des étangs alentour. En effet, on sait à cette époque que le cycle parasitaire du paludisme se développe via les eaux stagnantes de l'environnement. Pourtant la sœur Le Féron a raison. La situation sanitaire est toujours difficile. La fièvre des marais provoqua de nouvelles hécatombes : ainsi, sur une seule année, cinq religieuses sont mortes, dont la sœur Anne-Eugénie de Boulogne, dite Mme de Sainte-Ange, en 1667.

De quoi vivent-elles ?

Les gérants de leurs fermes sont chassés, emprisonnés ; leurs biens sont attribués à Port-Royal de Paris. On subsiste comme on peut. Beaucoup de jeûne, quelques bienfaits d'amis et le produit des livres des Messieurs de Port-Royal, comme *Les Imaginaires* de Nicole, qui rapportent 500 écus. Si les religieuses captives avaient apporté en dot plus de 450 000 £ de rentes, durant ces années le monastère ne peut en toucher le bénéfice et il survit plus qu'il ne vit.

Le plus dur reste cependant l'isolement spirituel. En effet, leur emprisonnement s'accompagne, comme l'a ordonné l'archevêque de Paris, de la privation de la confession, de l'eucharistie, du viatique et de la sépulture chrétienne.

Péréfixe a donné comme confesseur au couvent, un jeune prêtre, sans expérience, le sieur Du Saugey, qui interprète les ordres de manière

12. G. Duboucher, *Port-Royal et la médecine*, Paris, Nolin, 2010, p. 77 sq.

brutale. En témoigne l'épisode dit « des chaises renversées » le 8 septembre 1665, raconté par la mère Agnès. M. Du Saugey, pour marquer son autorité, voulut lire dans l'église, en présence des gardes, la lettre reçue de l'archevêché, qui interdisait que les religieuses chantent l'office en public et à haute voix et que l'on sonnât les cloches pour appeler les fidèles du dehors. D'un banal chahut de quelques sœurs, qui, pour comprendre ce qu'il disait, dans la précipitation, ont laissé tomber leur chaise, d'autres en vinrent à comprendre que c'était un acte de résistance et toutes ont systématiquement renversé leur propre chaise. Certaines, déjà dehors, sont revenues dans l'église, croyant obéir à une injonction de la supérieure. « Il se fit donc un bruit dans l'église pareil à celui de plusieurs décharges de mousquets, qui fut entendu de plus de trente à quarante pas, tant au dedans qu'au dehors, selon que l'exempt nous en a assuré [13]. »

Les successeurs de Du Saugey, qu'ils aient nom Clerson, Rey, Pastour, Poupiche, se sont tous révélés de rudes, grossiers et vulgaires personnages face à des religieuses tenaces, sûres d'elles et procédurières dans leur attitude.

L'interdiction des sacrements ne tombant que sur les religieuses de chœur, on vit quelques religieuses, surtout la mère Agnès, se déguiser en sœurs converses (avec le manteau gris), pour pouvoir communier. Dans les mains de celles qui mouraient sans sacrements, les survivantes plaçaient des lettres signées de toutes, à titre de « commissions pour l'autre monde » [14].

Un homme les a soutenues durant cette terrible période, leur médecin, M. Hamon [15]. Il fut le médecin du corps et de l'âme, un peu malgré lui. Mais jamais, il ne les a abandonnées. Dans un premier temps, il avait réussi à se sauver par les jardins, devançant la lettre de cachet délivrée contre lui, le 30 novembre 1664. Il resta exilé neuf mois. Il obtint de revenir le 26 août 1665.

Sa tâche n'était pas facile. Régulièrement humilié et raillé par les gardes qui lui donnaient du « Monseigneur », enfermé la nuit dans sa

13. Sainte-Beuve, *Port-Royal*, *op. cit.*, p. 1012.
14. *Ibid.*, p. 1011.
15. *Ibid.*, p. 1012 sq.

chambre, fouillé lors de ses visites aux sœurs malades, il ne devait leur transmettre ni recevoir d'elles aucune lettre ni billet, il n'entrait qu'accompagné de la tourière, surveillante diligentée par l'archevêque. Il devait parler haut pour qu'elle pût tout entendre. M. Hamon était un personnage sensible et humble qui cherchait les mots de consolation pour adoucir les peines.

Pour résumer son action de théologien improvisé, il cherchait, dans les Écritures, les paroles qui pouvaient répondre simplement à l'isolement dans lequel les religieuses se trouvaient, faisant de l'absence un bien, tirant du mal même le principe du remède.

Ainsi, sur la privation de l'Eucharistie, il disait : « Jésus-Christ exerce davantage notre foi quand il entre dans notre cœur les portes fermées que lorsqu'il y entre en la manière ordinaire. » Sur l'absence du prêtre à l'heure de la mort : « Il n'y a point de prêtre qui nous assiste à l'agonie ; nous mourrons sans leur secours. » Sur l'absence de sépulture chrétienne : « Quand on méprise sa vie, on ne se met point en peine de ses funérailles. »

Bref, je cite ses paroles définitives qui résument bien son attitude : « Quand on a l'esprit de Jésus-Christ, on ne peut être séparé de Jésus-Christ. »

J'évoquerai un autre ami de Port-Royal pendant cette funeste période, Claude de Sainte-Marthe [16]. Confesseur des religieuses pendant vingt ans (1656-1679), mais éloigné pendant ces quatre années, il s'est battu pour faire adoucir leur sort. En août 1667, il écrit ainsi une *Défense des Religieuses de Port-Royal et de leurs Directeurs, sur tous les faits allégués par M. Chamillard, docteur de Sorbonne*... Mais il a fait plus pour rompre l'isolement et payait de sa personne. En effet, demeurant près de Gif, il arrivait parfois le soir dans un coin éloigné des gardes, grimpait dans un arbre tout près des murs et faisait un discours édifiant aux religieuses, assemblées en dessous, pour les consoler et les fortifier. Racine raconte aussi qu'« il sautait par-dessus les murs pour aller porter la communion aux religieuses malades ».

Comment vivent-elles cet isolement ?

Dans un premier temps, beaucoup retiennent la joie de la réunion des sœurs, jusque-là séparées par les exils et la dispersion. Au moins, dans

16. Sainte-Beuve, *Port-Royal*, *op. cit.*, p. 1042 sq.

leur malheur, elles sont de nouveau ensemble. Angélique de Saint-Jean ne dit pas autre chose quand elle raconte son arrivée à Port-Royal des Champs :

> Ceux qui savent ce que c'est qu'une parfaite union et amitié et ceux qui se peuvent imaginer ce que nous avions souffert depuis un an, les unes par une captivité effroyable où l'on peut dire qu'elles ont été dix mois ensevelies toutes vivantes et tout ce qu'elles aimaient au monde entièrement mort pour elles, les autres par un déchirement plus cruel que la mort en souffrant la séparation de leurs mères et de leurs sœurs, la division et les trahisons de celles qui les ont abandonnées, la domination de personnes étrangères et l'attente continuelle de toutes sortes de maux et d'une dispersion entière, ceux, dis-je, qui se peuvent bien figurer que de souffrir toutes ces peines sans aucune consolation, s'imagineront bien aussi à peu près quelle peut être la joie que nous reçûmes en nous embrassant ce jour-là et en nous racontant les unes aux autres nos aventures [...] [17].

L'union et la solidarité des sœurs entre elles font leur force ; Catherine de Champaigne l'écrit aussi dans la lettre à son père, en parlant de Madeleine de Ligny, l'abbesse, et de la mère du Fargis, la prieure : « Nous avons heureusement éprouvé, étant unies avec elles, qu'elles étaient, après Dieu, tout notre trésor, notre joie, notre paix. »

La tentation du martyre existe aussi chez les religieuses enfermées. C'est déjà ce qui ressort des relations de captivité. Cette idée du martyre perdure jusqu'à désirer l'excès du mal pour en tirer un sujet de mérite ou de gloire, une sorte d'exaltation fiévreuse, une sorte d'orgueil, ce dont la mère Angélique Arnauld s'est méfiée toute sa vie.

Mais elles sont aussi « raisonneuses », comme le dit l'archevêque. L'argumentation et le maintien de leurs droits restent un leitmotiv, même dans les moments de grande émotion. La mère Du Fargis, au moment du retour des sœurs à Port-Royal des Champs, est certes gagnée par la joie, mais elle reste solennelle et sûre d'elle face au grand vicaire :

> Vous êtes témoin, Monsieur, que nous recevons nos mères et nos sœurs avec une extrême joie ; mais cela n'empêche pas que nous ne nous

17. *Relation de captivité d'Angélique de Saint-Jean Arnauld d'Andilly*, introduction de L. Cognet, Paris, Gallimard, 1954, p. 276-277.

croyions obligés, pour conserver les droits de la maison, de déclarer qu'ayant adhéré à tous les appels que nos sœurs ont faits l'année passée, nous nous portons pour appelantes...

La joie des retrouvailles ne fait pas oublier la lutte !

L'esprit de Port-Royal persiste aussi dans une attitude significative, la réaction des religieuses contre la servilité des sœurs « noires » et de leur abbesse « désignée » à Paris. Les religieuses de Port-Royal sont choquées de l'esprit « d'obéissance aveugle et sans aucun discernement » de cette foi. Certaines allant jusqu'à dire que, pour les sœurs de Sainte-Marie « infiltrées » à Paris : « Il ne faut croire de l'Évangile que ce que le pape en dit ». Les religieuses des Champs incarnent une liberté et une ouverture d'esprit dont celles de Paris sont bien dépourvues.

Mais, faute de contacts réguliers avec leurs directeurs de conscience et leurs guides spirituels, les combattantes s'épuisent. Même si leurs amis et amies font des déclarations publiques et les soutiennent, leurs écrits ne parviennent pas aux religieuses. Elles peuvent se croire totalement abandonnées.

Les Solitaires et les soutiens parisiens se cachent ou sont en exil : Arnauld d'Andilly et son fils Luzancy vivent retirés au château familial de Pomponne. Le Maistre de Sacy se cache à Paris avec Nicolas Fontaine et Pierre Thomas du Fossé : tous les trois seront arrêtés et emprisonnés à La Bastille ; Sacy et Fontaine y resteront de 1666 à 1668. Claude Lancelot, en 1667, entreprend un long voyage jusqu'à Alet. M. de Pontchâteau est réfugié à Paris pendant quatre ans et cache Claude de Sainte-Marthe, Antoine Arnauld et Saint-Gilles.

La marquise de Sablé, forte de son influence, cherche des appuis aux religieuses persécutées. Mais elle-même craint trop le mauvais air de la vallée de Chevreuse pour rejoindre les religieuses aux Champs. Elle reste à Port-Royal de Paris et on dit qu'elle a même accepté de se confesser à Chamillard, placé par Péréfixe à Port-Royal de Paris.

Quant à la duchesse de Longueville, elle soutiendra toujours Port-Royal. Elle cache des solitaires en exil et déclare : « Les persécutions de nos amies me feraient janséniste si je ne l'étais pas et doivent le faire devenir tous les gens équitables, qui naturellement se soulèvent contre la violence et s'instruisent pour prouver qu'elle est mal fondée. »

Au total, les dures conditions de l'isolement imposées aux religieuses, l'éparpillement de leurs soutiens, l'absence de recrutement font que le couvent pouvait s'enfoncer dans l'oubli. Pourtant, ce ne fut pas le cas, et même, les dix années qui suivent (1669-1679) sont marquées par un rayonnement sans égal.

III. La sortie de crise était amorcée dès 1668

Sur le plan politique tout d'abord, Louis XIV est plus serein : son esprit est occupé par des idées de conquête, par Mme de Montespan aussi. Le roi Soleil étale sa puissance avec une cour muselée ; il laisse jouer le *Tartuffe* de Molière dans sa troisième version. Bref, le moment est à l'apaisement et c'est, dit Sainte-Beuve, le moment « le moins jésuitique » de son règne.

Un accord intervient avec le pape Clément IX le 9 août 1668, après plusieurs mois de tractations sur la question du Formulaire.

Du point de vue du sujet traité, il est intéressant de constater qu'elles sont au cœur de la polémique et un des arguments clés, alors que ce conflit les dépasse largement.

En effet, qui travaille à la réconciliation ?

Parmi les ecclésiastiques qui jouent les médiateurs (essentiellement Louis-Henri de Gondrin, archevêque de Sens, et Félix Vialart, évêque de Châlons-sur-Marne) auprès du Pape et du roi, on trouve, et ce n'est pas un hasard, M. de Laval, évêque de La Rochelle, qui est aussi le fils de Mme de Sablé, Dominique de Ligny, évêque de Meaux, frère de Madeleine de Ligny, l'abbesse de Port-Royal, Arnauld et Nicole, cachés chez Mme de Longueville depuis 1666, qui ont participé à la rédaction de la lettre d'apaisement entre les parties.

D'un autre côté, parmi les résistants à la signature du Formulaire, nous trouvons Nicolas Pavillon, évêque d'Alet. Parlant des religieuses de Port-Royal, il disait : ce sont « des vierges qui ont édifié l'Église par leur courage [...] : j'aime mieux demeurer seul et m'exposer à tout souffrir que de les abandonner ». Il ne les rencontrera jamais, mais il se sentait lié à leurs malheurs. Elles lui avaient envoyé en 1666 une ceinture brodée, à laquelle elles avaient toutes travaillé et lui avaient écrit une lettre avec la liste de toutes les religieuses, lui demandant de prier pour « de petites brebis qui étaient rejetées d'une manière si peu épiscopale et paternelle par leur propre pasteur ». Chaque matin, quand il disait la messe, la liste où figuraient tous les noms était glissée sous le pied de son calice.

Il faudra attendre encore six mois après l'accord entre le roi et le pape pour qu'un compromis soit enfin signé avec les religieuses. Toujours cet esprit raisonneur de Port-Royal qui leur nuit ! Même Nicole prend ses distances : « [...] Il y a souvent autant de péril à avoir trop d'esprit qu'à en avoir trop peu... »

Un compromis est enfin trouvé. Le 14 février 1669 marque la fin officielle de la réclusion. Le 18 février, le grand vicaire de l'archevêque, M. de Brunetière, vient lire à Port-Royal des Champs la sentence levant les interdits. La joie revient : les cierges sont à nouveau allumés, un *Te Deum* est enfin chanté, les cloches sonnent à toutes volées, les portes de l'église sont réouvertes. Dès les premiers jours, les lettres de félicitations d'évêques arrivent, de même que des rétractations de religieuses. La paix de l'Église délie les langues et les regrets sont ouvertement exprimés.

Petit à petit, les Solitaires reviennent aux Champs : Arnauld d'Andilly, Le Maistre de Sacy, M. de Pontchâteau, Tillemont. À nouveau, l'abbaye reçoit des pensionnaires, dont les deux filles d'Arnauld de Pomponne. De grands travaux de restauration et d'agrandissement conmencent. Les trois côtés du cloître sont construits, avec l'aide de M. de Sévigné, pour y loger toutes les nouvelles postulantes et les visiteurs. Des amis du dehors s'installent à Port-Royal des Champs ; Mme de Longueville y fait construire un petit hôtel, Mlle de Vertus aussi.

Un point noir, cependant, marque cette période de paix retrouvée, la séparation des deux maisons. En mai 1669, le Conseil d'État règle le partage du temporel entre l'abbaye de Paris et celle des Champs, qui deviennent des abbayes distinctes avec deux abbesses : à Paris, une abbesse perpétuelle, nommée par le roi, et, aux Champs, une abbesse élue pour trois ans. Le temporel de l'abbaye est réparti entre les deux maisons : aux Champs reviennent les pensions des religieuses résidantes et les terres autour de l'abbaye. Tout le reste va à Paris.

CONCLUSION. QUEL SOUVENIR CET ENFERMEMENT A-T-IL LAISSÉ ?

Les religieuses ont résisté. La soumission est sincère pour certaines, mais de façade pour d'autres et leur détermination ne fléchira pas plus quand ce sera la fin. Leur aura est intacte : ce qui était jugé de « l'opiniâtreté » est devenu de la « constance » et leur emprisonnement sévère, une preuve de fidélité à leur foi. Elles ont été soutenues par de grands noms, en politique et dans l'Église.

Mais avoir été « résistante » à Port-Royal laisse une trace indélébile. En témoigne l'histoire de Mlle de Luynes, fille aînée du duc de Luynes, et celle de sa jeune soeur, Mlle d'Albert. Pensionnaires retirées du couvent dès les ordres du roi et de Péréfixe en 1661, elles sont devenues religieuses à l'abbaye de Jouarre. En 1670, elles se sont rétractées et ont renoué avec Port-Royal. Mme de Luynes dut attendre trente-cinq ans pour que le roi consente à la nommer prieure de Torcy, où sa sœur la suivit. Bossuet, leur évêque, écrit à Mme d'Albert en 1694 : « J'ai toujours ouï dire que votre éducation de toutes deux à Port-Royal avait fait une mauvaise impression, que monsieur votre frère même [le duc de Chevreuse], avait eu bien de la peine à lever par rapport à sa personne. » En 1695, il ajoute : « Ce sont de vieilles impressions de Port-Royal, dont on a peine à revenir, mais qui, Dieu merci, ne font aucun mal, si ce n'est de retarder le cours des grâces de la Cour, ce qui est souvent un avancement de celles de Dieu [18]. »

18. Sainte-Beuve, *Port-Royal*, *op. cit.*, p. 926.

Le foudroiement des ténèbres : prison et relations de captivité (1664-1665)

Par Laurence PLAZENET

« [...] c'est souffrir pour un bon sujet,
lorsqu'on choisit la souffrance, plutôt que de manquer à Dieu »,
Marie-Charlotte de Sainte-Claire Arnauld d'Andilly.

L'enlèvement de dix-sept religieuses de Port-Royal de Paris en 1664 constitue, après l'incarcération de Saint-Cyran à Vincennes en 1638, le second choc frontal entre le monastère et la prison. Chronologiquement second, l'événement est néanmoins essentiel. Il l'est par son ampleur : l'abbaye compte alors soixante-trois moniales ; ce sont donc près d'un tiers d'entre elles qui sont soudain retranchées de la communauté. Il est essentiel par sa durée : les religieuses ne sont libérées et conduites à Port-Royal des Champs qu'au début du mois de juillet 1665, soit au terme de sept à dix mois de détention. Cet espace de temps est bien inférieur aux cinq années de la prison de Saint-Cyran, mais il ne saurait être confondu avec une mesure de vexation temporaire. Des religieuses au regard de la loi innocentes de tout crime subissent une véritable détention : elles sont emmenées sous escorte, des archers violent l'enceinte de leur couvent, on les enferme en les privant des libertés élémentaires. Vouées au silence et à la mort au monde, elles sont arrachées de leur cloître, exposées à la rumeur publique, interpellées, plongées dans les affaires du siècle. Le retentissement d'une telle transgression a été considérable en son temps. Le scandale ne s'apaisa qu'en 1669 avec la paix de l'Église voulue par Rome. Mais l'émoi a perduré bien au-delà du XVIIe siècle. La résistance des religieuses de Port-Royal au Formulaire est un des rares chapitres de l'histoire du monastère passé dans les mémoires collectives (Port-Royal étant pour le reste essentiellement associé aux grands écrivains classiques [1]). Il est tout à fait significatif que la version du *Port-Royal* que Montherlant porte à la scène en 1954

1. Voir Laurence Plazenet, « Port-Royal au prisme du roman (1657-2004) », *Revue d'Histoire Littéraire de la France*, 2006, 4, p. 927-958.

se déroule le 26 août 1664, le jour de la première intervention de l'archevêque de Paris, Hardouin de Péréfixe [2].

Pourtant, l'épisode des captivités de 1664-1665 a été peu étudié. Cette lacune est étonnante, car on dispose d'un matériau exceptionnel : les Relations de captivité (c'est le titre employé en tête des textes) que les moniales écrivirent à leur libération. Ces récits, considérés de façon exhaustive et rapportés les uns aux autres, permettent de mieux connaître les faits qui constituent cette page noire de la geste de Port-Royal, d'entrer dans la conscience des religieuses confrontées à l'expérience de la prison et, en analysant l'élaboration des textes, leurs recoupements, leurs caractéristiques, de tenter de faire la part entre mise en forme collective et transcription authentique : c'est s'employer à déterminer le poids véritable des exils de 1664 dans l'histoire de Port-Royal, de même que l'attitude réelle des sœurs, partagées entre plaidoyer *pro domo*, rabaissement topique de soi et vertige de la sainteté – entre une rhétorique de l'humilité et l'apothéose convoitée du martyre.

Les faits

L'emprisonnement de dix-sept religieuses de Port-Royal en 1664 se joue en trois temps.

Le 26 août 1664, vers deux heures de l'après-midi, Hardouin de Péréfixe se présente, accompagné d'importantes forces de police, au monastère de Paris. Il a établi une liste de douze religieuses qu'il veut exiler en raison de l'influence qu'il leur prête dans le refus persistant de signer le Formulaire que la communauté lui oppose. Les religieuses concernées sont la mère Magdelaine de Sainte-Agnès de Ligny, abbesse, la mère Catherine Agnès de Saint-Paul Arnauld, Angélique-Thérèse Arnauld d'Andilly, la mère Marie-Dorothée de l'Incarnation Le Conte, Marguerite-Gertrude Dupré, Marie-Charlotte de Sainte-Claire Arnauld d'Andilly, Angélique de Saint-Jean Arnauld d'Andilly, Agnès de la Mère de Dieu de Chouy de Pensières, Magdeleine de Sainte-Candide Le Cerf,

2. Le dramaturge composa une première pièce dès sa lecture du *Port-Royal* de Sainte-Beuve, en Algérie, en 1929. Elle avait un cadre chronologique plus large. C'est au terme de plusieurs révisions que Montherlant décida de concentrer l'intrigue le 26 août 1664. Cette résolution coïncida avec l'aboutissement littéraire du projet.

Anne de Sainte-Eugénie de Boulogne de Saint-Ange, Hélène de Sainte-Agnès de Savonnières et Françoise-Louise de Sainte-Claire Le Camus de Romainville. Tandis que les moniales sont rassemblées, il s'avère que l'archevêque ne souhaite pas emmener Françoise-Louise de Sainte-Claire Le Camus de Romainville, mais Françoise-Louise de Sainte-Claire Soulain. Celle-ci exerçant la fonction de cellérière, elle ne peut quitter le monastère à l'instant, sans mettre en ordre ses affaires. L'archevêque refuse de laisser partir moins de religieuses qu'il ne l'a déterminé : elle est ainsi remplacée par la sœur Anne-Cécile de Boiscervoise [3]. Quelques temps plus tard, à une date inconnue, Agnès de la Mère de Dieu de Chouy de Pensières, malade, obtient qu'on lui dépêche Françoise de la Croix de Villelume de Barmontet [4].

Le 29 novembre, l'archevêque vient procéder à une seconde série d'enlèvements. Cette fois, il fait sortir du monastère, les sœurs Anne-Marie de Sainte-Eustoquie de Flesselles de Brégy, Madeleine de Sainte-Mechtilde Thomas du Fossé et Françoise-Louise de Sainte-Claire Soulain, qui était comprise dans la liste du 26 août, mais avait obtenu un sursis.

Une dernière visite, le 19 décembre, marque l'exil de la seule Christine de Sainte-Madeleine Briquet.

Une rapide analyse de l'identité des prisonnières emmenées le 26 août montre que quatre d'entre elles appartiennent à la famille Arnauld. Les autres entretiennent des liens particulièrement étroits avec la mère Agnès : ainsi, la mère de Ligny, Marie-Dorothée de l'Incarnation Le Conte, son amie intime, Magdeleine de Sainte-Candide Le Cerf et

3. Voir *Histoire des persécutions des religieuses de Port-Royal écrites par elles-mêmes,* Villefranche, aux dépens de la Société, 1753, p. 303.

4. Voir « Relation de ma Sœur Agnès de la Mère de Dieu de Chouy de Pensières et de ma Sœur Françoise de la Croix de Villelume de Barmonté », *Divers actes, lettres et relations des religieuses de Port-Royal* (recueil factice) [PR 164-3], p. 30. Voir aussi Michèle Bretz, « La relation de captivité d'une religieuse oubliée : Agnès de Chouy de Pensières », dans *Chroniques de Port-Royal*, 57, 2007, p. 233-252. Françoise de la Croix avait prononcé ses vœux à l'abbaye de l'Esclache. Lasse de ses désordres, elle n'avait pu rejoindre véritablement Port-Royal que vers 1653. Redoutant qu'on se serve de son déplacement pour lui faire quitter le monastère, elle refuse d'abord d'aller porter secours à la sœur Agnès de la Mère de Dieu. Elle obtempère, quand on la menace de la déporter de toutes façons et « à cent lieues », parce qu'elle ne veut pas signer. L'article du *Dictionnaire de Port-Royal,* qui date son exil du 26 août, fait erreur sur ce point.

Anne de Sainte-Eugénie de Boulogne. C'est manifestement l'autorité de la mère Agnès que l'archevêque entend alors saper. La mère Agnès s'avère par ailleurs la seule religieuse très âgée du groupe (elle a soixante-treize ans, lorsque les autres ont entre trente et soixante ans). Elle est malade, affaiblie. Tout la distingue de ses compagnes et invite à penser qu'elle constitue la cible principale de l'archevêque. Ce dernier entend détruire simultanément la constellation de religieuses mûres, dotées de prestige dans la communauté, qui s'étoile à partir d'elle ; ne pourraient-elles pas, en son absence, jouer le rôle de relais ?

La liste dressée le 19 décembre n'obéit plus à une logique unifiée. Avec Anne-Marie de Sainte-Eustoquie de Flesselles de Brégy, l'archevêque s'en prend à une religieuse d'un rang très élevé. La mère de la jeune femme est une Précieuse célèbre et sa marraine n'est autre qu'Anne d'Autriche. Sans doute Péréfixe a-t-il d'abord voulu épargner la sœur de Brégy, dont l'opposition, d'ailleurs, ne lui a peut-être pas paru d'emblée particulièrement dangereuse. Mais elle est devenue une redoutable meneuse et l'archevêque sévit désormais. Madeleine de Sainte-Mechtilde Thomas du Fossé, une personnalité timide, hésitante, paie quant à elle pour avoir signé le Formulaire après la séance du 26 août, puis s'être rétractée le 23 novembre. Elle incarne un précédent difficile à tolérer : elle est punie pour l'exemple. Françoise-Louise de Sainte-Claire Soulain, enfin, est exilée comme il était prévu dès le 26 août : l'archevêque met, en toute occasion, un soin jaloux à montrer que sa parole est irrévocable.

Christine de Sainte-Madeleine Briquet est traitée de manière isolée : son cas est spécifique, en effet. Âgée de vingt-deux ans, elle est de loin la plus jeune des exilées. Comme Anne-Marie de Sainte-Eustoquie, elle a probablement été protégée, dans un premier temps, par l'identité de sa parentèle : elle appartient à la puissante lignée des Bignon. Elle s'est cependant attirée la vindicte de l'archevêque à force d'insolence et d'activisme contre le Formulaire. La transcription de l'entretien qui les avait mis face à face le 13 juin en dit long sur son intelligence, sa culture, son audace, voire son impertinence (rayonnante), sa fougue [5]. Péréfixe n'en finit pas d'essayer de vaincre une résistance qui se perpétue en dépit des départs successifs.

5. Le document figure dans le recueil des *Divers actes et relations* qu'on a déjà cité [PR 164-2].

L'exil des religieuses a lieu dans des couvents parisiens, parfois très proches de leur maison de Paris. Ainsi la mère de Ligny entend-elle, la nuit, dans le silence de la ville endormie, sonner les cloches du monastère [6]. Les Relations montrent que cette proximité géographique n'a pas diminué la rigueur de l'isolement des prisonnières et que l'hostilité d'abbayes dévouées aux jésuites valait toute espèce d'éloignement matériel. Pourtant, l'opération menée par Péréfixe se solde par un échec [7].

En effet, alors que les religieuses ne furent pas libérées avant le début du mois de juillet 1665 (et encore furent-elles conduites à Port-Royal des Champs, où elles se virent soumises à une surveillance et des privations renouvelées), seules six d'entre elles signèrent le Formulaire, soit à peine plus d'un tiers du groupe. Les signeuses furent Angélique-Thérèse Arnauld d'Andilly, Marie-Charlotte de Sainte-Claire Arnauld d'Andilly, Magdeleine de Sainte-Candide Le Cerf, Hélène de Sainte-Agnès de Savonnières, Madeleine de Sainte-Mechtilde Thomas du Fossé (elle signait pour la seconde fois) et Françoise-Louise de Sainte-Claire Soulain. Mais il convient d'observer que la sœur Soulain signe à la mort (elle décède le 15 avril 1665), tandis que quatre autres religieuses se rétracteront (y compris, de nouveau, la sœur Thomas du Fossé). Hélène de Sainte-Agnès de Savonnières est donc la seule religieuse qui ait survécu et ne se soit pas reprise. Il est cependant nécessaire de préciser qu'elle fut envoyée à l'abbaye de l'Eau, où elle avait d'abord prononcé ses vœux et où, selon toute vraisemblance, on l'empêcha d'agir à sa

6. Voir « Relation de la Captivité de la Mère Agnès de Ligny, Abbesse de Port-Royal », contenue dans l'*Histoire des persécutions des religieuses de Port-Royal écrites par elles-mêmes*, Villefranche, 1753, conservée à la bibliothèque de Port-Royal sous la cote LP 1442, p. 126. En dépit d'un intitulé semblable à celui qui est conservé sous la cote PR 157, auquel on a précédemment renvoyé, ce recueil en quatre volumes issu du fonds Le Paige se présente de façon différente et procure un contenu sensiblement revu (on pourrait penser à une réunion de textes distincts, comme Adrien Le Paige avait coutume d'en fabriquer, si la typographie unifiée des quatre tomes ne suggérait qu'il s'agit d'une édition pirate, reconstruite, et postérieure au texte de 1753). Il propose ainsi la Relation de la mère de Ligny, absente du volume coté PR 157. Ce texte figure aussi dans les recueils manuscrits conservés sous les cotes PR 21 ms et PR 62 ms (p. 155-230).

7. En 1709, le successeur de Péréfixe choisira, pour disperser les dernières religieuses de Port-Royal, de les envoyer séparément dans des monastères éloignés les uns des autres et situés en province : pour rendre absolu l'isolement des détenues et, peut-être, pour éviter de répéter le scénario de 1664.

guise, car elle sollicita instamment un retour à Port-Royal qui ne lui fut jamais accordé. Madeleine de Sainte-Mechtilde, en revanche, commença par rejoindre Port-Royal de Paris et ses signeuses (le 5 septembre 1665). Elle y favorisa l'ascension de la sœur Perdreau et rompit avec elle seulement à la fin des années 1660. Elle rejoignit les Champs le 29 avril 1669 et attendit le 26 mars 1670 pour se rétracter de ses trois signatures. Quatorze des religieuses emprisonnées se retrouvèrent donc en juillet 1665 à Port-Royal des Champs sans que leur captivité ait détruit leur attachement au monastère ou en rien altéré leur rejet du Formulaire. Cette prison inutile a néanmoins affecté les consciences des moniales qui en furent les victimes et elle devait – involontairement – donner une inflexion décisive à l'historiographie port-royaliste.

Les Relations de captivité

Installées aux Champs, les religieuses composèrent, en effet, des récits de leur captivité qui perpétuent le souvenir des sévices exercés contre elles et pèsent sur la représentation des persécutions dont Port-Royal fut l'objet.

Ces relations subsistent aujourd'hui sous forme de copies manuscrites et de versions imprimées au XVIIIe siècle, notamment dans les recueils des *Divers actes et relations* datés de 1723-1724 et dans l'*Histoire des persécutions des religieuses de Port-Royal écrites par elles-mêmes* parues à Villefranche en 1753, parfois aussi dans les *Vies intéressantes et édifiantes des religieuses de Port-Royal* (1750-1752), à la suite de la vie de la religieuse concernée [8]. Ces recueils ne donnent pas tous les mêmes textes. La Relation de la sœur Madeleine de Sainte-Mechtilde Thomas du Fossé, de son côté, n'a pas été imprimée, semble-t-il [9]. Enfin, seule la Relation d'Angélique de Saint-Jean, beaucoup plus ample et d'une qualité saisissante, a été publiée de façon autonome, dès 1711, par Pasquier Quesnel. Aucun recensement précis de ces textes n'a été entrepris, aucune collation : or la simple confrontation des

8. Tel est le cas, par exemple, pour Anne de Sainte-Eugénie de Boulogne de Saint-Ange.
9. On a consulté la version contenue dans le manuscrit conservé à la bibliothèque de Port-Royal sous la cote PR 62 ms.

manuscrits et des imprimés révèle l'existence de variantes et d'une mise en forme (épigraphes, découpage en chapitres, manchettes) qui modifient leur contenu, déplacent, le cas échéant, leurs lignes de force [10]. Il est significatif de leur méconnaissance qu'à ce jour aucune Relation n'ait été rééditée sinon celle d'Angélique de Saint-Jean, par l'abbé Cognet, au moment où Montherlant donnait son *Port-Royal* [11].

Une première observation méthodique de ce matériau révèle que, sur quinze religieuses emprisonnées qui survécurent à leur détention et s'établirent ensuite à Port-Royal des Champs, douze écrivirent une Relation. On n'a pas trouvé trace de textes d'Anne de Sainte-Cécile Boiscervoise, de Marguerite de Sainte-Gertrude Dupré, ni de Françoise de la Croix de Villemule de Barmontet - mais celle-ci est évoquée dans la Relation d'Agnès de la Mère de Dieu et l'œuvre présentée comme une Relation commune. Pour les autres, il n'existe nulle part, à notre connaissance, de mention d'un ouvrage qu'il faudrait considérer perdu. La proportion de religieuses ayant témoigné de leur malheur est donc extrêmement élevée (presque 90%), mais le constat va aussi à l'encontre de l'idée courante selon laquelle toutes les religieuses exilées auraient écrit une Relation, parce qu'elle obéissaient à une injonction de leurs supérieures.

En effet, les Relations ne sont pas des textes spontanés, que les moniales auraient été amenées à composer, malgré la règle du silence attachée à leur état, sous le coup d'une forte nécessité intérieure, fût-ce

10. On a pris le parti, dans le présent article, de citer l'édition imprimée, quand elle était disponible, comme la version ayant eu le plus large rayonnement historiographique. L'orthographe et la ponctuation, lorsque l'intellection des textes le demandait, ont été modernisées.

11. *Relation de captivité d'Angélique de Saint-Jean Arnauld d'Andilly*, avec une introduction de Louis Cognet, Paris, Gallimard, 1954. Montherlant se vante d'être à l'origine de l'initiative dans ses notes de 1954 intitulées « La face d'ombre de Port-Royal », *Théâtre*, préface de Jacques de Laprade, Paris, Gallimard, « Bibliothèque de la Pléiade », 1972, p. 945 : « J'ai voulu que la Relation de sa captivité écrite par la Sœur Angélique de Saint-Jean, qui n'avait pas été réimprimée depuis le XVIIIe siècle, pût être aujourd'hui consultée, pour son intérêt propre, mais aussi afin qu'on jugeât de la fidélité de mon texte à la vérité historique, et j'ai demandé aux éditions Gallimard de la rééditer. Elle est en librairie ces jours-ci, établie et préfacée par M. l'abbé Louis Cognet, chargé de cours à l'Institut catholique, dont la compétence en matière de jansénisme est connue de tous ». L'édition de Louis Cognet est reparue sous le titre *Aux portes des ténèbres. Relation de captivité*, préface de Sébastien Lapaque, Paris, La Table Ronde, « la petite vermillon », 2005.

en fonction de la personnalité ou de l'expérience propre à chacune. La mère de Ligny ouvre son récit par ces mots :

> Je n'avais nul dessein de faire cette petite Relation de ce qui s'est passé depuis notre sortie de Port-Royal, étant persuadée que nous devons désirer que ce que nous pouvons souffrir pour l'amour de Dieu et de la vérité ne soit connu que de lui seul, et que nous n'avons pas moins d'obligation de tenir au moins dans le secret de notre Monastère nos douleurs et nos souffrances, qu'on avait de cacher les bonnes actions qu'on pouvait faire pour son service : et d'ailleurs Dieu ayant permis que j'aie reçu plus de soulagement que nos autres Mères et Sœurs qui ont été comme vraies Exilées, je ne jugeai pas que j'eusse rien de bien considérable à remarquer. Néanmoins j'ai cru que je devais déférer au désir qu'elles m'en ont témoigné, et je l'ai fait d'autant plus librement qu'on m'a assuré que cet écrit ne serait vu que de nos amis, si ce n'est qu'ils trouvassent à propos d'en tirer quelque chose qui pût contribuer à la justification de la Communauté et servir de témoignage de la sincérité de nos sentiments et du désir unique de plaire à Dieu dans le refus que nous avons fait de la signature [12].

L'abbesse diminue son expérience et la portée de son texte (« petite Relation », « je ne jugeai pas que j'eusse rien de bien considérable à remarquer »). Elle insiste sur son caractère privé (« nous devons désirer que ce que nous pouvons souffrir pour l'amour de Dieu et de la vérité ne soit connu que de lui seul »), consentant à écrire parce qu'elle a reçu l'assurance « que cet écrit ne serait vu que de nos amis ». Elle insiste sur le fait qu'elle n'agit pas de son propre chef, mais cède à la volonté des « Mères et de Sœurs qui ont été comme de vraies Exilées ». La mère de Ligny ne nomme personne, emploie le pluriel, mais désigne une ou des sœurs d'infortune, autorisées par la rigueur de leur sort à formuler une exigence exceptionnelle. Marie-Dorothée de l'Incarnation Le Conte déclare, à la fin de son texte, qu'elle ajoute « quelques petits faits » pour être complète et

> [...] uniquement pour obéir et pour contenter le désir des personnes auxquelles je ne puis rien cacher, ni refuser, et qui veulent que je mette tout, jusqu'aux plus petites circonstances [13].

12. « Relation de la Captivité de la Mère Agnès de Ligny, Abbesse de Port-Royal », *Histoire des persécutions*, *op. cit.*, [PR LP 1442], p. 114-115 : « Dessein de cette Relation ».

13. « Relation de la Captivité de la Révérende Mère Marie-Dorothée de l'Incarnation Le Comte, (Prieure de Port-Royal de Paris) exilée le 26 août 1664, à la

La formulation est très proche de l'extrait précédent. La sœur fait références à des « personnes » anonymes auxquelles on ne peut rien refuser : le pluriel est aussi systématique que l'absence de désignation exacte. Elle renforce l'autorité de la demande qu'on lui a faite en suggérant une unanimité, mais aussi, sans doute, afin d'éviter d'impliquer la ou les religieuses qui prirent la responsabilité de tourner la loi du silence. Une seule moniale est plus précise : Anne de Sainte-Eugénie, qui conçoit sa Relation comme une lettre adressée à Angélique de Saint-Jean, dont elle désigne explicitement le rôle. Il est vrai qu'une lettre étant un écrit privé, sinon intime, Anne de Sainte-Eugénie peut considérer qu'elle garantit le secret à sa dédicataire :

> Puisque vous persistez, ma très chère Sœur, à vouloir que je vous écrive ce qui s'est passé dans mon exil, il faut par mon obéissance vous donner une marque du pouvoir absolu que vous avez sur moi, car j'avais fort envie d'ensevelir toutes ces choses dans le silence et de n'en parler qu'à Dieu seul. Comme il ne m'est rien arrivé de fort considérable depuis notre enlèvement et que je n'ai pas l'esprit de bien raconter les choses, ce récit ne vous donnera pas beaucoup de satisfaction [14].

Ce serait donc Angélique de Saint-Jean qui se trouverait à l'origine de l'injonction faite aux sœurs (évoquant son « obéissance », Anne de Sainte-Eugénie marque bien la nature contraignante de la requête). La révélation est cohérente avec ce que l'on sait de l'entreprise historiographique et mémorielle entamée par la religieuse dès les années 1650 [15]. Angélique de Saint-Jean est aussi une de celles qui souffrirent le plus en captivité et elle jouit dans le monastère d'un fort ascendant. Le fait

Visitation de la rue Montorgueil », *Histoire des persécutions, op. cit.*, [PR LP 1442], p. 544.

14. « Relation de la captivité de ma Sœur Anne-Eugénie en forme de lettre à ma Sœur Angélique de Saint-Jean », *Divers actes et relations, op. cit.*, [PR 164-3], p. 15. Elle reprend, au moment de conclure, *op. cit.*, p. 28 : « Je vous conjure, ma très chère Sœur, de me garder fidèlement la promesse que vous m'avez faite de ne montrer cette Relation qu'à la personne que vous savez, qui aura la bonté aussi bien que vous d'en excuser les défauts : mon grand mal de tête m'a obligée de me servir de la main d'un autre, ne pouvant pas écrire longtemps de suite. Si vous n'étiez point si pressée, j'ajouterais quelques circonstances que j'ai oubliées [...] ». Ces dernières précisions insistent encore sur le rôle d'Angélique de Saint-Jean.

15. Voir F. Ellen Weaver, « Angélique de Saint-Jean : abbesse et "mythographe" de Port-Royal », *Chroniques de Port-Royal (La Mère Angélique de Saint-Jean)*, 1985, 34, p. 93-110 et *Chroniques de Port-Royal (Port-Royal et les Mémoires)*, 1999, 48.

qu'elle invoque elle-même l'ordre de supérieures dans l'avant-propos de sa Relation ne constitue pas une objection :

> Ce que l'on demande de moi en m'ordonnant d'écrire une relation exacte de ce qui s'est passé dans ma captivité me paraît une chose assez superflue. Si l'obéissance ne me la rendait nécessaire, je croirais que, n'ayant point agi et ayant fort peu parlé dans tout ce temps-là, il ne serait point encore besoin de paroles pour apprendre à ceux qui ne l'ont pas expérimenté ce que c'est qu'une retraite de dix mois, dans les circonstances qui ont accompagné la mienne. Car, si l'on n'en regarde que l'extérieur, il est facile de le dire en deux mots, puisque tout consiste dans une prison fort étroite, dans une solitude entière et dans une privation générale de toute consolation et de toute assistance spirituelle, qui serait la plus grande de toutes les peines si l'on n'avait la confiance et l'expérience qu'on peut toujours dire à Dieu : *Adjutor in tribulationibus quæ invenerunt nos nimis*. Mais, si l'on voulait savoir ce qui se passe dans le cœur quand on est en cet état, je demanderais, pour me pouvoir faire entendre, quelqu'un qui l'eût éprouvé en quelque occasion semblable, afin qu'il pût comprendre ce que je ne lui pourrais dire et qu'il s'en formât une idée plutôt sur son souvenir que sur mes paroles. Néanmoins, puisqu'on me le commande, je marquerai les choses dont je me puis souvenir, encore qu'il n'y ait rien de fort important [16].

Ce texte possède le caractère d'un modèle (motif de l'œuvre commandée, humilité, mépris affiché de ses souffrances, citation tirée des Écritures avec le psaume XLV, obéissance affirmée). On peut se demander s'il ne propose pas un exemple idéal, indépendamment d'aucune véracité. La religieuse autorise sa transgression du silence en se référant à un ordre qu'elle aurait reçu, qui la disculpe, et elle insiste sur son indifférence, alors même que la longueur et la minutie du récit démentent la distance condescendante qu'elle proclame. Elle fait sainement preuve de modestie et d'indifférence à ses malheurs. L'oubli lui-même qu'elle mentionne à la fin du passage n'est probablement pas sans signification : il était célèbre que la mère Agnès oubliait le contenu des lettres qu'elle écrivait, tant elle leur attachait peu de prix au regard de son dialogue incessant avec Dieu. Sa nièce se place dans cette continuité. On peut d'ailleurs supposer qu'Angélique de Saint-Jean, quand elle sollicite ses compagnes, agit au moins avec l'accord tacite de la mère Agnès, plus

16. Angélique de Saint-Jean Arnauld d'Andilly, *Aux portes des ténèbres*, *op. cit.*, p. 25-26.

libérale envers l'écrit que ne l'était sa sœur, la mère Angélique, qui ne finit jamais le récit de sa vie exigé d'elle [17]. Derrière les prétéritions, la religieuse explique finalement que l'entreprise tend à faire comprendre ce qui peut se passer « dans le cœur » face à « une retraite de dix mois », qu'elle s'intéresse non à « l'extérieur », mais à l'intérieur, soit que son dessein est avant tout moral. Même si son succès est présenté comme une affaire désespérée, son ambition psychologique et didactique est clairement énoncée.

S'agissant des sœurs dont il n'existe pas de Relation, il est vraisemblable qu'elles se dérobèrent à la demande qui leur était faite par une répugnance à écrire particulièrement forte ou que leur texte ne fut pas jugé apte à être transmis. Y eut-il relecture ? Censure ? C'est impossible à dire en l'état actuel de nos connaissances. Il est curieux qu'on n'ait pas trouvé de version imprimée de la relation de Madeleine de Sainte-Mechtilde, d'autant que le texte porte l'empreinte d'une conscience certes faible, voire pusillanime, mais aussi extrêmement vive et attachante par l'afflux des sentiments. Il faut noter cependant que le texte dut être écrit après la rétraction de la religieuse en 1670, bien plus tard que les autres. À quoi s'ajoute que la sœur signa trois fois (avant de se rétracter trois fois) et fut un temps proche de Dorothée Perdreau. Peut-être était-ce un peu trop de versatilité et de compromissions pour diffuser ce récit : il risquait d'affecter l'image que Port-Royal ou ses historiens souhaitaient donner de la communauté.

Si l'on va plus avant, la lecture des relations fait apparaître une organisation similaire des récits, ainsi que des recoupements textuels appuyés et une grande unité de ton. Toutes les œuvres se présentent comme des récits à la première personne d'événements dont le narrateur et auteur est aussi le sujet. La sœur Anne de Sainte-Eugénie est la seule à recourir au modèle de la lettre (encore n'est-il patent qu'au début et à la fin de son texte). Toutes les Relations débutent au moment de l'enlèvement de la narratrice, quelle qu'en soit la date. Elles évoquent ensuite les événements de façon linéaire jusqu'au moment du voyage à Port-Royal des Champs, plus ou moins précisément décrit. La grande majorité d'entre elles inclut des lettres ou des mémoires que les religieuses

17. Outre son importante correspondance et sa *Relation*, la mère Agnès composa notamment un *Chapelet Secret du Saint-Sacrement* en 1626, *L'Image d'une religieuse parfaite et d'une imparfaite, avec les occupations intérieures pour toute la journée* (1665) et les *Constitutions du monastère de Port-Royal du Saint-Sacrement* (1665).

rédigèrent, pendant leur captivité, à l'intention de l'archevêque ou de leurs principaux interlocuteurs, mais aussi à des fins privées [18]. Toutes font longuement état des débats où les moniales furent entraînées, parfois insérés au style direct. Elles contiennent nombre d'allusions à l'Ancien et au Nouveau Testament. Les religieuses offrent unanimement leur sacrifice à Dieu [19]. Elles associent leur exil à une épreuve voulue par ce dernier pour châtier leurs fautes passées dont elles ne se sont pas assez repenties. Elles voient dans leurs prisons un « Purgatoire ». Le cas de Marie-Charlotte de Sainte-Claire est emblématique. Elle confesse :

> La première semaine que je fus là, je ressentis beaucoup de consolation de ce que Dieu me donnait un moyen de satisfaire à mes fautes et de guérir les plaies de mon âme, qui était si fort affaiblie par un grand nombre d'infidélités et de négligences, dont je me reconnaissais coupable : ce qui faisait que l'état d'humiliation et de mépris où je me trouvais réduite était la plus agréable pensée que je pusse avoir et me tenait lieu de toute autre consolation [20].

18. La mère Agnès transcrit, par exemple, dans sa « Relation de la captivité de la Mère Catherine Agnès de Saint-Paul Arnauld », *Divers actes et relations, op. cit.*, [PR 164-4], p. 67-68, un billet qu'elle a rédigé, si elle venait à tomber en agonie, à propos des derniers sacrements. Il est daté du 10 décembre 1664. Angélique de Saint-Jean, *Aux portes des ténèbres, op. cit.*, p. 163-172, livre un « Examen sincère du fond de mon cœur au sujet du refus de la signature ».

19. Voir, par exemple, Marie-Dorothée de l'Incarnation, *op. cit.*, p. 424. Madeleine de Sainte-Christine, *op. cit.*, p. 101, parle d'une « entière oblation » à Dieu.

20. « Relation de la sœur Marie-Charlotte de Sainte-Claire Arnauld d'Andilly, Religieuse de Port-Royal », *Divers actes et relations, op. cit.*, [PR 164-4], p. 156. Elle expose, dans la page précédente, la façon dont elle en vient à cette idée, alors qu'elle était troublée par sa captivité et ce qu'il pouvait advenir de ses compagnes : « Toutes ces diverses pensées me réduisaient dans une douleur si sensible, que mon cœur en était déchiré, surtout par la crainte que j'avais de n'y pouvoir résister. Je me souvins alors d'une parole de la mère Angélique qui semblait avoir prévu ce qui nous devait arriver : que, quand Dieu avait châtié le peuple d'Israël, ils reconnaissaient d'ordinaire leurs péchés, s'humiliaient devant lui, et attiraient sa miséricorde pour leur pardonner, et pour faire que leurs souffrances devinssent le remède de leurs fautes. Je demandai à Dieu qu'il lui plût me faire la grâce d'entrer dans cette disposition, et pour l'obtenir je pensai que je devais me séparer intérieurement de toutes choses, comme il m'en avait séparé extérieurement, et de lui en faire un sacrifice pour ne plus penser qu'à lui seul, acceptant de tout mon cœur la séparation des personnes qui m'étaient les plus chères : ce qui me faisait aussi espérer qu'il me tiendrait lieu de tout. » Voir aussi « Relation de la Captivité de la Révérende Mère Marie-Dorothée de l'Incarnation Le Comte », *op. cit.*, p. 424 : « Je me prosternai et je m'offris à Dieu pour entrer dans ce nouvel état et pour toutes ses suites, et je lui demandai qu'il lui plût de l'accepter pour

La visite de l'archevêque ne plonge pas les moniales dans le désespoir. Très vite, en effet, souvent pendant leur voyage vers les couvents qui leur sont attribués, elles discernent la providence à l'œuvre dans l'événement qui les a surprises. Ces coïncidences systématiques donnent à penser que les religieuses durent débattre entre elles de ce qu'elles avaient subi. Peut-être reçurent-elles une grille selon laquelle envisager un épisode à long terme si choquant, le pourvoir d'un sens. Leur a-t-on fourni un canevas à partir duquel écrire ? Angélique de Saint-Jean manifeste un talent littéraire évident et Marie-Dorothée de l'Incarnation a contribué de nombreux ouvrages à l'histoire de Port-Royal, mais les religieuses concernées ne possédaient pas également de telles dispositions. Il est vraisemblable qu'elles furent aidées dans la tâche qu'on leur avait prescrite. Aucune information toutefois n'a percé sur ce point, ni sur les modalités de l'assistance qu'elles purent recevoir.

Seules trois Relations sont datées : Marie-Charlotte de Sainte-Claire indique qu'elle achève son récit le 18 août 1665, Marie-Angélique de Sainte-Thérèse le 12 septembre, Angélique de Saint-Jean le 28 novembre de la même année [21]. La période en cause est restreinte et peu éloignée de l'installation des religieuses aux Champs, en juillet. Non seulement cette concomitance confirme l'idée d'une entreprise collective, mais ces dates supposent un passage à l'écriture temporellement très proche du traumatisme vécu et, par conséquent, une faible distance à l'événement, susceptible de limiter l'étendue de sa réécriture (fantasmée ou dirigée). Il est difficile de transformer sur le vif, à chaud. Il n'empêche que les

pénitence de mes péchés, espérant qu'il me ferait cette grâce, que cet état, que je croyais proportionné à mes fautes, me tiendrait lieu de purgatoire ».

21. La Relation de la mère de Ligny n'est pas datée, mais une note finale, *op. cit.*, p. 175-176, déclare que le texte est inachevé, parce que la religieuse tomba malade, tandis qu'elle le rédigeait : « La mère Madeleine est demeurée ici de sa Relation qu'elle n'a pu achever, étant tombée dans une maladie dont elle est morte, pendant qu'elle y travaillait ». Les manuscrits contiennent la même indication avec une légère variante à la fin : « [...] étant tombée malade dont elle est morte, pendant qu'elle y travaillait encore » (PR 21 ms, p. 138 et PR 62 ms, p. 215-216). Cette information postule pour une rédaction tardive, car Madeleine de Sainte-Agnès de Ligny décéda le 11 mai 1675. Le récit de sa fin dans le manuscrit Port-Royal 62 ms, p. 227-229, établit qu'elle tomba malade en 1674. Faut-il prêter foi à cette datation, qui attribue le même sort à la Relation de captivité de la mère de Ligny et à l'écrit autobiographique qui lui est joint (voir *ibid.*, p. 216) ou penser que, si les deux textes furent retrouvés simultanément parmi les papiers de la religieuse à sa mort, celle-ci avait entrepris et interrompu le premier des années plus tôt ?

textes sont des commandes, qu'ils ont eu pour vocation explicite de témoigner, de fixer une histoire et sans doute aussi une leçon pour une communauté troublée par les persécutions dont elle était l'objet. Les Relations révèlent souvent chez les sœurs une conscience aiguë de l'origine psychique ou morale de leurs affections somatiques. On fait ainsi raconter son enlèvement à Madeleine de Sainte-Christine, dans le monastère où elle est exilée, pour qu'elle parle et ne tombe pas malade en renfermant en elle ses souffrances [22]. Peut-être Angélique de Saint-Jean eut-elle en vue, de la même façon, de libérer par la parole une douleur capable d'égarer à nouveau ses compagnes. C'est le renfermement en elles-mêmes, expliquent les sœurs coupables d'avoir signé, qui est à l'origine de leurs doutes et de leur chute. Les Relations forgent une version commune de l'épreuve imposée aux religieuses : elles valent aussi prévention. Elles attestent encore du respect de l'intelligence individuelle à Port-Royal et de la liberté octroyée aux consciences. Le monastère fait ainsi figure de contre-exemple par rapport aux institutions dans lesquelles ses moniales furent persécutées, toutes insistant sur le peu de lecture, de réflexion, de culture, de leurs geôlières, volontairement tenues dans l'ignorance, voire abêties, par leur hiérarchie. Ses geôlières sont de bonnes sœurs, explique Madeleine de Sainte-Candide, mais on s'oppose à ce qu'elles soient instruites pour éviter... qu'elles ne deviennent jansénistes [23]. La propagande, dans chacun des cas, n'est pas très loin. Textes de circonstance dotés d'une fonction pragmatique, sinon utilitaire, les Relations de captivité demandent à être scrutées de près pour distinguer entre la mise en forme officielle et la sensibilité spécifique de chaque religieuse, pour traquer la vérité.

22. « Relation de la Sœur Madeleine de Sainte-Christine Briquet, Religieuse de Port-Royal, sur sa captivité », *Divers actes et relations*, *op. cit.*, [PR 164-4], p. 96 : « Après que la mère de Pontchartrain eut visité tout ce que j'avais apporté, elle me fit raconter la manière dont M. l'archevêque m'avait fait sortir, et aussi ce qui s'était passé au dernier enlèvement. Son dessein était de me faire pleurer, parce qu'elle voyait bien que j'étais saisie et qu'elle craignait que je n'en demeurasse malade. » Marie-Charlotte de Sainte-Claire, *op. cit.*, p. 155, écrit quant à elle : « Mon corps n'ayant pu résister à l'accablement de mon esprit, la fièvre me prit cette même nuit, ce qui m'obligea de garder le lit tout le jour suivant [...] ».

23. « Relation de ma Sœur Madeleine de Sainte-Candide Le Cerf contenant les choses principales qui se sont passées depuis son enlèvement de Port-Royal de Paris », *Divers actes et relations*, *op. cit.*, [PR 164-4], p. 144.

Des prisons rigoureuses

Toutes les religieuses exilées ne furent pas traitées de la même manière. Face aux rigueurs et aux brimades subies par Angélique de Saint-Jean aux Annonciades, Anne de Sainte-Eugénie bénéficie à Chaillot, chez la mère de Lafayette, d'un régime aussi clément que courtois [24]. Il s'agit cependant d'une exception marquante, qui s'explique par l'identité de la religieuse (une aristocrate amie d'Arnauld d'Andilly, qui fut reçue à la cour et ne prit le voile qu'après son veuvage) et celle de son hôtesse : grande dame autrefois chère à Louis XIII, Louise de Lafayette peut se permettre de traiter avec une certaine négligence les ordres de l'archevêque Péréfixe. C'est une femme polie, éclairée, loin de l'engagement véhément de Mme de Rantzau, ordinairement employée à la conversion des Réformés, qui persécute Angélique de Saint-Jean, ou des religieuses à demi incultes, asservies aux jésuites, que rencontre Madeleine de Sainte-Candide à la Visitation de Saint-Denis. Une seconde constatation s'impose : les sœurs qui signèrent le Formulaire tendent à insister particulièrement sur la cruauté des conditions de leur emprisonnement. Elle doit justifier ou excuser leur faiblesse. Mais la plus grande discrétion des moniales qui résistèrent ne signifie pas que les détails fournis par les signeuses sont inexacts ou seulement insolites. Au contraire, il s'avère vite que les unes et les autres ont connu des brimades similaires, si elles ne les exploitent pas de manière identique et y furent diversement sensibles. Un tableau très cohérent se dégage finalement à petites touches des relations de captivité, quand on les considère dans leur ensemble ; il trace les contours d'une réalité implacable.

Première scène du drame, l'enlèvement des sœurs est un épisode violent, poignant. Angélique de Saint-Jean parle de « tragédie », d'un

24. Voir « Relation de la captivité de ma Sœur Anne-Eugénie en forme de Lettre à ma Sœur Angélique de Saint-Jean », *op. cit.*, p. 16 : elle peut recevoir des lettres et y répondre, rencontrer ses proches et ses amies. Elle jouit du beau parc, dont le monastère dispose. Elle a des conversations aimables avec la sœur de Mortemart, chargée de veiller sur elle. Anne de Sainte-Eugénie obtient de se confesser et communier et de se confesser le jour de la nativité de la Sainte Vierge (8 septembre). Elle en est cependant privée ensuite et en souffre particulièrement le jour anniversaire de sa profession (*ibid.*, p. 20). Après la mort de la mère de Lafayette, le 11 janvier 1665, la mère Bolin, qui est élue en remplacement, la presse davantage de signer, mais ne réduit pas les privilèges dont elle bénéficie (*ibid.*, p. 21).

« holocauste », dont les religieuses sont les « victimes » [25]. Évoquant son père qui la voit partir, elle le compare à Abraham consentant à immoler Isaac à Dieu [26]. Signeuses et non-signeuses dressent un portrait à charge de l'archevêque. Chez la mère de Ligny, il interdit aux religieuses émues de faire leurs adieux. Toute manifestation d'humanité le courrouce [27]. Marie Charlotte de Sainte-Claire témoigne : il « [...] me vint prendre par le bras avec une promptitude extraordinaire et me retira avec force », alors qu'elle veut parler à la mère Agnès [28]. Il en va de même au cours des deux séances suivantes. Le 29 novembre, il coupe à plusieurs reprises la parole à Christine de Sainte-Madeleine. Il crie et l'insulte :

> Il ne me permit pas de lui en dire davantage, mais il m'interrompit en disant que je me préférais à tout le monde et ne me contentais pas de me croire seule innocente, mais que je voulais encore accuser les autres d'être coupables, parce qu'elles n'imitaient pas ma désobéissance, qu'il voyait bien qu'il n'y avait rien à faire avec moi, mais qu'il voulait pourtant espérer que Dieu me parlerait au cœur, quand j'aurais été quelque temps dans la solitude et que je serais délivrée du tumulte et de l'embarras où j'étais.
>
> [...] il ne laissa pas de s'en blesser fort et de dire qu'il ne me fallait point écouter, qu'il reconnaissait assez ce que j'étais, qu'il n'y avait rien en moi qu'une profonde ignorance jointe à une haute estime de moi-même qui me faisait parler avec une insolence et une élévation d'esprit épouvantable, quoique je ne susse rien du tout [29].

La messe sonne. La religieuse, n'ayant pas encore assisté à l'office, demande à l'archevêque la permission de s'y rendre « pour y offrir [s]on sacrifice » [30]. Il s'y oppose, la presse, lui interdit d'emporter aucun effet ou de prendre congé :

> Je le suppliai de me donner au moins un quart d'heure de temps. Il me dit que cela n'était pas nécessaire, parce que je n'avais rien à faire qu'à

25. Angélique de Saint-Jean, *Aux portes des ténèbres*, *op. cit.*, p. 28.
26. *Ibid.*, p. 31.
27. « Relation de la mère de Ligny », *op. cit.*, p. 115-116.
28. « Relation de la sœur Marie-Charlotte de Sainte-Claire Arnauld d'Andilly, Religieuse de Port-Royal », *op. cit.*, p. 150.
29. « Relation de la Sœur Madeleine de Sainte-Christine Briquet », *op. cit.*, p. 93.
30. *Ibid.*, p. 94.

> prendre notre Bréviaire, qu'il ne me fallait qu'un instant pour cela, que je n'avais que faire de me mettre en peine de rien emporter, parce qu'on m'enverrait toutes les choses dont j'aurais besoin. Je lui demandai s'il me refuserait la permission de dire adieu à mes Sœurs. Il me dit que non, qu'il me permettait d'embrasser celles que je rencontrerais, mais qu'il me priait que ce fût sans bruit. Je l'assurai que je n'en ferais point de ma part et, en disant cela, la voix me manqua, parce que j'étais extrêmement saisie. Il en fut touché et, ayant voulu me dire quelque chose pour me témoigner qu'il était satisfait de moi, il ne put achever et se mit à pleurer. La mère Eugénie et ma sœur Flavie firent de même : pour moi, je voulais encore retenir mes larmes, mais il ne me fut pas possible de m'empêcher d'en verser quelques-unes [31].

Le récit court. Les phrases sont brèves ; elles claquent. La religieuse est bouleversée. Péréfixe, ému par son déchirement, éprouve par mimétisme la même aphonie qu'elle. Il pleure. La mère Louise-Eugénie de Fontaine, supérieure de la Visitation, venue pour gouverner l'abbaye, la sœur Catherine de Sainte-Flavie Passart, ralliée à la signature, peu susceptibles de pitié pour la narratrice, cèdent à leur tour aux sanglots. Seule Christine de Sainte-Madeleine s'efforce de résister. Anne-Marie de Sainte-Eustoquie n'est pas plus amène avec l'archevêque. Elle évoque la « colère » qui le secoue dès sept heures du matin (les sœurs portent des lanternes pour éclairer Péréfixe et ses hommes) [32]. Le prélat parle durement à la religieuse agenouillée devant lui ; il s'emporte. « D'effroi », une sœur dans l'assistance tombe « en pâmoison » [33]. En parfait brutal, son bourreau ne comprend pas la raison de ce malaise, qu'il faut lui expliquer. Il a fait enfermer les religieuses dans le chapitre pour interdire toute démonstration de tendresse au moment du départ. Comme plusieurs s'échappent, en particulier des sœurs converses, et se précipitent vers Anne-Marie de Sainte-Eustoquie et ses compagnes d'infortune, la rage le reprend :

> [...] sa colère me parut inexprimable. Le feu lui sortait des yeux et, avec un geste effroyable, il commença à crier d'une manière qui faisait

31. *Ibid.*, p. 94.
32. « Relation de la captivité de la sœur Anne-Marie de Sainte-Eustoquie de Flécelles de Brégi, Religieuse de Port-Royal des Champs », *Divers actes et relations*, *op. cit.*, [PR 164-3], p. 1.
33. *Ibid.*, p. 1.

> trembler : « Grises ! Grises ! Hors de là ! Que venez-vous faire ici ? Je vous ôterai votre habit ! Hors d'ici ! Allons, allons, mais voyez-vous ces Grises ?! » Le voyant dans cet emportement, qui me parut tel que, sans exagération je ne crois pas qu'un homme qui serait demi-heure dans cette colère n'en perdît la vie, je me mis à genoux et lui dis avec un profond respect : « Monseigneur, je vous supplie de les excuser, c'est l'affection qui les fait agir. Celle des sœurs est trop grande pour ne pas pardonner les larmes dans une telle occasion, mais cela ne blesse point le respect qu'elles ont pour votre Grandeur ». Cela l'apaisa [34].

À la représentation physique d'un archevêque saisi par le démon, la religieuse ajoute l'ironie, suggèrant que les sentiments les plus simples lui sont inconnus, tandis que la flatterie l'apaise dans l'instant.

Parvenues dans les couvents où elles sont exilées, les sœurs font couramment état des conditions déplorables dans lesquelles elles sont logées : la cellule conventuelle le cède à la cellule pénitentiaire, d'autant que les religieuses sont soumises à une surveillance de tous les instants. Marie-Dorothée de l'Incarnation décrit son arrivée aux Filles de Sainte-Marie :

> On ouvrit la porte de cette Maison, qui me devait tenir lieu de prison et qui en était une véritable à cause de sa petitesse [35].

Marie-Charlotte de Sainte-Claire rapporte que la mère qui l'accueille aux Filles de Saint-Thomas, rue Vivienne, s'excuse de la loger dans « une petite chambre au plus haut de la Maison », disant qu'elles n'ont point de logement [36]. Marie-Angélique de Sainte-Thérèse raconte :

> [...] l'on nous mena à la chambre qui nous était préparée, qui était fort petite et où il n'y avait presque point d'air, étant sur une petite cour toute environnée de bâtiments, de sorte qu'elle était fort obscure, n'ayant aucune vue pas même celle du Ciel et, pour mieux ressembler à une prison, il y avait de bons barreaux de fer aux fenêtres [37].

34. *Ibid.*, p. 3.
35. « Relation de la Captivité de la Révérende Mère Marie-Dorothée de l'Incarnation Le Comte », *op. cit.*, p. 424.
36. « Relation de la sœur Marie-Charlotte de Sainte-Claire Arnauld d'Andilly », *op. cit.*, p. 152.
37. « Relation de la Sœur Marie-Angélique de Sainte-Thérèse Arnauld d'Andilly, sur l'enlèvement et la captivité de la Mère Catherine Agnès de Saint-Paul Arnauld, sa

L'adjectif « petit » et le mot même de « prison » reviennent chaque fois. Marie-Angélique de Sainte-Thérèse et la mère Agnès restent confinées dans leur chambre dix ou douze jours, ne sortant que pour entendre la messe dans le jubé de l'église, c'est-à-dire à l'écart du reste de la communauté. La chaleur est grande, la pièce étroite ; les deux femmes manquent d'air. Bientôt, la mère Agnès tombe malade. Le motif revient plusieurs fois dans la relation de sa nièce [38]. La mère supérieure d'Angers écrit dans une lettre que « dans la Ville » on dit que les prisonnières sont traitées « inhumainement » [39]. Elles ont obtenu l'autorisation de se promener dans le cloître de leurs hôtesses, mais Péréfixe révoque cette permission deux jours plus tard. L'inconfort vire à la torture. Agnès de la Mère de Dieu, à l'Hospice de la Crèche, est si démunie de toute chose qu'elle envoie chercher des effets à Port-Royal, quand la sœur Françoise de la Croix tombe malade (effets que la sœur Marie de Sainte-Dorothée Perdreau refuse, au mépris de la plus élémentaire charité, de lui faire donner) [40]. Angélique de Saint-Jean parle, quant à elle, de son « galetas » [41]. C'est véritablement une geôle, dont la porte n'est ouverte que trois fois par jour.

La mère de Ligny ne se plaint pas du logis qui lui a été attribué, mais une ancienne mère doit être « sa garde », car elle est surveillée jour et nuit. La nuit, une deuxième religieuse rejoint la première. Elles dorment dans la chambre même de la religieuse, non seulement privée de la moindre liberté de mouvement, mais aussi de tout moment de solitude où elle pourrait s'abandonner librement aux mouvements de son cœur :

> [...] étant là comme prisonnière, je n'avais aucun commerce avec la communauté et n'allais qu'à l'église, à la chapelle des Saintes Reliques et à une autre qui donne sur l'église. Je ne parlais pas à une des religieuses qu'à la mère supérieure, la mère assistante qui me venait voir quelquefois, à la mère de la Conception (ma garde) et à cette jeune religieuse, qui se nommait de Saint-Joseph. Elles couchaient toutes deux à

Tante, avec laquelle elle fut mise au Monastère de Sainte-Marie du Faubourg Saint-Jacques à Paris », *Divers actes et relations, op. cit.*, [PR 164-4] p. 30.

38. Voir *ibid.*, p. 30 et 33, par exemple.

39. *Ibid.*, p. 32.

40. « Relation de ma Sœur Agnès de la Mère de Dieu de Chouy de Pensières et de ma Sœur Françoise de la Croix de Villelume de Barmonté », *op. cit.*, p. 31.

41. Angélique de Saint-Jean, *Aux portes des ténèbres, op. cit.*, p. 43.

> la chambre où j'étais. Je fus mortifiée, quand je sus qu'elles devaient passer le jour et la nuit avec moi et j'aurais été ravie d'être seule, pour avoir plus de liberté de répandre mon cœur et mes larmes devant Dieu [42].

Madeleine de Sainte-Mechtilde a aussi une sœur pour la garder [43]. Anne-Marie de Sainte-Eustoquie n'échappe pas à ce traitement rigoureux. Les répétitions de son texte disent l'étonnement et le chagrin qu'elle éprouve :

> [...] la Révérende Mère me dit qu'elle me priait d'agréer une Sœur qui était là, à qui elle ordonna, pour obéir aux ordres de M. l'Archevêque, d'être jour et nuit continuellement auprès de moi et que, si elle était absolument obligée d'en sortir, je serais gardée par une Sœur Converse à qui elle donnait soin de nous apporter tout ce dont nous pourrions avoir besoin. Elle ajouta qu'elle me priait de recevoir cela doucement et qu'elle-même en avait quelque peine.
>
> Je commençai donc dès ce soir à avoir pour inséparable compagne, jour et nuit, pendant plus de sept mois, la Mère Élisabeth de Sainte-Scholastique, qui fut pour ce sujet privée de toutes les observances et quasi aussi prisonnière que moi [44].

L'indignité de sa condition est dénoncée par la pitié de sa geôlière et par le fait que même la sœur de Sainte-Scholastique, sa gardienne, n'est pas ménagée. La mère Agnès et Marie-Angélique de Sainte-Thérèse ne sortent qu'accompagnées de la religieuse à qui leur surveillance incombe. Cette obsédante attention s'exerce encore sur le courrier des deux religieuses. Leurs lettres sont ouvertes, y compris celles que la mère Agnès reçoit de la reine de Pologne ou de son frère Henri, évêque d'Angers. Les réponses qu'elle leur envoie subissent le même sort. La mère Agnès ne s'attarde pas sur ces faits dans son propre récit. En revanche, manifestement informée du sort d'autres religieuses

42. « Relation de la Captivité de la Mère Agnès de Ligny, Abbesse de Port-Royal », *op. cit.*, p. 120-21. Elle est aussi accompagnée au parloir, *ibid.*, p. 129.

43. Madeleine de Sainte-Mechtilde Thomas du Fossé, *Relation de tout ce qui m'est arrivé depuis la sortie de nos très chères Mères et Sœurs jusqu'à mon retour à la maison de Port-Royal de Paris*, [PR 62 ms], p. 376.

44. « Relation de la captivité de la sœur Anne-Marie de Sainte-Eustoquie de Flécelles de Brégi », *op. cit.*, p. 5.

détenues, elle se félicite qu'on laisse sa nièce et elle dormir seules [45] et elle confirme les doléances de sa compagne :

> Quelques semaines devant Pâques, ma Sœur Marie-Angélique ayant représenté à M. l'Archevêque combien nous étions mal logées, et que nous ne pourrions pas passer l'Été dans un lieu où il n'y avait point d'air et où nous avions pensé étouffer au commencement de notre captivité, elle lui fit de grandes instances pour qu'il nous envoyât à Port-Royal des Champs [46].

Madeleine de Sainte-Candide observe qu'on se défie terriblement des rebelles, soupçonnées d'avoir des communications avec l'extérieur. Les portes du couvent sont fermées, les jardins visités matin et soir, des religieuses de la Visitation sont postées en sentinelles, un guet permanent a lieu [47]. Christine de Sainte-Madeleine, qui doit aussi partager sa chambre, fournit une autre précision : elle a été fouillée lors de son arrivée aux Ursulines de Saint-Denis. On trouve dans son sac les *Confessions* de saint Augustin avec l'*Imitation*, la *Vie de la Vierge* et *Le cœur nouveau* de Saint-Cyran, qu'elle avait réussi à emporter. La mère de Pontchartrain hésite sur le sort à leur réserver [48].

De bonnes relations avec leurs geôlières ne modifient guère la situation des prisonnières. Ainsi Anne-Marie de Sainte-Eustoquie remarque-t-elle :

> Quoique la Mère Élisabeth de Sainte-Scolastique, qu'on m'avait donnée pour gardienne, eût bien de la bonté pour moi et qu'elle se détrompât de jour en jour, je n'en étais pas moins captive, parce qu'elle avait ses ordres, qu'elle n'osait violer le moins du monde. On avait envoyé aux autres leurs écritoires et quelques livres, mais on ne m'envoya rien de tout cela et j'ai appris que c'était ma Sœur Flavie qui s'y était opposée, en disant qu'il fallait me faire faire pénitence de mes lectures et de mes griffonneries passées. Ce n'est pas que la Mère Scolastique ne me fournît bien volontiers de quoi écrire et ne me pressât fort de le faire, mais à condition que ce serait pour elle ou du moins qu'elle le verrait.

45. « Relation de la Sœur Marie-Angélique de Sainte-Thérèse Arnauld d'Andilly », *op. cit.*, p. 68.
46. « Relation de la captivité de la mère Catherine Agnès de Saint-Paul », *op. cit.*, p. 69.
47. « Relation de ma Sœur Madeleine de Sainte-Candide Le Cerf », *op. cit.*, p. 146.
48. « Relation de la Sœur Madeleine de Sainte-Christine Briquet », *op. cit.*, p. 95-96.

> Mais la Mère Supérieure avait une frayeur étrange que je ne disse par hasard quelque parole à ses Religieuses qui pût leur ouvrir l'esprit sur les affaires. Outre que j'étais toujours gardée par les deux Religieuses à qui elle avait commis ce soin, elle usait encore de toute autre précaution pour empêcher ce malheur. Cependant, plusieurs m'aimaient et cherchaient les occasions de me dire quelque mot. Quelques-unes en fussent venues à bout, mais deux jeunes étant venues prier la Mère Scolastique que je leur apprisse à chanter le *Te Deum*, une autre Religieuse qui les entendit alla les accuser. On les reprit fortement et on renouvela la défense de m'approcher sous de grandes peines et on la renouvelait si souvent ensuite qu'une Religieuse me dit un jour en passant : « Tous nos Chapitres sont pleins de vous et occupés à défendre de vous parler. » Ainsi, elles furent contraintes de ne me témoigner leur amitié que par des profondes révérences, quand elles me voyaient. L'une me jetait un bouquet, d'autres venaient parer la porte de notre chambre de fleurs, une autre m'appelait en la présence de Dieu, etc. [...] [49].

La prisonnière suscite une sympathie croissante, mais aucune religieuse n'ose enfreindre les ordres qui la concernent. La mise en scène de sa popularité souligne finalement son extrême solitude. La mère de Ligny confesse plus simplement son humiliation qu'elles soient considérées :

> [...] comme des criminelles, et livrées pour ce sujet à des personnes qu'on avait si fort prévenues contre nous qu'elles ne pouvaient dissimuler la crainte et l'éloignement qu'elles en avaient [50].

Madeleine de Sainte-Mechtilde écrit pour sa part qu'elle est « traitée comme une pestiférée » [51]. Le cas de Marie-Charlotte de Sainte-Claire, à qui les dominicaines demandent ce qu'elle désire et qu'on laisse seule pour dormir, est exceptionnel [52].

Face à de telles rigueurs, les exilées souffrent d'une redoutable carence affective et de l'ignorance où elles sont plongées quant au sort de leurs sœurs. Certes, des religieuses doivent mourir au monde et se

49. « Relation de la captivité de la sœur Anne-Marie de Sainte-Eustoquie de Flécelles de Brégi », *op. cit.*, p. 8.

50. « Relation de la mère de Ligny », *op. cit.*, p. 119-120.

51. Madeleine de Sainte-Mecthilde, *op. cit.*, p. 379.

52. « Relation de la sœur Marie-Charlotte de Sainte-Claire Arnauld d'Andilly », *op. cit.*, p. 152.

détacher de tout attachement humain, mais la réalité conventuelle est plus souple et l'affection qu'elles se portent est vive [53]. Marie-Charlotte de Sainte-Claire se déclare « unie » à ses compagnes « à la vie et à la mort » [54]. Toutes se plaignent de l'isolement absolu dans lequel elles sont soudain reléguées. Ainsi Marie-Dorothée de l'Incarnation dit-elle :

> Je tremblais de me voir seule, sans conseil, dans l'abandon de tout secours (excepté celui de Dieu, en qui je mettais toute ma confiance) avec des personnes qui n'avaient à parler que pour me séduire et me faire tomber dans le précipice de la signature [55].

Elle reprend un peu plus tard :

> J'avais un chagrin mortel de me voir ainsi à l'abandon et laissée à moi-même, sans consolation, sans secours, sans savoir ce que je devais faire [56].

Marie Charlotte de Sainte-Claire passe la nuit « dans une douleur la plus sensible » qu'elle ait jamais expérimentée [57]. Elle craint pour les autres. La mère de Ligny est déchirée par la souffrance de compagnes qu'elle est désormais impuissante à protéger ou guider :

> [...] je ne puis exprimer toutes les pensées, ou plutôt toutes les douleurs qui m'occupèrent cette nuit, n'ayant jamais expérimenté une pareille sensibilité et tendresse pour toutes nos Sœurs. Pendant que j'étais dans la maison, je partageais ma charge avec des personnes sur qui je me confiais plus qu'à moi-même, les connaissant bien plus capables que moi de servir la communauté, et surtout la mère Agnès, qui a toujours été notre véritable mère à toutes. Et il semble qu'en partageant ainsi l'emploi, l'affection et la tendresse que je devais aux sœurs étaient aussi en quelque façon partagées entre celles qui leur servaient de mères, mais en

53. Voir les synthèses d'Agnès Cousson, *L'expression de soi dans les écrits autobiographiques et la correspondance des religieuses de Port-Royal au XVIIe siècle*, thèse de doctorat sous la direction de Dominiques Descotes, soutenue le 25 janvier 2008, p. 63-68, p. 189, p. 225-227, notamment.

54 . « Relation de la sœur Marie-Charlotte de Sainte-Claire Arnauld d'Andilly », *op. cit.*, p. 170.

55. « Relation de la Captivité de la Révérende Mère Marie-Dorothée de l'Incarnation Le Comte », *op. cit.*, p. 444-445.

56. *Ibid.*, p. 453.

57. « Relation de la sœur Marie-Charlotte de Sainte-Claire Arnauld d'Andilly », *op. cit.*, p. 153.

> les voyant dans cet abandonnement général et dans la privation de toutes celles qui les avaient assistées avec tant de charité et de soin, il me semblait qu'elles étaient aussi rassemblées dans mon cœur et je le sentais déchiré et pénétré de douleur par la considération de leurs différents besoins et de l'impuissance où nous nous trouvions de leur procurer aucun soulagement ni aucun secours dans le péril et l'affliction où elles étaient plongées [...] [58].

Marie-Charlotte de Sainte-Claire précise qu'elle est restée six semaines sans parler, au point qu'elle souffre d'une « telle sécheresse de poitrine », dit-elle : « que je n'avais presque plus de voix ni de parole » [59]. Angélique de Saint-Jean fait l'expérience d'un mutisme pire encore : elle rapporte être demeurée quatre mois sans parler, parfois neuf ou dix jours sans voir personne [60]. Comme Marie-Charlotte de Sainte-Claire, sa gorge s'enroue. Elle va perdre la parole, lorsqu'elle décide de lire et de parler à voix haute, fût-ce pour elle seule — stratégie du désespoir, s'il en est. Angélique de Saint-Jean rectifie du reste rapidement : elle ne se trouve pas dans une prison, mais un « tombeau » [61]. Madeleine de Sainte-Candide analyse avec finesse les effets délétères de cette solitude qui amplifie les craintes et laisse libre cours à l'imagination, quand elle éprouve un chagrin forcené pour une lettre qu'elle s'est figurée, sans aucun fondement, que le jardinier de la maison aurait pu lui transmettre [62].

Fragilisées par cet isolement, les prisonnières ressentent d'autant plus vivement le harcèlement auquel les soumettent les supérieures des couvents qui les hébergent, l'archevêque ou ses émissaires. Toutes racontent les visites qui s'enchaînent pour leur prêcher la signature, les discours insistants et sans répit auxquels elles sont confrontées [63]. Les religieuses transcrivent ces passages la plupart du temps au discours direct ou indirect libre : ils tranchent dans le tissu de la Relation comme

58. « Relation de la mère de Ligny », *op. cit.*, p. 126.

59. « Relation de la sœur Marie-Charlotte de Sainte-Claire Arnauld d'Andilly », *op. cit.*, p. 153.

60. Angélique de Saint-Jean, *Aux portes des ténèbres*, *op. cit.*, p. 42-43.

61. *Ibid.*, p. 40.

62. « Relation de ma Sœur Madeleine de Sainte-Candide Le Cerf », *op. cit.*, p. 140.

63. La Relation d'Agnès de la Mère de Dieu et de Françoise de la Croix transcrit les débats et les entretiens auxquelles les deux femmes sont soumises quasi sans parler de leurs souffrances.

ils ont déchiré le silence des moniales, dévasté leurs consciences [64]. Ces interrogatoires pressants les acculent, en effet, à une défense aussi bien rhétorique, théologique, que morale. Et l'adversaire adapte sa charge à chaque caractère. La mère Agnès et sa nièce sont ainsi confrontées à Bossuet, en 1664 prédicateur et controversiste de la première force, d'une obstination sans faille [65], ou la brillante et fière Angélique de Saint-Jean à un esprit opiniâtre, roué, comme celui de Mme de Rantzau. Mais bien d'autres procédés sont employés pour vaincre les rebelles, dont plusieurs ne déparent pas l'arsenal du totalitarisme contemporain. Marie-Charlotte de Sainte-Claire est trompée avec de fausses nouvelles qui doivent l'affaiblir : M. Akakia est à la Bastille, lui rapporte-t-on, son père a « eu ordre de se retirer à Pomponne » [66], signe d'une disgrâce dont elle a vite fait de juger qu'elle pourrait être la cause [67]. Elle commente :

> Après m'avoir donné ces sujets d'affliction, on se retirait et j'avais pleine liberté de m'en entretenir toute seule, de les étendre, d'en croire encore plus qu'on ne m'en disait sur la manière dont on me parlait et de prévoir plusieurs autres renversements comme des suites de ce qui s'était déjà passé : ce qui formait en moi un état si pénible que la mort paraît douce en comparaison, et qui ne cessait non plus la nuit que le jour, parce que, durant mon sommeil même, mon esprit me représentait les images

64. Marie-Charlotte de Sainte-Claire, *op. cit.*, p. 156 est restée huit jours convaincue de souffrir pour expier ses fautes et « dans une fort grande solitude » : « Si on m'avait toujours laissée ainsi sans me tourmenter sur la signature, j'aurais été trop heureuse, mais cela ne dura guère. »

65. Marie-Angélique de Sainte-Thérèse, *op. cit.*, p. 33 en fait ce portrait : « C'est assurément une personne savante, qui ne s'emporte point, mais il est néanmoins plus embarrassant qu'un autre. Car il semble qu'il veuille surprendre les personnes. Il nous fit beaucoup de visites, et de très grands discours, dont il m'est impossible de me ressouvenir, parce que rien de ce qu'il nous dit ne fit impression sur mon esprit, quoiqu'il m'embarrassât assez souvent, mais, comme je m'en défiais, j'étais toujours sur mes gardes avec lui. »

66. « Relation de la sœur Marie-Charlotte de Sainte-Claire Arnauld d'Andilly », *op. cit.*, p. 156. Elle ne précise pas de quel membre de la famille Akakia, très liée à Port-Royal, il s'agit : Jean ou Simon, peut-être.

67. La même nouvelle est transmise à Marie-Angélique de Sainte-Thérèse, *op. cit.*, p. 49-50 de façon encore plus déchirante (elle parle « d'agonie »). La supérieure lui annonce que son père ne « sera plus à la peine de lui écrire ». Elle l'imagine aussitôt qu'il est à la Bastille « et même encore pis ». Pendant six jours, elle pleure et se ronge sans un éclaircissement. Elle apprend alors qu'il se trouve seulement dans sa propriété de Pomponne.

> les plus funestes des choses qui avaient été le sujet de ma peine et de mon appréhension durant la journée : ce qui faisait que la violence de l'agitation me réveillant avec effort, je me trouvais toute fondue en larmes. Mais, ce qui faisait ma plus grande peine, c'était de n'avoir personne de confiance à qui je pusse ouvrir mon cœur et qui m'aidât à porter un état si violent par quelque bonne parole. Il me semblait qu'une seule eût été capable d'adoucir l'amertume dans laquelle j'étais plongée. Cet état me fit comprendre celui d'une âme à l'heure de la mort, lorsqu'elle se voit sur le point de paraître devant Dieu toute seule, n'ayant personne qui parle pour elle et ne pouvant recevoir aucune assistance de ceux en qui elle a le plus de confiance et qui ont de la charité pour elle. J'eus encore une idée si sensible de l'éternité qu'elle me pénétrait d'horreur en considérant l'effroyable malheur des réprouvés qui sont privés de Dieu pour jamais, voyant que je n'aurais pu résister à mes peines sans la consolation de penser qu'elles finiraient. Et, comme on me pressait sans cesse sur la signature, la crainte que j'avais de succomber faisait que je ne pouvais plus m'occuper d'autre chose. Il me semblait que j'étais morte à tout comme une personne qui n'est plus de ce monde ; je ne voyais plus rien que le précipice de la signature et il me semblait que j'aurais accepté toutes sortes de peines pour obtenir qu'on ne m'en parlât plus [68].

La religieuse est l'objet d'une véritable torture psychologique. La mort la hante. Car le confesseur de la Visitation la prend aussi vivement à parti, comparant ses dispositions à celle de Lucifer et de Pharaon [69]. On lui calomnie Saint-Cyran qu'elle vénère [70]. À Marie-Dorothée de l'Incarnation est présentée une lettre de la sœur Anne de Sainte-Gertrude Robert, qui, lui dit-on, a signé [71] : c'est une compagne jugée fidèle qui a trahi. Le nom de toutes les sœurs qui cèdent, en exil ou à Port-Royal de Paris, est proclamé en triomphe aux résistantes. Le poids de la signature est vivement diminué devant Marie-Angélique de Sainte-Thérèse et, pour la circonvenir par un bienfait, on la laisse communier [72].

68. « Relation de la sœur Marie-Charlotte de Sainte-Claire Arnauld d'Andilly », *op. cit.*, p. 156.

69. *Ibid.*, p. 159. La comparaison est reprise contre Madeleine de Sainte-Christine dans sa propre Relation, *op. cit.*, p. 112.

70. *Ibid.*, p. 165.

71. *Ibid.*, p. 103. La même information figure chez Anne-Marie de Sainte-Eustoquie, *op. cit.*, p. 11-12.

72. « Relation de la Sœur Marie-Angélique de Sainte-Thérèse Arnauld d'Andilly », *op. cit.*, p. 39.

L'archevêque diffuse une lettre de la mère Agnès envisageant de se rallier à une déclaration d'indifférence pour faire croire qu'elle a cédé à ses vues [73]. Elle fait des excuses publiques, dans sa *Relation*, du document qu'elle a consenti et qui a été utilisé de la sorte.

Les insultes vont bon train. Christine de Sainte-Madeleine vient d'argumenter sa position. Elle rapporte laconiquement la réponse brutale de son interlocutrice :

> La Mère dit que ce n'était qu'un petit conte et une chanson de Perroquet que je recommencerais toujours [74].

On lui dit pour l'humilier qu'elle n'est qu'« une petite fille de vingt ans » [75]. La sœur Anne-Marie de Sainte-Eustoquie entend sa mère traiter les sœurs de Port-Royal de « folles follantes » [76]. Certains des moyens de pression employés oscillent entre pure violence et intimidation : l'archevêque se met à genoux devant Madeleine de Sainte-Mechtilde pour qu'elle signe [77]. Quand elle veut se rétracter, la mère Eugénie tente de lui arracher le papier des mains. Après un fâcheux entretien avec Du Bail [78], Madeleine de Sainte-Candide voit toute la communauté mise en prière pour obtenir qu'elle signe. M. de Paris a crié, raconte-t-elle, il a été « transporté de colère », a proféré des menaces [79]. La mère Agnès étant malade, le prêtre qui la visite fait une scène terrible :

> Il dit avec emportement qu'elle était attachée à son propre sens et aux personnes qui nous avaient conduites, qu'elle avait lu leurs écrits et qu'elle avait mis cela dans l'esprit de ses filles, qu'elle serait cause de leur perte. La mère lui parla toujours avec une modération, une douceur, une sagesse et une fermeté qu'il m'est impossible d'exprimer. Enfin, comme il ne put rien gagner, son zèle l'emporta et il dit tout transporté : « Ma mère, vous n'êtes pas en état de vous confesser, je ne réponds pas de votre salut, vous êtes en état de damnation, en péché mortel ! » et puis

73. « Relation de la captivité de la mère Catherine Agnès de Saint-Paul », *op. cit.*, p. 70.

74. « Relation de la Sœur Madeleine de Sainte-Christine Briquet », *op. cit.*, p. 119.

75. *Ibid.*, p. 103 et 113.

76. « Relation de la captivité de la sœur Anne-Marie de Sainte-Eustoquie de Flécelles de Brégi », *op. cit.*, p. 17.

77. Madeleine de Sainte-Mechtilde, *op. cit.*, p. 371.

78. « Relation de ma Sœur Madeleine de Sainte-Candide Le Cerf », *op. cit.*, p. 136.

79. *Ibid.*, p. 147-148.

> il se jeta à genoux auprès de son lit et se mit à crier tant qu'il put, en joignant les mains, en se frappant la poitrine et en se prosternant à demi : « Mon Dieu ! vous êtes mort pour elle, faites-lui miséricorde ! Faites-lui connaître qu'elle se damne par sa désobéissance ! » Regardant ensuite la Mère, il dit : « Eh, bien ? Eh, bien ? »

La Mère était dans son lit, appuyée sur son bras, sa tête baissée, et les mains jointes [80].

Contre Anne-Marie de Sainte-Eustoquie, on utilise sa famille. Sa mère entend utiliser toute son autorité pour fléchir l'obstinée :

> Le dimanche de la Passion, ma mère me vint voir par une permission expresse de M. l'archevêque. Elle me tint trois heures et me parla pendant les deux premières de la manière du monde la plus pénible. Elle me dit plusieurs fois que j'étais ensorcelée, endiablée, excommuniée, etc. La mère supérieure la secondait, en gardant néanmoins de la modération et de la sagesse [81].

Son père la tourmente, lui, par sa bonté et sa douceur, puis il a un malaise :

> Le dernier jour de mai, mon père eut permission de me voir. Il me rendit sa visite plus pénible par sa douceur, ses larmes, ses raisons, que ma mère n'avait fait la sienne par une conduite toute opposée. [...] Il se saisit extraordinairement en me parlant et ce saisissement, joint à son grand âge et à une indisposition actuelle où il était alors, me fit craindre qu'il ne tombât dangereusement malade. La mère supérieure, lui venant dire adieu, le trouva sans parole et voulut m'effrayer de ce que je serais seule cause de sa mort. Mais, aussitôt, cette parole de l'Évangile me frappa l'esprit : « Qui aime son père ou sa mère plus que moi, n'est pas digne de moi » et je lui dis : « Dieu sait, ma mère, combien j'aime mon père et M. l'abbé de Flesselles, mais il sait aussi que de bon cœur je les sacrifierais pour lui et pour sa vérité. Dieu me garde de trahir jamais ma conscience par la crainte d'une perte temporelle [82].

80. « Relation de la Sœur Marie-Angélique de Sainte-Thérèse Arnauld d'Andilly », *op. cit.*, p. 33.

81. « Relation de la captivité de la sœur Anne-Marie de Sainte-Eustoquie de Flécelles de Brégi », *op. cit.*, p. 17.

82. *Ibid.*, p. 20.

Tout est bon pour culpabiliser la religieuse, comme Marie-Angélique de Sainte-Thérèse qu'on menace de séparer de sa tante, qui a besoin d'elle, si la jeune femme ne signe pas, sous prétexte que la vieille religieuse paraîtra responsable de son obstination et qu'on voudra la punir [83].

Mais la pire violence faite aux religieuses consiste à les priver des sacrements, fût-ce à la mort, et de leur interdire d'assister à la messe. La décision, traumatisante pour tout chrétien, doit avoir un retentissement particulier à Port-Royal qui pratique l'adoration perpétuelle du Saint-Sacrement et, devenu Port-Royal du Saint-Sacrement le 24 octobre 1647, est peuplé de religieuses qui portent depuis cette date un scapulaire blanc où est brodée une croix d'écarlate symbolisant le pain et le vin de l'eucharistie. Or Françoise-Louise de Sainte-Claire meurt le 15 avril 1665 sans avoir pu recevoir les derniers sacrements. Quand la mère Agnès est malade, on refuse de la confesser [84]. Ses geôlières tourmentent sa nièce en lui disant que la mère ne sera pas enterrée en terre sainte [85]. Marie-Angélique de Sainte-Thérèse est elle-même torturée par le désir de se confesser ; la crainte de ne plus jamais recevoir les sacrements la fait s'interroger sur la force de sa conviction :

> Je me demandais si je passerais ma vie sans recevoir les Sacrements : il me semblait que la privation de cette grâce était si considérable que, pour s'y déterminer, il fallait avoir une grande assurance que l'on ferait un péché de se soumettre à ce qu'on nous commandait [86].

Marie-Charlotte de Sainte-Claire aussi est extrêmement angoissée. Elle éprouve, avoue-t-elle, une « gêne plus dure que la mort » [87], paraphrasant sans doute le *Cantique des cantiques* qui parle d'un amour

83. « Relation de la Sœur Marie-Angélique de Sainte-Thérèse Arnauld d'Andilly », *op. cit.*, p. 40.

84. *Ibid.*, p. 33-34.

85. *Ibid.*, p. 36 : « [...] la Supérieure ajouta : « Vous savez que M. de Saint-Nicolas n'a pas voulu confesser la Mère. L'on a consulté en Sorbonne ce qu'on ferait à la mort. Les Docteurs ont conclu que l'on ne pouvait lui donner les Sacrements, parce que c'est une désobéissance formelle à l'Église et à ses Supérieurs, qu'elle était en péché mortel et qu'ainsi on ne l'enterrerait pas même en terre Sainte ». Je ne saurais exprimer quel coup cela me donna : je dis que je ne pouvais croire que l'on fît une telle injustice. Elles m'assurèrent qu'on le ferait [...] ».

86. *Ibid.*, p. 36.

87. « Relation de la sœur Marie-Charlotte de Sainte-Claire Arnauld d'Andilly », *op. cit.*, p. 166.

« fort comme la mort » *(fortis est ut mors dilectio)* : la gêne s'est substituée à l'évidence de l'amour. Elle est accablée par « cette tentation » de céder. Incapable de s'abandonner d'elle-même assez à Dieu, elle voudrait pouvoir communier [88]. Marie-Dorothée de l'Incarnation pleure à la messe en voyant l'hostie qui lui est refusée [89]. Anne-Marie de Sainte-Eustoquie n'a pas le droit d'aller adorer le Saint Sacrement. Elle commente sèchement : « on avait peur de mon ombre » [90]. La dureté dont elle fait preuve à cet instant ne doit pas abuser. Les religieuses souffrent intensément et leurs corps portent les stigmates de cette souffrance.

Les Relations ne cessent, en effet, d'évoquer les larmes que versent les exilées. Marie-Charlotte de Sainte-Claire, enfermée seule pour un office auquel elle assiste à la dérobée, à la manière d'une coupable et comme si elle dérobait indûment un bien, pleure [91]. Madeleine de Sainte-Candide, harcelée dès le début [92], n'est pas assez humble pour supporter les insultes : elle aussi pleure, et elle se laisse gagner par l'inquiétude, qui fissure sa résistance originelle. La mère de Ligny verse encore des larmes, quand on l'interroge sur Port-Royal, et ses auditrices sanglotent à leur tour devant tant de malheur :

> Jusque-là je n'avais point pleuré, mais je ne pus retenir mes larmes, quand elles me demandèrent des nouvelles de notre pauvre Maison et de nos chères Mères et Sœurs que je venais de quitter, dont la douleur m'était plus sensible que la mienne propre. Ces bonnes Mères furent elles-mêmes attendries, entendant le récit d'une histoire si pitoyable et si surprenante [93].

Le tourment et les pleurs dérèglent les corps. La mère de Ligny, hantée par le sort de ses filles, ne peut pas dormir de la nuit, à son arrivée aux Ursulines du faubourg Saint-Jacques [94]. Marie-Dorothée de

88. *Ibid.*, p. 167.
89. « Relation de la Captivité de la Révérende Mère Marie-Dorothée de l'Incarnation Le Comte », *op. cit.*, p. 502.
90. « Relation de la Sœur Madeleine de Sainte-Christine Briquet », *op. cit.*, p. 97.
91. « Relation de la sœur Marie-Charlotte de Sainte-Claire Arnauld d'Andilly », *op. cit.*, p. 153.
92. « Relation de ma Sœur Madeleine de Sainte-Candide Le Cerf », *op. cit.*, p. 132.
93. « Relation de la mère de Ligny », *op. cit.*, p. 120.
94. *Ibid.*, p. 121.

l'Incarnation martèle la douleur physique qui l'oppresse : « je séchais à vue d'œil ; je ne mangeais presque plus et je ne dormais point » [95]. Elle pleure. Trop d'agitation la fait tomber malade : la fièvre la prend [96]. Madeleine de Sainte-Candide écrit :

> [...] je demeurai dans un tel saisissement que j'en perdis tout d'un coup l'appétit et ne pus prendre ce soir-là en me contraignant qu'un bouillon et un œuf. Je passai la nuit sans dormir et fus de la sorte trois jours et trois nuits, quoique je fisse tout mon possible pour me divertir de cette agitation. Dieu me faisait néanmoins la grâce de porter cette affliction avec paix, ayant au fond du cœur une soumission tout entière à sa sainte volonté et je n'étais aucunement ébranlée au regard de la signature ; au contraire je me sentais plus forte et plus résolue de ne la faire jamais [97].

Marie-Angélique de Sainte-Thérèse se nourrit quant à elle de « pain de larmes » [98] et succombe bientôt à une fièvre quarte. Elle ne dort pas, pleure tant qu'elle en a des vomissements dès le début de son emprisonnement [99]. Elle observe, à l'heure des retrouvailles, comme Angélique de Saint-Jean est amaigrie et rongée par la fièvre [100]. Anne-Marie de Sainte-Eustoquie souffre d'un accablement d'esprit les jours gras, faute de pouvoir faire pénitence autant qu'elle le souhaite. Elle crache le sang et endure des crises d'angoisse [101]. Christine de Sainte-Madeleine elle-même, âme forte, reconnaît avoir souffert d'« abattement », connu des moments de détresse et répandu « beaucoup de larmes devant Dieu » [102]. Conjugué aux mauvais traitements qu'elles subissent, l'affaiblissement

95. « Relation de la Captivité de la Révérende Mère Marie-Dorothée de l'Incarnation Le Comte », *op. cit.*, p. 467-468 et 470.

96. *Ibid.*, p. 495.

97. « Relation de ma Sœur Madeleine de Sainte-Candide Le Cerf », *op. cit.*, p. 132-133.

98. « Relation de la Sœur Marie-Angélique de Sainte-Thérèse Arnauld d'Andilly », *op. cit.*, p. 50.

99. *Ibid.*, p. 37.

100. *Ibid.*, p. 62.

101. « Relation de la captivité de la sœur Anne-Marie de Sainte-Eustoquie de Flécelles de Brégi », *op. cit.*, p. 16.

102. « Relation de la Sœur Madeleine de Sainte-Christine Briquet », *op. cit.*, respectivement p. 100, 101 et 111.

physique des sœurs mine leur résistance, sape leurs certitudes : l'incertitude, l'agitation d'esprit, le délabrement physique, les conduisent ainsi à envisager de signer.

Marie-Charlotte de Sainte-Claire raconte :

> [...] si je témoignais de la fermeté extérieurement, mon esprit était accablé de tristesse et d'ennui : cette grande solitude m'accablait, parce que ma foi étant trop faible, je n'attendais pas mon secours de Dieu seul, ce qui faisait que je ne pouvais supporter de n'avoir personne à qui je pusse décharger les diverses pensées inquiètes et affligeantes dont j'étais sans cesse agitée. Je me couchais dans l'angoisse et à mon réveil je trouvais qu'il fallait passer la journée dans le même état, et encore la nuit et le jour suivant, sans voir aucun terme ni aucune fin à mes peines [103].

Elle en vient à penser que, si elle signe en conscience, elle ne commettra peut-être pas de faute. Le 4 novembre, dans les larmes, elle promet de signer [104]. Madeleine de Sainte-Candide explique à son tour :

> Le refus de la Confession me fut terriblement sensible et l'aversion que j'avais pour lors de la signature me faisait souffrir des peines inimaginables. Je commençai à croire mon salut en danger aussi bien d'un côté que de l'autre. Ce n'est pas que je ne fusse si éloignée de la signature que je n'eusse mieux aimé la mort, et comme il n'était encore question que du Formulaire, je n'étais en aucun doute, mais il est vrai que je ne savais que devenir, quand je pensais que je n'irais jamais à confesse et, croyant en avoir besoin, cela m'était insupportable. En cet état, je redoublais mes prières et faisais des neuvaines à tous les Saints pour obtenir la miséricorde de Dieu et le pardon de mes fautes passées, qui me revenaient dans l'esprit tout autrement que je ne les avais vues auparavant : ce qui augmentait d'autant plus la peine que j'avais de ne pouvoir aller à confesse. Je voyais dans la conduite de ma vie tant de fautes que je n'avais jamais vues que j'avais peur de moi-même et, ce qui augmentait mon tourment, c'était une vue continuelle que j'avais de l'éternité, laquelle quoique bonne en soi était néanmoins, comme je l'ai reconnu depuis, une tentation de notre ennemi, aussi bien que la vue de mes fautes passées, que je ne vis plus comme auparavant quand je fus en liberté de me confesser, car à peine pourrais-je me souvenir des choses qui m'avaient donné tant d'inquiétudes [105].

103. « Relation de la sœur Marie-Charlotte de Sainte-Claire Arnauld d'Andilly », *op. cit.*, p. 165.

104. *Ibid.*, p. 170.

105. « Relation de ma Sœur Madeleine de Sainte-Candide Le Cerf », *op. cit.*, p. 137.

Elle insiste : « je ne voyais goutte », « je tombais ainsi dans un obscurcissement si grand que je ne discernais plus rien » [106]. Marie-Angélique de Sainte-Thérèse parle de « tentation », se comparant implicitement à l'homme séduit par le Malin :

> J'étais donc dans la tentation, ce qui augmenta mes doutes : outre cela j'avais beaucoup de travail, ce qui accabla si fort mon corps et mon esprit que je commençai à croire que je ne pourrais pas porter un état si pénible et si violent et auquel je ne voyais point de fin. Si j'avais mis toute mon espérance en Dieu, je n'aurais pas fait toutes ces réflexions qui ne servaient qu'à m'affaiblir. Toutes les peines qui favorisaient ma tentation me venaient en foule [...] [107].

Madeleine de Sainte-Mechtilde pense, quant à elle, que Dieu l'a « abandonnée » [108].

Ces doutes ne sont pas l'apanage des religieuses qui signèrent. Dorothée de l'Incarnation témoigne du risque qu'elle a couru :

> Je tremblais de me voir seule, sans conseil, dans l'abandon de tout secours (excepté celui de Dieu, en qui je mettais toute ma confiance) avec des personnes qui n'avaient à parler que pour me séduire et me faire tomber dans le précipice de la signature, qui est la chose que je craignais le plus et pour laquelle j'avais une telle horreur que, si je n'avais toujours dans l'esprit cette signature comme un spectre propre à m'épouvanter, je croyais m'affaiblir et j'étais dans d'étranges peines. J'en étais si fort occupée que je ne sentais presque pas ma captivité et la privation des Sacrements, n'y voulant pas même penser, de peur que ce ne fût une occasion de chute et j'offrais tout cela à Dieu pour obtenir la grâce de la persévérance [109].

Ses agitations la font douter du bien-fondé de la position de Port-Royal et elle en vient à concevoir un projet de signature. Elle ne peut consulter personne. Elle éprouve des « tentations », utilisant le même terme que Marie-Angélique de Sainte-Thérèse :

106. *Ibid.*, p. 141.

107. « Relation de la Sœur Marie-Angélique de Sainte-Thérèse Arnauld d'Andilly », *op. cit.*, p. 36.

108. Madeleine de Sainte-Mechtilde, *op. cit.*, p. 379.

109. « Relation de la Captivité de la Révérende Mère Marie-Dorothée de l'Incarnation Le Comte », *op. cit.*, p. 444-445.

> Je pensais quelquefois à cette parole de l'Écriture : *malheur à celui qui est seul* et j'en étais effrayée. Mais je regardais la providence de Dieu, qui m'avait mise dans cet état et je croyais devoir m'y soumettre, persuadée qu'il me servirait lui-même de Père, de Directeur et de Confesseur. J'avais toujours l'idée terrible du jugement de Dieu, et de cet étang de feu et de soufre que j'avais mis à la porte de cette Maison, afin que l'envie de signer ne me prît pas pour en sortir [110].

La conclusion la mène près du gouffre :

> [...] je ne pus me résoudre à passer toute ma vie sans culte extérieur, sans cérémonies, sans Sacrements, sans communication, sans direction, sans consolation, et j'étais toute prête à signer dans l'incertitude même s'il le fallait faire [111].

La mère Agnès elle-même n'est pas loin de céder [112]. Angélique de Saint-Jean a donné une description saisissante de la crise qui la mène « aux portes des ténèbres », le doute ne s'appliquant plus, chez elle, au seul bien-fondé de l'opposition à la signature, mais portant sur sa foi même.

La prison des religieuses de Port-Royal a été une épreuve sévère, redoutable, réelle. La distinction entre signeuses et non-signeuses risque de cacher la réalité, si les unes et les autres s'accommodèrent différemment des mêmes maux. En fait, aucune des religieuses, sinon Anne de Sainte-Eugénie, ne fut épargnée. Aucune n'échappe à la gangrène d'un renversement de tous les usages qui scandaient son existence, d'un ébranlement de sa situation à Dieu. À peine a-t-on fait cette constatation qu'apparaissent, *a contrario,* dans leur plein jour, l'extraordinaire force qui se dégage des textes et la résistance que les religieuses, avant toutes choses, opposèrent à leurs adversaires.

110. *Ibid.*, p. 471.
111. *Ibid.*, p. 472.
112. « Relation de la captivité de la Mère Catherine Agnès de Saint-Paul Arnauld », *op. cit.*, p. 70.

La prison méprisée

Les Relations de captivité ne constituent pas de purs lamentos. Si les sœurs qui ont signé tendent à insister sur leurs souffrances, leurs récits ne se complaisent cependant pas dans le pathos. Elles insistent autant sur les certitudes qui les animaient originellement et la ténacité, d'abord, de leur refus de signer. Quand elles cèdent, d'autre part, elles n'offrent pas une victoire complète à l'archevêque, car, bientôt, elles se ressaisissent.

Marie-Angélique de Sainte-Thérèse, qui a signé, raconte quelle défense elle a commencé par opposer. Elle est confrontée à Nicolas Chéron :

> Je lui dis avec confiance [...] que j'avais ouï dire que de signer, c'était comme de renoncer la foi et se jeter dans l'étang de feu et de soufre, que cela me faisait une horrible peur, quoique je n'eusse jamais pu me le persuader, parce que, si cela était vrai, M. de Singlin et M. de Saint-Cyran n'auraient pas voulu que nous eussions fait la petite signature qu'ils avaient proposée, qui ne me semblait pas meilleure que la déclaration de M. l'Archevêque [113].

Elle affirme qu'entre signer et accepter qu'un bourreau lui coupe la tête, eût-elle le choix, elle préférerait la seconde possibilité. Elle manque de s'évanouir [114]. La violence de ces réactions est particulièrement intéressante, parce que, dans le même temps, la religieuse confie douter que la signature constitue un crime aussi grand qu'on le lui a dit (Nicolas Chéron était considéré par les religieuses de Port-Royal comme un allié ; elles avaient demandé en 1664 qu'il remplaçât Michel Chamillard pour les confesser). Elle distingue toutefois entre ses hésitations intimes et le respect de la position officielle de la communauté. Circonvenue, elle cède, mais, au moment de signer, le 2 novembre 1664, elle a « la main comme morte » [115]. Et ses regrets sont immédiats : elle pleure, elle cesse de s'alimenter [116]. S'évanouit. Tout son entourage est alarmé. Pour

113. « Relation de la Sœur Marie-Angélique de Sainte-Thérèse Arnauld d'Andilly », *op. cit.*, p. 42. Elle reprend immédiatement après ces propos devant la sœur de Chandenier.

114. *Ibid.*, p. 43.

115. *Ibid.*, p. 44.

116. *Ibid.*, p. 45.

l'apaiser, le père de Sainte-Marthe la force à communier et tente de la consoler [117]. Rien n'y fait. Elle refuse de parapher le nouveau mandement qu'on lui présente en mai et n'attend que son retour à Port-Royal pour se rétracter.

Marie-Charlotte de Sainte-Claire signe le 5 novembre 1664. Elle aussi se reprend très vite, dès qu'elle a communié [118]. Une « tristesse mortelle » l'accable [119]. Elle doit se coucher [120]. Elle pleure et dit : « je vois que j'ai abandonné la Croix que Dieu m'avait donnée ». Elle veut se rétracter, cessant dès lors volontairement de recevoir l'eucharistie :

> Je me suis trouvée des nuits dans une douleur si sensible en considérant que je n'avais pas été assez heureuse pour confesser J.C. devant les hommes, que j'avais perdu le trésor de sa vérité dont il avait si particulièrement enrichi notre Monastère, que je m'étais séparée de nos Mères et de nos Sœurs et qu'ainsi je n'aurais plus de part à leurs souffrances, que j'avais le cœur plein d'amertume et que je ne pouvais retenir mes cris non plus que mes larmes, en sorte que, si notre chambre n'eût été fort éloignée, on m'aurait entendue. Dans cet état, je priais Dieu qu'il me fît la grâce de m'ouvrir un moyen pour me relever. J'étais convaincue que cette faute n'était que la punition de plusieurs autres, dont j'avais négligé de me corriger et de faire pénitence et il me semblait que j'aurais embrassé toutes sortes d'humiliations pour y satisfaire, mais néanmoins je doute si ce sentiment était bien véritable, puisque, s'il l'avait été, il m'aurait, ce me semble, portée à faire une rétractation publique, à quoi je sentais pour lors de la répugnance, désirant sortir de ce Monastère pour avoir quelque conseil et aussi pour trouver plus de soulagement à toutes les suites de cette grande solitude dont j'étais accablée [121].

Ses troubles lui paraissent « un véritable enfer » [122]. Elle considère, finalement, qu'on s'est servi de ses faiblesses [123] (« la durée de mes peines m'a fait peur »). Elle confesse alors celles-ci, et la gloire de Dieu, qui l'a garantie d'une seconde signature. À partir du mois de décembre, elle ne fait aucun mystère de ses intentions de rétractation.

117. *Ibid.*, p. 49.
118. « Relation de la sœur Marie-Charlotte de Sainte-Claire Arnauld d'Andilly », *op. cit.*, p. 175.
119. *Ibid.*, p. 171.
120. *Ibid.*, p. 176.
121. *Ibid.*, p. 178.
122. *Ibid.*, p. 182.
123. *Ibid.*, p. 188.

Magdeleine de Sainte-Candide connaît un cheminement comparable. Ayant signé fin octobre 1664, elle refuse de retourner à Port-Royal de Paris [124] avant le 29 novembre (dans le carrosse qui, au retour, emportera en exil plusieurs de ses compagnes). Puis, elle change d'opinion entre Noël et Pâques. Elle refuse de plus parler aux signeuses [125] et se rétracte le 26 mars 1665 (sa rétractation écrite est datée du 8 avril). Elle se voit de nouveau privée des sacrements, mais résiste jusqu'à ce qu'elle soit envoyée aux Champs. Elle avait eu peur ; Dieu a relevé en elle le mouvement de la nature :

> J'avoue que la nature a été troublée, car j'ai peine à porter les paroles rudes, mais l'esprit a été consolé par la grâce de Dieu. Ce que j'ai fait est si véritablement selon ma conscience que je croirais être damnée, si je demeurais dans la signature [126].

Ainsi, exception faite d'Hélène de Sainte-Agnès, rendue à son couvent d'origine, seule Madeleine de Sainte-Mechtilde a fait preuve d'opiniâtreté dans l'erreur [127]. Toutes les autres religieuses ont spontanément, courageusement, cherché à se racheter. La conscience de la faute leur a rendu lucidité et détermination.

Dans sa thèse, A. Cousson cite une lettre d'Angélique de Saint-Jean à Antoine Arnauld de décembre 1665, où celle-ci se plaint du repentir imparfait des sœurs qui signèrent :

> [...] elles infèrent que, lorsqu'on change de disposition et que l'on ne voit plus le mal que l'on voyait dans cette signature, mais qu'on se sent persuadée intérieurement qu'il y a du mal à la refuser, on ne fait plus de mal, parce qu'on agit en conscience et ce faux principe qui les a fait tomber la plupart leur sert encore d'excuse présentement pour diminuer leur faute. Je vous avoue que cela me fait peine, parce qu'il me semble que cela leur fait tort pour le passé et pour l'avenir, les empêchant de s'humilier autant qu'il faudrait de leur chute, en leur ôtant l'horreur que donne une action qu'on croit criminelle, qui sert à en éloigner la tentation, si elle revenait encore dans un obscurcissement semblable [128].

124. « Relation de ma Sœur Madeleine de Sainte-Candide Le Cerf », *op. cit.*, p. 143.
125. *Ibid.*, p. 145.
126. *Ibid.*, p. 148.
127. Elle est d'ailleurs la seule qui se trouve en paix après avoir signé. Madeleine de Sainte-Mechtilde, *op. cit.*, p. 387 : « Je demeurai depuis ce temps-là dans un parfait repos de conscience, qui était une marque de l'abandon très grand où je m'étais précipitée. »
128. Voir A. Cousson, *op. cit.*, p. 401.

La lecture des textes invite à voir dans ce jugement un avis particulièrement rude, parce que les religieuses, de quelque façon qu'elles cherchent à se disculper, se sont en effet reprises, se repentent par l'aveu de leur faute [129] et n'ont plus failli. La mère Agnès fait preuve de bien plus de compréhension envers ses deux nièces qui ont commis l'erreur de signer. Elle se reproche de n'avoir pas su les aider [130] :

> Je me crois obligée, en finissant cette petite relation, de témoigner l'appréhension qui me demeure que peut-être quelqu'un ne soit encore scandalisé en moi, en apprenant tant par ce que je dis que par la relation de ma sœur Angélique-Thérèse de quelle sorte j'ai agi envers elle au sujet de la signature. Ceux qui regarderont ma conduite comme un obscurcissement et une privation de lumière, où Dieu m'a laissée tomber pour m'humilier et me faire ressentir de plus en plus que nous n'avons point en nous-mêmes l'esprit de force et de conseil, s'il ne nous est donné d'en-haut, en porteront le même jugement que moi et m'aideront de leurs prières pour obtenir de la divine miséricorde le pardon de cette faute, qui me rend en quelque sorte responsable de celle où je laissai tomber cette âme dont il m'avait si particulièrement chargée, puisque je ne tentai pas tous les efforts que j'aurais pu faire pour la soutenir dans la créance que j'eus qu'ils seraient inutiles et que, quand même elle aurait rompu l'engagement où elle était déjà, lorsqu'elle me demanda conseil, elle ne pourrait pas résister longtemps dans la disposition où elle était sans s'affaiblir une autre fois, comme elle le faisait assez entendre par l'appréhension qu'elle me témoignait avoir dans le même temps que M. l'archevêque ne retirât sa déclaration et qu'elle n'eût plus ce remède qu'elle croyait capable de guérir la blessure que l'on fait à la vérité et à la justice en signant le Formulaire. Je me laissai surprendre aussi bien qu'elle à cette erreur que, puisqu'elle se croyait à couvert par cette déclaration et par les protestations claires et intelligibles qu'elle faisait à M. l'archevêque de ses sentiments, cela pouvait en effet suffire pour une personne qui n'avait pas plus de lumière et qui avait encore moins de force pour porter le poids d'une affliction et d'un état tel que celui où nous étions réduites [131].

129. Les Relations constituent aussi une pénitence. Ainsi Marie-Angélique de Sainte-Thérèse, *op. cit.*, p. 39 évoquant son douloureux cheminement : « La Relation que j'en fais me servira d'une petite satisfaction à ma faute, je l'espère ainsi de la miséricorde de Dieu qui compte tout. Car ce m'est une humiliation de faire voir à toutes les personnes qui liront cet écrit les folies et les égarements de mon esprit, n'y en ayant point de plus grand que de tomber dans le péché. »

130. « Relation de la captivité de la Mère Catherine Agnès de Saint-Paul Arnauld », *op. cit.*, p. 66.

131. *Ibid.*, p. 71-72.

La mère Agnès confesse avoir été elle-même ébranlée dans ses certitudes par les arguments de l'archevêque. Elle a cédé au fatalisme (« je ne tentai pas tous les efforts que j'aurais pu faire pour la soutenir dans la créance que j'eus qu'ils seraient inutiles »), se rendant coupable d'une « faute ». Elle a connu « obscurcissement » et « privation de lumière ». Elle est « tombée », abandonnée par Dieu et incapable de se soutenir par ses propres forces. L'expérience lui révèle sa fragilité propre, sans le secours de Dieu.

Marie-Charlotte de Sainte-Claire n'attribue pas sa signature à l'erreur qu'Angélique de Saint-Jean dénonce, mais bien à une infirmité intime :

> J'étais étonnée et convaincue de mon égarement, voyant la multitude de fautes que j'avais commises et que, dans la vérité, je n'avais été devant Dieu que vanité et hypocrisie. Je regardais comme un effet de sa miséricorde sur moi de m'avoir mise en état de connaître combien j'étais éloignée des dispositions d'une chrétienne et d'une religieuse, afin de me corriger avec l'aide de sa sainte grâce et de satisfaire à sa justice par les moyens qu'il m'en offrait. Mais en quoi j'ai manqué et ce qui a été, comme je crois, la cause de ma chute, c'est que je me suis trop regardée moi-même et ma propre faiblesse : j'ai manqué de foi et de confiance en Dieu et, au lieu de lui demander la force de lui être fidèle jusqu'au bout, comme je le devais espérer de sa bonté, je ne lui demandais presque autre chose que la délivrance de ma captivité et quelque soulagement extérieur dans mes peines, plutôt que la grâce de porter ces épreuves qui me devaient être si avantageuses et qu'il n'exerçait envers moi que pour m'obliger à m'appuyer plus solidement sur lui dans l'impuissance où j'étais de me soutenir par moi-même et, au lieu de me tenir ferme sur cette vérité, je m'inquiétais toujours de la crainte de tomber, parce que je manquais de soutien extérieur [132].

La religieuse ne réduit pas sa signature à une argutie rhétorique, mais y discerne la marque de l'amour-propre et d'un amour de Dieu insuffisant, imparfait. Elle a « manqué », « manqué de foi et de confiance en Dieu ». Elle n'a pas compris l'enjeu de l'épreuve à laquelle elle était soumise. Les artifices de l'orgueil sont désormais à nu : en s'humiliant par une conscience aiguisée de ses fautes passées, Marie-Charlotte comprend qu'elle n'a pas su tout oublier pour Dieu. Elle est sortie du

132. « Relation de la sœur Marie-Charlotte de Sainte-Claire Arnauld d'Andilly », *op. cit.*, p. 157.

pur présent auquel la religieuse exemplaire doit s'en tenir ; elle a voulu se ressaisir elle-même, et elle a abandonné Dieu. Elle revient encore sur son erreur avec une finesse qui montre en elle, même signeuse, une digne sœur d'Angélique de Saint-Jean. Elle avait pris la résolution de réclamer un conseiller, si le Seigneur ne l'éclairait pas lui-même d'ici la Toussaint :

> Je me sens obligée en cet endroit d'entrer dans l'abîme de mon néant, pour reconnaître devant l'infinie Majesté de Dieu, ma présomption et mon extrême aveuglement d'avoir osé lui prescrire un temps, comme si sa volonté eût été obligée d'adhérer à la mienne. C'est pourquoi je reconnais en sa sainte présence que ç'a été avec justice qu'il m'a couverte de confusion. Je me suis élevée, en lui voulant donner une loi, et il m'a abaissée, en me laissant tomber dans le précipice : que, si sa main puissante ne m'a pas laissée périr dans ce malheur, c'est par un effet de sa miséricorde toute gratuite qu'il m'a regardée favorablement, ce que je souhaite que tout le monde sache, afin qu'il en soit loué et glorifié à jamais.
>
> [...] La privation de la sainte communion me devenait très sensible, et dans l'affaiblissement où je me trouvais, il me semblait qu'une seule communion m'aurait fortifiée. Je considérais ce que dit saint Cyprien, que le courage manque à un chrétien, lorsqu'il n'a pas été animé et embrasé par la vertu de l'Eucharistie : ce qui me fit faire quantité de vœux et de prières, pour obtenir de Dieu la grâce de communier à la Toussaint. Mais je reconnais présentement que tout cela venait d'un manquement de foi et que je voulais trouver un appui dans quelque chose de sensible, au lieu que je devais tenir pour très assuré que je participerais à la grâce de la communion, qu'autant que je serais préparée à participer aux souffrances de Jésus-Christ, et que, manquant à cette disposition, c'était un obstacle à l'effet de la sainte Eucharistie. Je devais être convaincue que ceux qui nous ont séparées extérieurement ne peuvent borner la puissance de Dieu qui remplit du fruit et de la grâce de ce divin mystère les âmes qui ne s'appuient que sur lui, qui ne cherchent point de soulagement ni de soutien dans les créatures, lorsqu'il leur en ôte les moyens, qui ne mettent point de bornes pour accomplir ce qu'il demande d'elles, et se rendent à tout ce qu'il leur fait connaître, sans aucune réserve.
>
> C'est en quoi j'ai beaucoup manqué et, il me semble, selon l'expérience que j'en ai faite, que pour se soutenir dans un état pareil à celui dans lequel je me suis trouvée, il faut avoir une fidélité particulière pour ne se point détourner de Dieu en se détachant de toutes choses : car, aussitôt qu'on fait quelque retour sur soi-même, sur ce qu'on souffre, sur le temps qu'il y a que les choses durent, que l'on donne lieu à la tendresse

> qu'on a pour les personnes dont on se voit séparé, aussitôt on s'affaiblit, on commence à penser aux moyens de soulager sa peine, et ensuite on tombe dans la tristesse et dans l'ennui et, si on n'a pas soin de les combattre par la foi et par la prière, on se laisse aisément emporter sous quelque prétexte apparent qui couvre seulement le mal, ne le pouvant ôter, comme il m'est arrivé [133].

Marie-Charlotte de Sainte-Claire tire de son humiliation une connaissance intime de la puissance et de la grâce divines. Aussi la moniale finit-elle sa Relation par une émouvante prière qui témoigne de son repentir et de la défiance d'elle-même où elle entend demeurer dorénavant [134]. On ne peut que trouver judicieux le choix de l'épigraphe, tirée de *l'Ecclésiaste* (XIII, 10-11), dont est pourvue la Relation de Marie-Angélique de Sainte-Thérèse :

> Prenez garde de ne vous pas humilier follement en vous laissant séduire. Ne vous humiliez pas dans votre sagesse, de peur qu'étant humiliée vous ne vous laissiez séduire pour commettre une folie.

Marie-Angélique de Sainte-Thérèse aussi fait pénitence, du reste, et demande pardon d'avoir signé au terme de son récit, quoique de façon bien plus brève [135]. Madeleine de Sainte-Mechtilde s'abstient quant à elle de raconter les péripéties ultimes de son parcours pour conclure sur une supplique du même type [136].

133. *Ibid.*, p. 167. Voir aussi, *ibid.*, p. 188.

134. *Ibid.*, p. 188-189.

135. « Relation de la Sœur Marie-Angélique de Sainte-Thérèse Arnauld d'Andilly », *op. cit.*, p. 63 : « Je supplie très humblement toutes les personnes qui la verront, soit durant ma vie ou après ma mort, de demander miséricorde pour moi, qui me sens entièrement très redevable à sa justice, tant pour cette faute que pour bien d'autres encore. Je reçois la privation des Sacrements dans laquelle je suis rentrée, en esprit de pénitence, et je me considère comme les anciens Pénitents qu'on chassait du pied des saints Autels. Je m'estime heureuse que la providence de Dieu me réduise en l'état où je dois être. Voilà les véritables sentiments de mon cœur, que je prie Dieu de conserver et d'augmenter. »

136 Madeleine de Sainte-Mechtilde, *op. cit.*, p. 392-393 : « Voilà une partie de ce qui m'est arrivé depuis la sortie de nos très chères Mères et Sœurs et dont le souvenir me donne une très grande confusion. Il ne me reste plus qu'à supplier très humblement les personnes qui verront ces écrit de m'obtenir de Dieu par leurs prières la grâce que cette connaissance que j'ai de mon état ne soit point stérile en moi, mais qu'elle me fasse produire des fruits dignes de pénitence. »

Si le parcours des signeuses qui se rétractèrent est l'itinéraire d'un combat vigoureux, marqué par la chute, mais non par un véritable renoncement ou le moindre retournement définitif (au contraire, les religieuses indignes déchiffrent leur ralliement temporaire selon les termes d'une théologie augustinienne tout à fait orthodoxe), voire seulement par un sentiment de sérénité durable, encore plus admirable est la force dont la majorité des moniales de Port-Royal fit preuve, la résistance dont elles trouvèrent le ressort dans leur foi. Elles témoignent, en effet, avoir éprouvé une paix dont elles-mêmes disent le caractère paradoxal et l'étonnement qu'elle leur inspira.

La mère Agnès déclare que son esprit était comme fermé à tout, le jour de son enlèvement. Elle n'a éprouvé ni l'exaltation, ni l'abattement, de certaines [137]. Elle accepte simplement ce que Dieu résout pour elle. Des mouvements divers l'agitent ensuite, mais ils ne renversent jamais sa faculté à sentir finalement « une fort grande paix » :

> La première semaine, nous nous entretenions de l'avantage que nous avions d'être captives pour la vérité et il nous semblait que c'était le renouvellement de notre vocation et que nous n'avions point été vraiment Religieuses, comme nous avions occasion de l'être en cet état. Cette disposition fut suivie de plusieurs autres différentes ; j'étais parfois fort abattue de toutes les privations où nous étions réduites ; mais cela était bien supportable en comparaison de la désolation intérieure où je me trouvais fort souvent : je l'attribuais à un délaissement de Dieu que je trouvais fort juste, ce qui continuait autant qu'il plaisait à Dieu, n'ayant aucun pouvoir de me consoler moi-même, ni par la prière, ni par le souvenir des vérités qui sont si capables de soutenir, quand il plaît à Dieu de nous les appliquer et qui ne nous servent à rien, quand il ne nous les fait pas comprendre.
>
> Mais pour marque que sa miséricorde nous aide en nous délaissant, c'est que j'étais plus forte en ces temps-là pour ne point donner lieu aux répugnances que la nature produisait pour les sujets extérieurs qui pouvaient me donner de la peine et de plus ces angoisses étaient fort souvent suivies d'une fort grande paix, qui me rendait parfaitement contente de l'état où j'étais, jusqu'à savoir gré aux personnes qui m'y avaient réduite, dans la vue que j'avais que cette épreuve m'était tout à fait nécessaire pour satisfaire à Dieu du peu d'usage que j'avais fait des

137. « Relation de la captivité de la Mère Catherine-Agnès de Saint-Paul Arnauld », *op. cit.*, p. 65.

> moyens si particuliers qu'il nous avait donnés de nous avancer dans la vertu, que je reconnaissais n'avoir jamais pratiqués solidement [...] [138].

La mère Agnès confesse avoir éprouvé une « désolation intérieure » qui fait écho à la souffrance d'Angélique de Saint-Jean. Elle en tire le sentiment d'un « délaissement de Dieu », d'un abandon par ce dernier, contre lequel elle ne se révolte pas, consciente de sa misère. Aussi cette expérience ne produit-elle aucune aigreur : la religieuse, au contraire, confrontée à une telle épreuve, gagne en indifférence face au monde. Elle s'affranchit. Ses tourments cessent de la toucher. La paix l'irradie. La prison instruit sur soi. Elle aguerrit, éprouve, la foi des exilées.

La mère Agnès, dans la Relation de Marie-Angélique de Sainte-Thérèse, voudrait mourir « séparée, abandonnée et cachée à tout le monde » [139]. La mère poursuit elle-même :

> J'étais étonnée que ces dispositions si contraires d'une tristesse extrême et d'une joie qui surpasse tous les sens pussent s'accorder l'une avec l'autre sans aucun sujet extérieur. Et pour marque que, quand Dieu veut affliger, il n'est pas utile de sortir de cette voie, je remarquais que, quand il arrivait que nous recevions quelque petite consolation selon les sens, quand ce n'aurait été que de nous promener au jardin, qui est fort agréable, nous en étions après plus tristes, ce qui me faisait dire qu'on ne porte bien l'affliction que par l'affliction elle-même [140].

Le dénuement manifeste la vérité de l'amour que les religieuses portent à Dieu. « La science de la croix ne s'apprend qu'aux pieds de la croix », écrit Angélique de Saint-Jean [141]. Christine de Sainte-Madeleine Briquet confie pour sa part :

> Pendant que je fus en chemin, je me trouvai dans un assez fort combat de la joie et de la tristesse qui, n'étant pas victorieuse l'une de l'autre, me surmontaient en quelque sorte moi-même. Car si, d'une part, j'avais le cœur déchiré en autant de parties qu'il y a de personnes qui composent la Communauté dont on me séparait, de l'autre j'étais ravie

138. *Ibid.*, p. 65.
139. « Relation de la Sœur Marie-Angélique de Sainte-Thérèse Arnauld d'Andilly », *op. cit.*, p. 31.
140. « Relation de la captivité de la Mère Catherine-Agnès de Saint-Paul Arnauld », *op. cit.*, p. 66.
141. Angélique de Saint-Jean, *Aux portes des ténèbres*, *op. cit.*, p. 68.

d'admiration de la grâce que Dieu me faisait de souffrir pour sa vérité et j'aurais témoigné ma joie aussi volontiers que ma douleur, si je n'avais cru devoir renfermer l'une et l'autre par le silence [142].

À son arrivée aux filles de Sainte-Marie : « il n'y avait plus pour moi que Jésus et Jésus crucifié », dit-elle : « je m'offris à Dieu ». Elle décide de se taire et de ne se familiariser avec personne. Elle insiste sur la force que les privations sollicitent en elle. La jubilation ne fait que croître au fil des mois. La mère de Maupéou, indignée, décide de l'ignorer :

> Depuis ce jour, je me trouvai plus satisfaite que je n'avais encore été et je ne pense pas avoir eu en toute ma vie de meilleur temps que celui des six dernières semaines que j'ai passées dans cette Maison, car je n'avais plus rien qui me fît de la peine : je n'étais pas même inquiétée par l'appréhension que quelqu'une de mes Sœurs n'abandonnât la vérité, m'appuyant sur l'assurance que Jésus-Christ nous donne dans l'Évangile que personne ne peut arracher de ses mains les âmes que son Père lui a données, de sorte que je n'avais plus, ce me semble, qu'une seule chose à faire, qui était d'adorer tous les ordres de la providence de Dieu et de lui rendre de continuelles actions de grâces de celle qu'il me faisait de jouir d'une si heureuse solitude, qui m'était d'autant plus chère que les raisons pour lesquelles on m'y laissait, m'y faisaient trouver des avantages que les anciens solitaires n'ont jamais eus dans la leur et, par-dessus tout cela, j'avais encore la consolation de n'y être point entrée par mon propre choix, mais par celui de Dieu, dont l'accomplissement de la volonté est un charme qui rend agréables les plus grandes afflictions.
>
> Dans cet état, je n'attendais plus que de nouvelles Croix, que j'espérais ne pas porter seule : c'est pourquoi je ne me mettais pas en peine de les prévoir [143].

Ce texte fournit le témoignage éclatant d'une véritable inversion des ténèbres. Accablée, la bonne religieuse discerne une lumière que la quiétude lui dissimulait.

La mère de Ligny fournit un exemple comparable. Elle se récrie en apprenant qu'on l'envoie chez les Ursulines, dirigées par les jésuites, puis :

142. « Relation de la Sœur Madeleine de Sainte-Christine Briquet », *op. cit.*, p. 94-95.

143. *Ibid.*, p. 123.

> [...] aussitôt je me tus et je rentrai en moi-même et je m'offris à Dieu pour tout ce qu'il lui plairait d'ordonner de moi, quoiqu'en même temps Dieu me mettait en état de lui offrir un sacrifice volontaire, m'étant absolument abandonnée à lui. Et je puis dire que ma douleur n'empêchait pas que je ne fusse au fond du Cœur dans une grande paix par la témoignage que ma conscience me rendait, que je ne regardais que Dieu seul et que je ne m'étais engagée à souffrir ces traitements si rigoureux que par la crainte de l'offenser. Et, quoique je connusse assez le sujet que j'ai d'appréhender ma propre faiblesse, je n'en étais pas néanmoins troublée et j'avais une ferme confiance que Dieu serait ma lumière et ma force dans cet abandonnement où je me trouvais de tout Conseil et de toute Consolation. Et, en effet, il n'a pas permis que j'aie été trompée en cela, ayant éprouvé plus sensiblement son secours pendant que j'ai été moins en état d'en recevoir de la part des hommes [144].

Bien plus tard, elle confirme :

> [...] je puis dire que, quoique ma douleur fût très grande et mon amertume très amère, j'étais dans la paix et que j'en avais une aussi grande que j'aie peut-être jamais eue et j'ai souvent éprouvé que Dieu m'a d'autant plus soutenue et assistée plus sensiblement là que je ne pouvais espérer aucune consolation humaine [145].

Ces déclarations surprenantes sont encore corroborées par Marie-Dorothée de l'Incarnation :

> Malgré tous mes doutes et les extrémités où ils me jetaient quelquefois, au milieu même de toutes mes peines, je sentais pour l'ordinaire au fond du cœur une certaine joie, une certaine consolation que je ne puis exprimer et que le bon Dieu y répandait sans doute pour soulager ma douleur [146].

Tourmentée par la tentation de signer, elle décide finalement de ne pas céder :

> Je regardais la signature comme le Caractère de la bête et j'en avais une horreur qui ne paraissait pas naturelle. Cependant, je ne pouvais m'assurer qu'il ne la fallait pas faire et j'étais là-dessus dans de si grandes

144. « Relation de la mère de Ligny », *op. cit.*, p. 117-118.
145. *Ibid.*, p. 133.
146. « Relation de la Captivité de la Révérende Mère Marie-Dorothée de l'Incarnation Le Comte », *op. cit.*, p. 472.

> ténèbres que je priai Dieu enfin de me pardonner, si j'étais obligée de signer ; que je ne pouvais m'y résoudre ; qu'il voyait le fond de mon cœur et la crainte que j'avais de l'offenser ; que j'espérais qu'il me pardonnerait, puisque je prenais le parti le plus exposé à souffrir. Je me déterminai enfin à ne point signer, quoiqu'il m'en pût arriver. J'eus plus de repos depuis que j'eus pris cette Résolution et mon Esprit ne fut plus travaillé de ces cruelles et violentes agitations qui devaient me l'avoir fait perdre cent fois pour une. J'en avais été étonnée moi-même plus d'une fois et j'avais dit à M. Aubron qu'il fallait que l'Esprit tînt bien à la tête et la vie au Corps pour n'avoir pas perdu l'un ou l'autre parmi d'aussi grandes peines. Mais je dois la conservation des deux à la bonté de Dieu, qui nous soutient dans nos plus grandes afflictions, lorsqu'il veut par un effet de sa justice et de sa miséricorde nous mortifier pour nous vivifier ensuite par sa grâce. Il nous fait vaincre les plus fortes tentations dans nos plus grandes faiblesses et, lorsque nous sommes aux abois, afin que nous soyons convaincus par notre propre expérience que c'est lui seul qui fait ces merveilles en nous et que nous ne pourrons nous les attribuer, quand même nous le voudrions [147].

Elle tire de ses réflexions la certitude des « merveilles » de Dieu. Anne-Marie de Sainte-Eustoquie, que le doute n'atteignit pas, est inébranlable, de l'aveu même de sa geôlière :

> La Mère se retira en me disant : « Je vois bien, ma chère Sœur, que votre conversion ne sera l'ouvrage que de l'esprit de Dieu et que vous êtes un cœur sur qui tous les hommes ne peuvent rien [148]. »

Anne de Sainte-Eugénie rédige une lettre pour témoigner, si elle venait à mourir, qu'elle sera en paix, même privée du saint Viatique [149]. Les sœurs se rejoignent dans le même aveu d'une passion qui les rapproche du Christ [150]. Angélique de Saint-Jean est peut-être l'exemple le plus célèbre de ces cheminements du néant à la lumière divine. Elle confie qu'elle n'a, un temps, plus trouvé de secours dans les Écritures,

147. *Ibid.*, p. 492.

148. « Relation de la captivité de la sœur Anne-Marie de Sainte-Eustoquie de Flécelles de Brégi », *op. cit.*, p. 17.

149. « Relation de la captivité de ma Sœur Anne-Eugénie en forme de lettre à ma Sœur Angélique de Saint-Jean », *op. cit.*, p. 22-23.

150. Madeleine de Sainte-Christine, *op. cit.*, p. 123, dit n'attendre « plus que de nouvelles Croix ».

ayant désespéré absolument [151] avant de faire « une église de [s]a prison » [152] et perçu soudain le « bonheur de [s]on état » [153]. Elle accéda dès lors, écrit-elle, à la « béatitude » [154]. Nul n'était plus heureux qu'elle : « Dieu m'avait revêtue intérieurement d'un habit de joie » [155].

La force d'âme aboutit à un stupéfiant renversement de situation, quand la religieuse persécutée rétorque à ses adversaires et leur apprend à voir la réalité. Anne-Marie de Sainte-Eustoquie excelle à l'exercice. Au moment de son enlèvement, elle réplique à l'archevêque :

> Oui, Monsieur, je crois que nous ne devons point blesser la charité. Nos affaires sont celles de Dieu : il y mettra ordre, quand il lui plaira. C'est maintenant votre heure. Celle de Dieu viendra après et tous ceux qui auront méprisé la vérité seront alors souverainement jugés et condamnés par elle [156].

L'autorité de Péréfixe est balayée en quelques mots. La religieuse conclut même en le menaçant. Elle le domine d'une supériorité morale puisée dans les Écritures :

Monsieur, l'Évangile remarque que, depuis que Jésus fut livré à ses ennemis et condamné à mort, il ne parla plus : c'est ce que je prends pour unique sujet de méditation [157].

L'archevêque rit, quand elle veut dire adieu à ses sœurs. Elle se tourne vers elles :

> [...] dans un mouvement de douleur et de tendresse qui me mettait hors de moi-même, je leur dis que je les suppliais de me permettre de leur exposer mes sentiments avant que d'être arrachée d'avec elles et de leur

151. Voir en particulier Angélique de Saint-Jean, *Aux portes des ténèbres*, *op. cit.*, p. 64-67.

152. *Ibid.*, p. 113. Elle chante seule l'office, fait des processions dans sa chambre, chante, asperge les lieux d'eau bénite, etc... Elle se livre à de « petites dévotions extraordinaires », *ibid.*, p. 118-123.

153. *Ibid.*, p. 115-116.

154. *Ibid.*, p. 118.

155. *Ibid.*, p. 178.

156. « Relation de la captivité de la sœur Anne-Marie de Sainte-Eustoquie de Flécelles de Brégi », *op. cit.*, p. 2.

157. *Ibid.*, p. 2.

dire qu'il n'y avait point de cause plus sainte que celle pour laquelle Dieu nous faisait la grâce de souffrir, que cette grâce me paraissait inestimable et que, si jamais elles apprenaient que je fusse changée et que j'eusse signé, ce que j'espérais avec la miséricorde de Dieu qui ne serait point, elles se tinssent assurées que ce n'était point par principe de lumière, ce que je reconnaissais ne pouvoir arriver, mais par un effet de faiblesse, d'aveuglement et d'un terrible jugement de Dieu, qui aurait puni mes fautes passées en m'abandonnant à moi-même, qu'en leur présence et en celle des Messieurs qui étaient présents, je condamnais, anathémisais et rétractais toute signature qu'on pourrait extorquer de moi, en santé ou en maladie, et surtout à la mort, que je les conjurais avec toute la tendresse dont j'étais capable de se souvenir de moi devant Dieu et de croire que je serais toujours toute à elles à la vie et à la mort. M. Chamillart entendait cela avec une impatience extrême et me pressait de finir. Je quittai donc ainsi mes Sœurs qui étaient dans une grande douleur.

[...] je trouvais la grâce que Dieu nous faisait si grande qu'elle me transportait de joie, mais la crainte de n'en pas faire un saint usage l'accompagnait de tremblement.

[...] Lorsque je fus descendue de Carrosse, je trouvai un Ecclésiastique qui me fit bien des compliments et un panégyrique des Ursulines. Je lui répondis : « Monsieur, Dieu est partout et ainsi j'espère le trouver aux Ursulines comme à Port-Royal. Cela me suffit. » Il me dit que la Communauté était nombreuse, la maison riche, les bâtiments fort beaux. Je lui répondis : « Monsieur, on ne cherche pas la beauté dans l'exil et un Chrétien à qui le monde est un exil ne saurait craindre les incommodités de sa prison [158]. »

À la mère qui l'accueille, elle répond : « C'est avec joie que j'embrasse la solitude où Dieu permet que l'on me mette [159]. » L'identité de son interlocutrice est réduite à rien par l'usage de l'impersonnel pour évoquer celle-ci, tandis que la responsabilité de la situation est entièrement rendue à Dieu. Gardée par la mère Élisabeth de Sainte-Scholastique, elle l'instruit et la convertit presque aux maximes de Port-Royal :

[...] voyant que c'était une âme droite et un esprit solide, je lui parlai fort bonnement, et tâchais doucement et par forme d'entretien de lui insinuer les bonnes maximes. Elle entra beaucoup dans celles du désintéressement dans la réception des filles, de l'éloignement du monde, de la simplicité dans les ornements de l'église, de la pénitence, et elle résolut

158. *Ibid.*, p. 2-3.
159. *Ibid.*, p. 4.

avec moi de faire le jeûne du Carême selon les coutumes anciennes de l'Église en ne faisant qu'un repas, ce que Dieu nous fit la grâce d'accomplir. Elle avait grande aversion des livres des Casuistes, et elle me dit que le feu Père Lejeune, son Directeur, qu'elle croit un Saint, lui avait défendu cette lecture, lui disant qu'il suffisait de savoir que saint Paul avait commandé aux Chrétiens de s'abstenir de tout ce qui a l'apparence de mal. Elle dit qu'il lui avait prédit qu'elle serait auprès de moi, d'une manière si positive, que ni elle ni les autres qui savaient sa prophétie, ne pouvaient qu'elles n'en fussent étonnées, et qu'il lui avait ordonné d'apprendre par l'exemple de la Religieuse dont elle aurait soin, jusqu'à tel quel point il faut préférer Dieu à tout. Elle commençait fort à se détromper : elle aimait et souhaitait fort de voir les bons Livres, mais elle a peine à en avoir à cause de l'horreur qu'en ont les autres. Elle m'a dit qu'elle n'oublierait jamais la grâce que Dieu lui avait faite d'être auprès de moi [160].

Elle en remontre à l'abbesse de la maison et lui demande si le nom de Chrétien lui fait peur [161]. À l'archevêque, elle écrit :

> La pauvre Ânesse de Balaam était-elle donc criminelle, Monseigneur, de ne pas vouloir aller où son maître la voulait conduire, puisqu'elle n'était arrêtée que par l'épée foudroyante de l'Ange du Seigneur qui la menaçait de lui ôter la vie, si elle le faisait ? Je me compare volontiers à cette bête et je puis dire même que je suis disposée à recevoir avec respect et à porter avec humilité tous les coups et toutes les peines dont vous jugerez me devoir charger, au cas que vous me trouviez coupable de trembler de peur, comme je fais, à la voix terrible de celui qui m'assure qu'il perdra tous les menteurs et les précipitera avec les timides dans l'étang de feu, pourvu seulement que vous me laissiez jouir du pain des enfants de Dieu et que vous me permettiez de me dire avec un très profond respect [162], etc.

Les rôles basculent. La religieuse renvoie l'archevêque aux Écritures et, s'identifiant à l'ânesse de Barlaam, suggère qu'il est lui-même un des « menteurs » et des « timides » que Dieu doit précipiter dans « l'étang de feu ». À un autre moment, la sœur répond gaiement à sa geôlière, laquelle reste « toute triste et confuse » [163]. Rien n'a de prise

160. *Ibid.*, p. 6.
161. *Ibid.*, p. 6.
162. *Ibid.*, p. 9-10.
163. *Ibid.*, p. 10.

sur la sœur de Brégy. L'archevêque la menace : « Le roi se mêlera de cette affaire ». Elle répond :

> Je lui dis avec force : « Monsieur, le roi peut nous faire couper la tête, puisqu'il a en main l'autorité et l'épée, mais il ne peut pas donner la foi d'un fait contesté, nécessaire pour signer : cela passe son ressort et va plus loin que sa puissance. Vous pouvez témoigner, Monsieur, à M. l'archevêque, que tout ce que je vois ne m'effraie pas. Je trouve cette cause si sainte qu'elle m'a toujours paru digne de faire des martyrs. Je suis infiniment indigne de cette grâce, mais, si Dieu voulait signaler sa bonté en me la faisant, je m'estimerais heureuse. La persécution où nous sommes tombées m'augmente l'amour de ma vocation, que j'aime à cause de cela plus que je n'ai jamais fait [164].

Anne-Marie de Sainte-Eustoquie ne manque pas une occasion de faire preuve de prosélytisme. Il est impossible de la surprendre ou de l'ébranler :

> Vers la fin de février, la Mère Supérieure me vint voir. Elle me parut fort triste et, après m'avoir exhorté à signer, elle me dit, les larmes aux yeux, que je m'exposais à des choses terribles, qu'elle n'osait me les dire, mais que je les verrais dans peu. Je lui demandai ce que c'était et, à demi mot, en pleurant, elle me fit entendre qu'on m'ôterait mon habit et qu'on m'excommunierait. Je lui répondis : « Ma Mère, la justice rompt les liens injustes et, si les hommes nous excommunient pour nous rendre à une chose qui blesserait si fort notre conscience, j'espère que cette humiliation nous unira plus parfaitement à Dieu et à l'Église, dont nous serions toujours des membres véritablement vivants, tant que nous serons immuablement attachées à la vérité sur laquelle elle est fondée et l'excommunication ne tombera que sur ceux qui la feront et l'auront fait faire [165]. »

Ses affirmations sont autant de sentences, nettes, irrévocables :

> « Ma Mère, je n'ai jamais mis ma vocation dans mon habit, ni en rien d'extérieur. Notre habit n'est que la figure de Jésus-Christ, dont saint Paul veut que tous les fidèles soient revêtus. Je serais bien malheureuse de préférer la figure à la vérité : cela ne me fait point peur. Je ne crains que de perdre l'habit intérieur de la justice et de la charité. Pour le reste,

164. *Ibid.*, p. 11.
165. *Ibid.*, p. 15.

> M. l'Archevêque fera ce qu'il lui plaira. Plus je serai dépouillée de tout au dehors pour la vérité, plus je serai remplie de Dieu au dedans. » Elle me dit qu'elle prierait M. l'Archevêque de m'ôter de leur maison, que j'y attirerais la malédiction de Dieu, puis ajouta : « Mais où vous mettra-t-on, à cent lieues d'ici ? » — « Où l'on voudra, ma Mère, tous lieux me sont propres. » — « Que ferez-vous en cet état ? répliqua-t-elle. Vous serez enfermée entre quatre murailles : tout le monde aura horreur de vous. Vous n'aurez ni livre ni ouvrage. » Je répondis : « Ma Mère, si je n'ai ni livre ni occupation, j'en aurai plus de temps à prier Dieu. L'amour de la vérité tient lieu de tout. Qui l'aime de tout son cœur la possède et, dès qu'on la possède, sa lumière et sa beauté suit partout et embellit les plus noirs cachots. Que si on ne me réduit pas dans cette captivité, je tâcherai de rendre quelque service à la maison où je serai, quand ce ne serait que de ramasser le bois du jardin pour en faire de petits fagots, comme fait votre bonne Sœur Colombe. » Je dis tout ceci avec un mouvement de force où, certainement, je n'avais nulle part. Le sentiment que Dieu me donnait de sa vérité et de la gloire de sa grâce, cause de nos souffrances, m'emportait hors de moi et me remplissait d'une joie qui parut même sur mon visage et qui étonna si fort la Mère qu'elle dit en sortant à la Mère de sainte Scolastique : « Il faut qu'il y ait là quelque chose d'extraordinaire, car, enfin, elle paraît pour cela comme les martyrs pour la foi, prête à tout. » Je m'attendais à tout ce que la Mère venait de me dire et ma gardienne ne s'y attendait pas moins que moi [166].

Les fières répliques d'Anne-Marie de Sainte-Eustoquie montrent que le modèle convoité, pendant la détention ou dans le temps de l'écriture, est celui du martyr : le visage soudain resplendissant qu'elle affiche est un signe caractéristique de sa gloire. La religieuse est transfigurée. Son interlocutrice ne s'y trompe pas. Le verbe « étonner » aussi bien que l'adjectif « extraordinaire » pointent implicitement un miracle.

Ce n'est pas un hasard si toutes les exilées consacrent tant de place au récit de leurs confrontations avec les religieuses qui les accueillent, les ecclésiastiques qu'on leur envoie ou leurs parents. Ces scènes sont des scènes d'*agôn*. Elles constituent un temps fort de l'épreuve infligée au martyr : c'est le duel conclusif au milieu des supplices. La prison fascine, parce qu'elle fournit aux religieuses l'occasion de la sainteté. Elle excite en elles le vertige d'un triomphe plus difficile à obtenir dans la banalité des travaux et des jours. La prison est un drame : c'est aussi une chance. Il y a dans les Relations l'expression d'une jubilation d'être

166. *Ibid.*, p. 15-16.

appelées à l'action, à se surpasser, de toucher au martyre. Angélique de Saint-Jean sort de Port-Royal en chantant des hymnes [167]. Les figures de prisonniers bibliques et de saints que les Relations évoquent ne laissent aucun doute sur le modèle que les religieuses se donnent [168]. Pasquier Quesnel l'évoque du reste ouvertement dans son « Avertissement » à l'édition de 1711 de la Relation d'Angélique de Saint-Jean [169]. L'invitation à la sainteté revêt même une tonalité héroïque saisissante dans les textes. Ces religieuses, en effet, sont des femmes cultivées. Leur langue révèle la forte impression sur elle de leur milieu d'origine, y eussent-elles peu vécu [170] : ainsi, Anne-Marie de Sainte-Eustoquie a des penchants précieux clairement identifiables ou Madeleine de Sainte-Christine montre des talents de juriste chevronné (mais on trouve aussi le verbe technique « interjeter » sous la plume de la première [171]). Âgées d'une forte quarantaine d'années, les exilées ont grandi à l'époque de la plus grande gloire du monastère, quand il était placé sous la direction de la mère Angélique, et en pleine apogée de l'héroïsme néo-stoïcien et cornélien (on se souvient que Jacqueline Pascal, religieuse à Port-Royal sous le nom de Jacqueline de Sainte-Euphémie, reçut enfant, à Rouen, le prix des Palinods en 1639 : elle fut célébrée par Corneille lui-même). Les moniales emprisonnées en 1664 portant l'héritage de ce double modèle. Il faut rappeler aussi qu'elles ont vécu depuis des années, au gré des dispersions et des plongées dans la clandestinité auxquelles les Solitaires étaient contraints, dans le culte du saint héroïsme des Messieurs, soutenu par leurs traductions des vies des pères du désert. Elles sont parfaitement outillées, culturellement et moralement, pour concevoir leur châtiment comme l'aubaine d'une marche au sacrifice divin.

167. Angélique de Saint-Jean, *Aux portes des ténèbres, op. cit.*, p. 32.

168. Voir, par exemple, « Relation de la Sœur Marie-Angélique de Sainte-Thérèse Arnauld d'Andilly », *op. cit.*, p. 49. Angélique de Saint-Jean, *Aux portes des ténèbres, op. cit.*, p. 39 fait allusion à la décollation de saint Jean.

169. Il écrit, en particulier, que les Relations des religieuses sont comme « les Actes de leur martyre », qu'elles furent des « Martyres de la vérité et de la sincérité chrétiennes ».

170. Marie-Charlotte de Sainte-Claire, *op. cit.*, p. 170 rappelle qu'elle est « en Religion depuis l'âge de neuf ans » pour demander de façon émouvante : « de quoi cela me servira-t-il, si j'en perds le fruit par la signature ? ».

171. « Relation de la captivité de la sœur Anne-Marie de Sainte-Eustoquie de Flécelles de Brégi », *op. cit.*, p. 13.

L'analyse des Relations suggère en filigrane une seconde lecture. Presque tous les textes commencent par le récit de la sortie de Port-Royal des religieuses, racontée de façon extrêmement dramatique comme un exil, une « chute ». Les sœurs « tombent » [172] dans une vallée de larmes et de tromperie, elles sombrent dans les ténèbres, sont soumises à la « tentation » [173], errent, trébuchent. Elles-mêmes écrivent avoir conscience de traverser des épreuves qui sont comme un « Purgatoire » [174]. Christine de Sainte-Madeleine écrit :

> [...] je ne me regardais plus que comme une personne qui est en Purgatoire et qui n'a plus d'autre soin que celui de satisfaire à Dieu pour ses péchés et que je serais aussi contente pour ce sujet d'aller en Canada ou dans un cachot, si on m'y voulait mettre [175].

L'enlèvement et la prison des religieuses figurent des métaphores de la sortie du jardin d'Éden et de la vie terrestre ensuite réservée à la créature. Ils offrent en condensé une image du destin de l'homme. À l'image d'Adam, elles ont « abandonné » Dieu, scandent-elles, par leurs doutes et leurs craintes, alors même qu'elles croient que le Seigneur les a délaissées [176]. Elles répètent la faute originelle. La conduite des prisonnières devient alors un exemple pour la communauté des chrétiens. Leur sort reflète la misère de l'être humain, mais les Relations fournissent aussi des abrégés de l'existence aptes à révéler, dans leur concentration temporelle même, la Providence de Dieu à l'œuvre. Elles proposent, en effet, plus que de simples apologies personnelles : elles ont

172. Marie-Dorothée de l'Incarnation, *op. cit.*, p. 445 parle du « précipice de la signature ».

173. Par exemple, Marie-Angélique de Sainte-Thérèse, *op. cit.*, p. 36 déclare : « J'étais dans la tentation, ce qui augmenta mes doutes : outre cela, j'avais beaucoup de travail, ce qui accabla si fort mon corps et mon esprit que je commençai à croire que je ne pourrais pas porter un état si pénible et si violent et auquel je ne voyais point de fin. Si j'avais mis toute mon espérance en Dieu, je n'aurais pas fait toutes ces réflexions qui ne servaient qu'à m'affaiblir. Toutes les peines qui favorisaient ma tentation me venaient en foule [...] ».

174. Voir, par exemple, « Relation de la Captivité de la Révérende Mère Marie-Dorothée de l'Incarnation Le Comte », *op. cit.*, p. 424 et 438, « Relation de la Sœur Madeleine de Sainte-Christine Briquet », *op. cit.*, p. 101 et Angélique de Saint-Jean, *Aux portes des ténèbres*, *op. cit.*, p. 238.

175. « Relation de la Sœur Madeleine de Sainte-Christine Briquet », *op. cit.*, p. 96.

176. Voir Madeleine de Sainte-Mechtilde, notamment, *op. cit.*, p. 359 et 382.

vocation à offrir des bréviaires de vie chrétienne. La mère Agnès se livre à une analyse de sa prison, souffrance et salut confondus, qui révèle dans son incarcération « une image de la grâce toute gratuite » :

> Dieu m'a fait connaître par cette expérience que ç'a été lui seul qui m'a préservée de me laisser aller à la signature, puisqu'encore que j'en aie toujours été fort éloignée, ce n'était pas avec assez de lumière et je ne vois guère de différence entre la signature et le scandale que j'ai donné par ce terme d'indifférence, qui se prend pour une approche de ce dernier relâchement où l'on peut tomber insensiblement, quand Dieu se retire d'une âme et qu'il la laisse à elle-même, où elle ne trouve rien qui la puisse soutenir.
>
> Nous sommes assurées qu'il n'y a rien de si contraire à la vérité que de dire comme l'on a fait que nous ne voulons point signer, parce que nous nous sommes attachées à ce parti-là : car, encore qu'il pût arriver que l'on eût motif si opposé à la droite intention avec laquelle on doit soutenir une cause si sainte, je ne comprends pas comment on pourrait se défendre de tant d'illusions qui environnent cette affaire et supporter les disgrâces auxquelles elle expose, puisque, lorsqu'on souffre pour une cause humaine et par un courage humain, la nature se lasse bientôt et chercher des prétextes pour se délivrer. C'est ce qui me fait croire que, de toutes les bonnes œuvres, il n'y en a point à laquelle nous devions prendre moins de part qu'à la résistance que nous faisons pour ne rien faire contre notre conscience dans cette occasion et qu'il faut nécessairement que Dieu en soit l'auteur. Que s'il ne nous avait discernées par sa miséricorde de tant d'autres personnes qui valaient mieux que nous, nous nous serions trouvées enveloppées avec elles dans cette horrible injustice de condamner la vérité : en quoi nous aurions été sans comparaison plus criminelles que les autres qui ne l'ont jamais connue.
>
> Cette affaire si malheureuse et si funeste pour le salut, dont Dieu préserve si peu de personnes, est, ce me semble, une image de la grâce toute gratuite par laquelle il prévient quelques âmes en les tirant de la masse de corruption dans laquelle tant d'autres demeures et y périssent. C'est ce qui nous doit obliger, non seulement à des reconnaissances infinies envers sa divine miséricorde, par laquelle il nous a préservées du torrent qui entraîne tant d'autres, mais encore à nous humilier profondément en nous-mêmes. C'est la disposition qu'il veut trouver en nous, pour conserver une grâce que nous n'avons point reçue par nos mérites et qui ne subsistera qu'autant que nous l'attribuons toute à Dieu, en ne nous réservant que l'aveu et la confession de notre indignité, avec le tremblement où nous devons êtres que, si nous ne marchons pendant que nous avons la lumière et que le commencement de notre combat ne soit suivi de la persévérance que nous ne pouvons avoir que de Dieu seul, les ténèbres ne nous surprennent. Je crois que ce sont là les sentiments où

> nous devons nous fortifier dans le repos qu'il plaît à Dieu de nous donner présentement et qui n'est qu'une trêve pour rentrer dans un nouveau combat [177].

La religieuse discerne dans les prisons de 1664 un drame de la grâce en action. Employant l'expression « masse de corruption », elle renvoie à saint Augustin lui-même qui parle de *massa perditionis*. Les Relations de captivité sont souvent présentées par leurs auteurs comme le récit d'une mort, suivie d'une résurrection. Ce mouvement n'est guère justifiable dans les faits : les conditions de vie aux Champs ne furent guère plus faciles qu'en prison. Les moniales s'y virent, on le sait, assignées à résidence entre 1665 et 1669, privées des Sacrements et entravées dans l'exercice de leurs droits les plus communs. Mais leurs doutes ont pris fin. Elles ont retrouvé Dieu. Il convient à cet égard d'insister sur l'aveu de la joie que les exilées confessent avoir éprouvée. Dans le malheur, la religieuse a trempé sa foi. Entrevu la lumière véritable. Revenant sur le durcissement de sa captivité, Christine de Sainte-Madeleine conclut :

> Ce changement de conduite me fit un peu commencer à goûter combien est grand le bonheur que j'avais de souffrir pour la vérité, au lieu que, durant les six premières semaines, la manière dont on agissait avec moi m'avait fait tomber dans quelque sorte de mollesse et d'abattement par la peine que j'avais de me voir tout ensemble privée des avantages de l'humiliation et de la solitude, dont j'avais espéré de jouir dans cet état, et de ceux que j'aurais pu recevoir, si j'avais été en liberté d'avoir communication et d'être soutenue et fortifiée par les saintes instructions des personnes que Dieu nous a données pour nous tenir en quelque sorte sa place sur la terre et nous faire connaître ses volontés. [...] Dieu qui, par sa miséricorde, ne voulait pas que je pusse trouver aucune consolation dans les créatures et qui me réduisait par là dans une heureuse nécessité de n'en plus recevoir que de lui seul, m'en donna une plus solide que celle que je cherchais : j'eus recours à lui comme à mon unique refuge. Je lui fis une entière oblation de tout ce que j'ai de plus cher et que je croyais sacrifier tout de nouveau : j'adorai les ordres de sa providence sur toutes les circonstances de la vie et de la mort de toutes les personnes auxquelles il m'a uni et, considérant que j'aurais été en repos, si j'avais su que ma Sœur Angélique Thérèse eût eu autant de pouvoir pour conserver la Mère Agnès qu'elle avait d'affection pour la servir et si j'eusse eu

177. « Relation de la captivité de la Mère Catherine-Agnès de Saint-Paul Arnauld », *op. cit.*, p. 70-71.

> moi-même la satisfaction d'être auprès de ma Sœur Angélique et d'avoir aussi la puissance de conserver sa santé, je reconnus que c'était faire une injure à Dieu que de se défier de sa bonté et de croire qu'il abandonnerait celles qui souffraient pour sa vérité et qui, par conséquent, devaient être aimées de lui d'un amour qui, n'étant pas semblable aux autres, ne pouvait manquer de leur procurer toutes sortes de biens. C'est pourquoi je me consolai aussitôt en remettant à Dieu le soin de tout ce qui les regardait et nos amis aussi, étant persuadée qu'il ferait tout réussir à leur avantage et que, s'il ne leur donnait pas les biens de ce monde, c'était parce qu'il leur en préparait de plus grands dans l'éternité : cette pensée m'a toujours fortifiée depuis contre les affaiblissements et les ennuis qui m'auraient troublée sur ce sujet [178].

Christine de Sainte-Madeleine goûte du « bonheur ». Elle trouve un « refuge » en Dieu qui est « solide ». Elle fait l'expérience de la « bonté » du créateur. Elle évoquait, dans la première séquence de son texte, la brutalité de l'archevêque la condamnant à partir seulement avec son bréviaire et ses hardes (l'ordre, pour mieux en marquer la violence, est répété deux fois) [179]. Lorsqu'elle apprend son transfert aux Champs, transportée de joie, elle ne veut plus prendre que son bréviaire et ses livres [180]. Tout le reste lui est devenu inutile. Elle s'est allégée, concentrée – réformée ? Les scènes de départ montrent les religieuses soudain émues de quitter leurs geôlières. Anne-Marie de Sainte-Eustoquie verse même des larmes [181]. Exemplarité trompeuse, hypocrisie ? Probablement pas. Leurs geôlières ont aidé à leur transformation intérieure. Christine de Sainte-Madeleine insiste : les portes de la ville sont fermées, quand le carrosse s'y présente, mais ses compagnes et elle ne s'en affligent pas, car « tout cela n'était rien pour des prisonnières que Dieu délivrait » [182]. La généralité de la formule se prête à une lecture, non seulement littérale, mais figurée. Les choses du monde n'affectent plus les moniales opprimées. Finalement, ces récits d'un temps de malheur donnent l'image d'un Dieu

178. « Relation de la Sœur Madeleine de Sainte-Christine Briquet », *op. cit.*, p. 100-101.

179. *Ibid.*, p. 93-94.

180. *Ibid.*, p. 126 (imprimée par erreur « 326 »).

181. « Relation de la captivité de la sœur Anne-Marie de Sainte-Eustoquie de Flécelles de Brégi », *op. cit.*, p. 26.

182. « Relation de la Sœur Madeleine de Sainte-Christine Briquet », *op. cit.*, p. 127 (notée par erreur « 327 »).

proche et bienveillant, secourable. Sa grâce a sauvé les religieuses. La « miséricorde infinie de Dieu » est un « Soleil éternel » [183]. À rebours de toute doxa sur la sévérité désolante de l'augustinisme professé à Port-Royal, les Relations expriment la gratitude et le soulagement du réconfort prodigué par Dieu en dépit même des fautes commises. Cette conclusion explique la tonalité héroïque, l'énergie, des textes. Ils sont des cantiques à la gloire de Dieu, car ils révèlent, outre son élection de Port-Royal, plus essentiellement encore, sa bonté profonde. Les Relations se présentent comme des fables de la vie chrétienne et des exhortations à « s'offrir à Dieu », selon une expression qui revient constamment sous la plume des exilées, en pleine conscience. Les prisonnières surimpriment au récit des événements de 1664-1665 une grille de lecture qui se rapporte plus généralement à la vie dans le monde du chrétien déchu, livrant à la fois une déposition et un modèle qui doivent exhorter le fidèle au « combat » (le mot est de la mère Agnès).

Témoignant d'un itinéraire de la foi autant que d'injustices circonscrites dans le temps et l'espace, les Relations s'avèrent riches d'enseignements pratiques. Elles ressassent moins qu'elles ne sont tournées vers la délivrance d'un savoir susceptible de guider leur lecteur. Elles illustrent d'abord la nécessité d'un abandon de soi entier à Dieu, d'une remise du monde et du temps. Anne-Marie de Sainte-Eustoquie ne formulait-elle pas d'emblée : « la grâce est notre seul soutien » [184] ? Il ne faut pas se juger abandonné(e) de Dieu [185], mais s'abandonner à lui. Pour s'en tenir à l'évidence de Dieu, Marie-Dorothée de l'Incarnation s'emploie à ne pas penser au lendemain : « à chaque jour suffit son mal » [186]. Angélique de Saint-Jean développe une idée similaire : avoir peur est pire que subir [187] et il ne faut point baisser les yeux des « montagnes » sur lesquelles on a porté une fois le regard [188]. L'âme soucieuse de sa

183. *Ibid.*, p. 127 (notée par erreur « 327 »).

184. « Relation de la captivité de la sœur Anne-Marie de Sainte-Eustoquie de Flécelles de Brégi », *op. cit.*, p. 4.

185. C'est l'*incipit* de la Relation de Madeleine de Sainte-Mechtilde, *op. cit.*, p. 359 : « Si j'ai été si malheureuse que de me séparer de nos mères et de nos sœurs par la signature du formulaire, il m'est utile que je fasse de connaître de quelle manière Dieu m'a ainsi abandonnée [...] ».

186. « Relation de la Captivité de la Révérende Mère Marie-Dorothée de l'Incarnation Le Comte », *op. cit.*, p. 493.

187. Angélique de Saint-Jean, *Aux portes des ténèbres*, *op. cit.*, p. 201.

188. *Ibid.*, p. 37.

liberté doit s'affranchir de l'imagination. Il faut, pour cela, savoir notamment demeurer en sa chambre. Marie-Charlotte de Sainte-Claire essaie de se dissimuler la solitude qui l'affaiblit : « Je priais Dieu, je m'occupais à la lecture et à l'Ouvrage » [189]. Anne-Marie de Sainte-Eustoquie conjugue activité manuelle et lecture :

> Ainsi, je passais les fêtes à prier ou à lire dans notre Bible, que j'avais apportée de Port-Royal, et, les jours ouvriers, je travaillais à ce que les Mères souhaitaient que je fisse pour elles ou pour leur église [190].

Marie-Dorothée de l'Incarnation écrit une oraison en attendant une visite redoutée de l'archevêque [191]. Elle se félicite, quand elle est délaissée et ne voit personne, car parler la met en péril [192]. La retenue fait son salut :

> [...] je faisais le moins de réflexions que je pouvais sur ma triste situation, de peur de m'affaiblir et de perdre courage et Dieu me faisait la grâce de ne pas me laisser abattre de tristesse, de sorte que, dans les occasions, je sentais au contraire un nouveau courage que Dieu me donnait pour les soutenir sans trouble et quasi sans peine [193].

La mère Agnès, contre l'angoisse, s'en tient quant à elle à des gestes et des automatismes :

> Mes plus grandes peines venaient d'ordinaire la nuit, qui a d'elle-même quelque chose d'affreux et qui représente la solitude inconcevable où l'on se trouvera à la mort. Je prenais de l'eau bénite avec foi, ayant pensé qu'elle tenait quelque chose de la grâce du Baptême qui nous est conféré avec de l'eau, mais d'une eau sainte émanée du côté de Jésus-Christ percé sur la Croix et qui est capable de laver notre âme et de la purifier du péché. J'avais aussi dévotion au Signe de la Croix, et j'ai admiré comment une chose si commune dans la Religion Chrétienne fait des effets si extraordinaires, quand il plaît à Dieu d'y donner sa bénédiction.

189. « Relation de la sœur Marie-Charlotte de Sainte-Claire Arnauld d'Andilly », *op. cit.*, p. 160.

190. « Relation de la captivité de la sœur Anne-Marie de Sainte-Eustoquie de Flécelles de Brégi », *op. cit.*, p. 8.

191. « Relation de la Captivité de la Révérende Mère Marie-Dorothée de l'Incarnation Le Comte », *op. cit.*, p. 483-484.

192. *Ibid.*, p. 437.

193. *Ibid.*, p. 438.

Une fois, je me réveillai avec un étrange battement de cœur et une angoisse qui m'étouffait : il me vint dans l'esprit ces paroles, *in hoc signo vinces*. Je fis le Signe de la Croix et je me trouvai extrêmement soulagée [194].

Marie-Charlotte de Sainte-Claire observe : « Dieu me faisait la grâce de ne me point ennuyer » [195]. Ces dévotions, comme la défiance de l'imagination et de l'incapacité à demeurer en soi qui hantent ces extraits, évoquent fortement le discours des *Pensées* de Pascal [196]. Les uns et les autres s'ancrent dans le même substrat théologique. La coïncidence souligne encore, dans les Relations de captivité, une dimension apologétique dont l'ignorance fausse l'appréciation du projet dont elles relèvent. Il reste que la pleine élucidation de ce dernier exigerait une étude autonome de la récriture scripturaire dans ces textes, de l'art de la citation qu'ils mettent en œuvre, de même qu'une analyse serrée de la place attribuée au livre et à la connaissance dans le discours des religieuses. Transportés avec soi [197], interdits [198], convoités [199], admirés, les livres sont en effet très

194. « Relation de la captivité de la Mère Catherine-Agnès de Saint-Paul Arnauld », *op. cit.*, p. 66.

195. « Relation de la sœur Marie-Charlotte de Sainte-Claire Arnauld d'Andilly », *op. cit.*, p. 156.

196. L'imagination est « maîtresse d'erreur et de fausseté » (Pensée 78, édition Philippe Sellier), « [...] tout le malheur des hommes vient d'une seule chose, qui est de ne savoir pas demeurer en repos dans une chambre » (Pensée 168).

197. Madeleine de Sainte-Christine, *op. cit.*, p. 95 a emmené dans son sac les *Confessions* de saint Augustin, l'*Imitation de la vie de Jésus-Christ*, la *Vie de la Vierge* et *Le cœur nouveau* de Saint-Cyran. Elle est contrainte de lire en revanche, *ibid.*, p. 99 les *Remèdes aux scrupules* du P. Annat ! Elle mentionne aussi, *ibid..*, p. 100 sous le titre *L'Amour de Dieu* le traité de François de Sales de 1616. Renaud de Sévigné lui offre, *ibid..*, p. 105 *L'image de la Religieuse parfaite et imparfaite* de la mère Agnès, paru au début de 1665. Angélique de Saint-Jean, *Aux portes des ténèbres, op. cit.*, p. 255 déclare n'avoir emmené avec elle aux Annonciades que les *Constitutions de Port-Royal*. Elle évoque aussi ses propres « papiers ».

198. « Relation de la sœur Marie-Charlotte de Sainte-Claire Arnauld d'Andilly », *op. cit.*, p. 160 : les filles de Saint-Thomas « sont tellement prévenues que tout leur fait peur, et les choses mêmes où elles ne voient rien que de bon, s'imaginant que le venin y est caché : c'est ce qui est cause qu'elles ne veulent voir aucun Livre, ni aucune traduction des Livres mêmes qu'elles estiment, comme saint Jean Climaque et sainte Thérèse, lorsqu'elles savent qu'ils viennent de mains qui leur sont suspectes. Elles m'ont dit plusieurs fois, que ce n'est pas que ces Livres ne soient admirablement beaux, qu'il n'y a personne qui écrive aussi bien que ces Messieurs, et que c'est ce qui en est le plus dangereux, parce que sous ce beau discours, et cette éloquence qui charme ceux qui les lisent, ils insinuent adroitement leurs mauvaises maximes sans qu'on

présents, souvent subsumés par la pratique du Livre qu'est la Bible. Les prisonnières y puisent arguments [200] et paradigmes. Elles y trouvent asile contre un monde corrompu. Le livre est un intermédiaire vers Dieu, quand il ne s'en fait pas l'organe même, car nombreuses sont les scènes où tantôt les religieuses sont saisies par une phrase lue au hasard, qui doit infléchir leur conduite [201], tantôt elles vont, par la pratique traditionnelle

s'en aperçoive. « Aussi, me disaient-elles, aimons-nous mieux les vieilles traductions, où nous sommes bien assurées qu'il n'y a rien que de bon. » Elles ont lu une fois la vie de Dom Barthélémy des Martyrs, et elles l'ont trouvée si belle qu'elles ne la lisent plus par cette maxime, que le venin est caché sous cette beauté. Les Jacobins leur en savent assez mauvais gré : c'est M. Blampignon qui les entretient là-dedans, et qui leur ôte tous ces Livres-là ». Marie-Charlotte de Sainte-Claire ironise sur l'argument qui fonde l'interdiction observée par les sœurs, mais c'est le même que Pierre Nicole emploie en 1666 contre la comédie, d'autant plus dangereuse qu'elle est belle et apparemment vertueuse. Marie-Dorothée de l'Incarnation, *op. cit.*, p. 432 rapporte qu'on la menace de lui confisquer ses livres. Marie-Angélique de Sainte-Thérèse, *op. cit.*, p. 60 apprend que la sœur Françoise-Claire Soulain a signé et qu'elle « a fait brûler tous ses Livres, pour marque, disait-elle, de la sincérité avec laquelle elle avait signé, et qu'elle n'avait point de restriction ».

199. Anne-Marie de Sainte-Eustoquie, *op. cit.*, p. 8 est privée de livres et d'écritoire pour lui « faire faire pénitence de [s]es griffoneries passées ». Elle se réfugie dans la lecture exclusive de la Bible.

200. Marie-Charlotte de Sainte-Claire, *ibid.*, p. 186 explique « qu'on ne pouvait condamner la doctrine de Jansénius sans condamner celle de saint Augustin, parce que M. d'Ypres ne parlait que de lui et le citait à tout moment dans son livre ». Elle prétend que « ce n'est pas l'affaire des filles de lire saint Augustin », mais le connaît assez pour se livrer à une comparaison avec saint Paul. Elle évoque aussi les Pélagiens. Elle est aussi capable, *ibid.*, p. 161 de débattre des livres des Messieurs. Angélique de Saint-Jean a une conversation sur Jansénius et Calvin avec Mme de Rantzau, *Aux portes des ténèbres, op. cit.*, p. 92-94, elle cite saint Bernard et les *Morales* de saint Grégoire, *ibid.*, p. 183-184.

201. « Relation de la sœur Marie-Charlotte de Sainte-Claire Arnauld d'Andilly », *op. cit.*, p. 182 : « Enfin, je me résolus, avec l'aide de Dieu, de sortir d'un état si misérable, de dire clairement les troubles de ma conscience, et le sujet d'où ils procédaient, et de déclarer que je reconnaissais avoir beaucoup manqué à Dieu. [...] Je fus fortifiée dans cette résolution par une rencontre qui me parut très considérable : c'est qu'ayant pris la sainte Bible qu'on avait apportée à notre chambre par occasion, après avoir prié Dieu qu'il lui plût de me faire rencontrer ce qui m'était le plus propre dans mon état, et à la pensée que j'avais, ouvrant le Livre au hasard, je jetai d'abord la vue sur ce passage du Prophète Michée ch. 7, v. 8 : *Vous qui êtes mon ennemie, ne vous réjouissez point sur moi, parce que je suis tombée. Je me relèverai après que je me serai assise dans les ténèbres. Le Seigneur est ma lumière, je porterai la colère du Seigneur, parce que j'ai péché contre lui, jusqu'à ce qu'il juge ma cause, et qu'il fasse mon jugement, et il me conduira à la lumière : je verrai sa justice.* Ces paroles me vinrent si à propos, que je ne doutai point que la Providence de Dieu ne me les eût envoyées. »

des *sortes Biblicæ*, émanation des *sortes virgilianæ* antiques [202], chercher entre les pages la voix du Seigneur qui les déserte. Les Relations s'inscrivent dans ce bruissement divin. Elles entendent faire de la parole qu'elles consignent, au-delà de toute archive dévolue à la défense de Port-Royal, un réceptacle de la vérité elle-même.

Il serait réducteur d'assimiler les Relations de captivité à de plats ouvrages de propagande construisant après coup une image en gloire des prisonnières de 1664 ou à des apologies fiévreuses de sœurs déchues par leur signature. La prison des religieuses de Port-Royal fut une terrible réalité et ses victimes, qui ne cachent pas leurs égarements, ni leurs faiblesses, se comportèrent avec une force et une dignité indubitables. Ces femmes tirèrent leur force de la doctrine augustinienne et du prix accordé, à Port-Royal, à la conscience individuelle. Attentives à ne point la « blesser » [203], elles ont un souci rare de leur intégrité et de leur cohérence morale. Sans doute se raffermirent-elles après coup par des conférences où elles s'employèrent à déterminer la signification de l'épreuve qu'elles avaient endurée, mais le fait de leur résistance demeure premier et la mise en forme de leurs récits n'autorise pas à en diminuer l'évidence. Dans ces conditions, il est vraisemblable que le modèle du martyre chrétien qui sous-tend tous ces récits ne représente pas un placage destiné à servir de faire-valoir, à rehausser la narration, mais bien une donnée immédiate de la sensibilité des religieuses. Elles ont abordé la prison selon son prisme, qu'elles en aient été d'emblée grandies ou qu'elles s'y soient d'abord brisées. En tout état de cause, le dolorisme souvent de mise pour résumer ces textes paraît fausser leur nature et la perception des événements de 1664-1665.

202. Ainsi dans la « Relation de la captivité de ma Sœur Anne-Eugénie en forme de Lettre à ma Sœur Angélique de Saint-Jean », *op. cit.*, p. 18. La religieuse, émue d'apprendre que plusieurs de ses compagnes ont signé, s'interrogent sur la nécessité de demander à être envoyée dans un couvent d'un autre diocèse, mais elle ouvre le Nouveau Testament et « et ayant mis le doigt sur une ligne, je le trouvai justement en cet endroit, ne passez point de Maison en Maison. Je ne doutai point que la volonté de Dieu ne me fût signifiée par ces paroles [...] ». Anne-Marie de Sainte-Eustoquie fait de même, *op. cit.*, p. 18 et Angélique de Saint-Jean, *Aux portes des ténèbres, op. cit.*, p. 269-270.

203. Voir, par exemple, « Relation de la sœur Marie-Charlotte de Sainte-Claire Arnauld d'Andilly », *op. cit.*, p. 175.

L'*Histoire des persécutions* de 1753 (LP1442) fait précéder la Relation de la mère de Ligny de l'épigraphe suivante :

> On nous maudit, et nous bénissons : on nous persécute, et nous le souffrons : on nous dit des injures, et nous répondons par des prières : nous sommes devenues comme les Ordures du monde, comme les balayures qui sont rejetées de tous : car il semble que Dieu nous traite comme les derniers des hommes ; comme ceux qui sont condamnés à la mort, nous faisant servir de spectacle au monde, aux Anges et aux hommes. *I Cor. 4*

La citation renvoie la Relation à l'expression d'une Passion. Récemment, Sébastien Lapaque a intitulé sa réédition de la Relation d'Angélique de Saint-Jean dans la Petite Vermillon *Aux portes des ténèbres,* utilisant une expression du livre de Job employée par la religieuse elle-même pour caractériser le désespoir qu'elle a éprouvé dans un premier temps. C'est privilégier indûment le chaos et les supplices sur la conclusion de l'événement : les religieuses sortent de prison bouleversées, mais encore plus profondément galvanisées. Marie-Dorothée de l'Incarnation, rendue à Port-Royal, trouve la communauté réunie aux Champs « renouvelée dans l'épreuve » [204]. Angélique de Saint-Jean s'exclame : « Je ressuscitais d'entre les morts » [205]. Son récit s'achève sur une apothéose et dans la liesse, comme elle évoque la fête anniversaire de la dédicace de Port-Royal qui a lieu le dimanche suivant le retour des exilées. Le renouvellement dont les exilées font l'expérience est une étape essentielle de la conversion du chrétien et du raffermissement de sa vie en Dieu pour tous les pénitents accueillis au monastère. Ainsi semble-t-il plus juste de voir dans ces textes, au lieu de Nuits, un « foudroiement des ténèbres ».

Les religieuses ont vu l'obscurité. Le sommeil les a fuies. Le démon les a frôlées, séduites. Elles s'en sont détournées. Les Relations sont des textes qui rapportent des souffrances : ils s'avèrent cependant essentiellement dynamiques, appelés à manifester les vertus des moniales dans l'épreuve, à illustrer Port-Royal, à enseigner à ceux qui les liront, et qui pourraient être à leur tour menacés, les ressources inscrites en eux, afin de diminuer la part de doute qui a d'abord assailli les prisonnières. Il ne

204. « Relation de la Captivité de la Révérende Mère Marie-Dorothée de l'Incarnation Le Comte », *op. cit.*, p. 543-544.

205. Angélique de Saint-Jean, *Aux portes des ténèbres, op. cit.*, p. 266.

s'agit pas de se justifier ou de se plaindre de façon univoque. Les ruses employées par les religieuses pour obtenir subrepticement des lettres ou des nouvelles [206], les portraits au vitriol de leurs adversaires qu'elles dessinent [207], leur insolence moyenne [208], à rebours de toute charité chrétienne, persuaderont aisément que ces « brebis à la boucherie » (la formule est d'Angélique de Saint-Jean [209]) n'eurent qu'un souci médiocre de l'adversaire et de ses menaces. Dépourvues d'angélisme fade, elles s'efforcent de se placer dans la lumière de l'éternité, farouchement [210].

206. Par exemple, la mère de Ligny, *op. cit.*, p. 168-169 raconte les ruses qu'elle emploie pour faire circuler des lettres, de même que Madeleine de Sainte-Candide, *op. cit.*, p. 139. Christine de Sainte-Madeleine fait sortir des billets cachés dans des livres et utilise de l'encre invisible (elle est démasquée, cependant).

207. La mère de Ligny, *op. cit.*, p. 145 ne manque pas d'évoquer ironiquement la « Chapelle assez grande et fort ajustée » où les Ursulines abritent leurs reliques et refuse sèchement de continuer le tour du propriétaire : « je les priai de me dispenser d'aller plus loin, n'étant pas venue dans leur Monastère pour me divertir ». Elle ne veut pas davantage visiter leur jardin et s'offusque, *ibid.*, p. 157-158 des récréations des Filles de Sainte-Marie, à Meaux, où elle se rend ensuite. Elle observe aussi la nourriture trop riche des Ursulines, *ibid.*, p. 129, qui ne font maigre que trois fois par semaine et ne peuvent se retenir de lui servir des œufs à la coque « avec du fruit » et du poisson presque tous les jours.

Anne-Marie de Sainte-Eustoquie, *op. cit.*, p. 5 souffre que son projet de faire maigre doive « [incommoder] fort » ses hôtesses et voit avec peine leurs récréations. Elle dénonce moqueusement, *op. cit.*, p. 17 leurs parures et les « frisures des cheveux » qu'elles s'autorisent (la mère est « fort ajustée »).

Angélique de Saint-Jean, *Aux portes des ténèbres, op. cit.*, p. 247 dénonce le régime alimentaire luxueux des Annonciades : pâtés, biscuits, massepains, conserves, etc.

208. Christine de Sainte-Madeleine, par exemple, répète deux fois que l'archevêque prête pour grande vertu au pape de... parler latin et conclut sa Relation, *op. cit.*, p. 128-129 sur une scène grotesque, hilarante, où, face à elle, la duchesse de Vendôme, lui parle par le truchement de la mère de Pontchartrain qui interdit aux deux femmes de communiquer directement...

209. Angélique de Saint-Jean, *Aux portes des ténèbres, op. cit.*, p. 29.

210. La métaphore est omniprésente dans les textes. Angélique de Saint-Jean, *Aux portes des ténèbres, op. cit.*, p. 65 observe ainsi : « j'étais au hasard de laisser éteindre ma lampe. »

Angélique de Saint-Jean. Silence et parole dans son récit de captivité.

Par Julie FINNERTY [1]

Du 26 août 1664 jusqu'au 2 juillet 1665, la sœur Angélique de Saint-Jean, sous-prieure et maîtresse de novices au monastère de Port-Royal de Paris, fut détenue au couvent des Annonciades de la rue Couture-Sainte-Catherine. Elle raconte cette expérience dans sa *Relation de captivité*, récit achevé à la fin de novembre 1665, quelques mois après son transfert des Annonciades à Port-Royal des Champs. Dès son ouverture, cette *Relation* soulève les thèmes du silence et de la parole. Angélique de Saint-Jean prétend avoir « fort peu parlé dans tout ce temps-là », et déclare que, sans une confiance dans le secours de Dieu, cette période aurait été « la plus grande de toutes les peines ». Elle cite un verset des Psaumes : *Adjutor in tribulationibus quæ invenerunt nos nimis* [2]. Ce qui frappe particulièrement dans ces premiers paragraphes, c'est qu'elle insiste sur la différence entre « l'extérieur », les conditions de captivité qu'on lui a imposées et qui sont « facile[s] » à décrire (précisément « une prison fort étroite, dans une solitude entière et dans une privation générale de toute consolation et de toute assistance spirituelle »), et « ce qui se passe dans le cœur ». Elle explique que, pour pouvoir se faire entendre sur ce qui s'est passé à *l'intérieur*, il faut que le lecteur l'eût déjà « éprouvé en quelque occasion semblable, afin qu'il pût comprendre ce qu['elle] ne lui pourrai[t] dire » [3]. Cette idée que son expérience de captivité n'est pas communicable revient à plusieurs

1. Je tiens à remercier pour sa générosité le IRCHSS (Irish Research Council for Humanities and Social Sciences) qui m'a attribué une bourse pour mes recherches doctorales sur la correspondance d'Angélique de Saint-Jean Arnauld d'Andilly.

2. *Psaumes*, 45, 2 : « Le Seigneur est notre secours dans les tribulations qui nous ont submergés. »

3. A. de Saint-Jean Arnauld d'Andilly, *Aux portes des ténèbres : Relation de captivité*, éd. Louis Cognet, Paris, La Table Ronde, 2005, p. 25-26.

reprises dans la *Relation*, et soulève des questions sur l'utilité et l'utilisation du langage et du silence.

D'après Rachel Muers, dans son ouvrage *Keeping God's Silence*, il y a deux types de silence : celui que nous trouvons, par exemple, dans une pièce vide ; et celui que nous faisons et que nous rencontrons, par exemple, dans la conversation avec d'autres. Elle cite Bernard Dauenhauer, qui propose que le silence est un phénomène positif, et pas seulement l'absence d'autre chose. Il est surtout important de se rappeler que le silence peut parler : par exemple, il est possible de rencontrer un silence d'approbation ou de consentement [4]. Dans le cas de la *Relation de captivité* d'Angélique de Saint-Jean, il s'agira surtout du silence créé ou éprouvé (le silence en opposition avec la parole, donc), et de l'autodétermination de ces silences : qui garde le silence, et dans quel but ?

Les *Relations de Captivité* des religieuses de Port-Royal ont été écrites dans la deuxième moitié de 1665, après que les « non-signeuses » eurent été envoyées au monastère des Champs. En août 1664, douze religieuses de Port-Royal, y compris Angélique de Saint-Jean, furent enlevées de force et enfermées dans d'autres couvents sur ordre d'Hardouin de Péréfixe, alors archevêque de Paris ; d'autres de leurs sœurs subirent le même sort dans les mois suivants. C'étaient elles qui menaient la résistance à la signature du Formulaire condamnant l'*Augustinus* de Jansénius. Par la séparation et la solitude, l'archevêque espérait ainsi briser la volonté des sœurs dans leur refus de signer. Dans leur captivité, elles furent enfermées et surveillées, et leurs visites et correspondances furent contrôlées. Angélique de Saint-Jean était celle que l'archevêque redoutait peut-être le plus. Il se méfiait des pouvoirs de cette religieuse éduquée et intelligente – un « prodige » [5], selon Mme de Sévigné – et il s'est servi de la capacité de polémiste de Mme de Rantzau, convertie au catholicisme depuis 1635, et « [spécialiste] dans la controverse contre les luthériens » [6]. Pendant les dix mois de captivité d'Angélique de Saint-Jean, Mme de Rantzau s'engagea avec elle à

4. R. Muers, *Keeping God's Silence. Towards a Theological Ethics of Communication*, Oxford, Blackwell, 2004, p. 4, 8. Voir B. Dauenhauer, *Silence : The Phenomenon and its Ontological Significance*, Bloomington, Indiana University Press, 1980.

5. Lettre de Mme de Sévigné à Mme de Grignan du 29 novembre 1679, dans Mme de Sévigné, *Correspondance*, éd. Roger Duchêne, Paris, Gallimard, Bibliothèque de la Pléiade, 1974, t. II, p. 748.

6. Angélique de Saint-Jean, *Relation de captivité*, *op. cit.*, note 22, p. 281.

plusieurs reprises dans des discussions théologiques sur le Formulaire. Toutefois, elle ne réussit pas à la convaincre de changer d'avis ; et dans son récit de leurs rencontres, Angélique de Saint-Jean met en question plus d'une fois ses connaissances théologiques [7].

Au dix-septième siècle, Port-Royal était un lieu connu pour la solitude et la retraite. Et il n'y avait pas que les religieuses du monastère qui profitaient de cette ambiance si convenable à une vie spirituelle : des Solitaires s'y sont retirés dès 1638, encouragés par l'abbé de Saint-Cyran. En effet, ce dernier prêchait à ses disciples « la retraite et [...] l'éloignement des créatures » pour rompre avec la corruption de la vie mondaine et afin de se rapprocher de Dieu [8]. Pour les religieuses de Port-Royal, cette pratique de la solitude était renforcée dans leur observation de la clôture, rétablie par la mère Angélique en 1609. Sa réforme du monastère fut surtout marquée par l'incident de la Journée du Guichet, quand la jeune abbesse a refusé l'accès au monastère à sa famille, au nom de la clôture monastique préconisée par le Concile de Trente. Angélique de Saint-Jean a donc fait l'expérience de cette clôture dès son entrée à Port-Royal de Paris à l'âge de six ans : à part ses dix mois de captivité au monastère des Annonciades, elle a passé toute sa vie à Port-Royal. À l'intérieur de cette clôture monastique, le silence régnait. Les *Constitutions* de Port-Royal précisent qu'« il ne sera point permis de parler que pour les choses absolument nécessaires et fort succinctement », soulignant aussi que « celui qui use de beaucoup de paroles blessera son âme » [9]. La parole ne fut pas la bienvenue au monastère, mais si elle arrivait à s'y prononcer, elle devrait avoir un objectif spécifique. Dans sa thèse sur l'expression de soi chez les religieuses de Port-Royal, Agnès Cousson expose clairement les trois fins de la communication qui furent acceptables : pour s'humilier, pour se confesser et pour édifier et conduire l'autre [10]. Bien que le silence soit

7. Voir *Ibid.*, p. 53, 79.

8. D. Donetzkoff, « Sacerdoce et solitude selon Saint-Cyran », *Chroniques de Port-Royal*, n° 51, 2002, p. 98.

9. « Chapitre IX : Qui comprend le silence, l'assemblée et la conférence », *Constitutions du monastère de Port-Royal du Saint-Sacrement*, éd. Véronique Alemany, Paris, Nolin, 2004, p. 45.

10. A. Cousson, *L'expression de soi dans les écrits autobiographiques et la correspondance des religieuses de Port-Royal au XVIIe siècle*, thèse doctorale en cours de publication, Université Blaise Pascal Clermont-Ferrand II, 2008, vol. I, p. 118.

donc toujours préférable à la parole, celle-ci est permise dans certaines situations, et Angélique de Saint-Jean avait la liberté de prendre la parole pour, par exemple, parler à son confesseur, parler aux conférences ou pour écrire des lettres.

Enfermée au couvent des Annonciades, elle retrouva le silence et la solitude. Dans sa *Relation de captivité*, elle insiste sur l'aspect punitif des conditions de sa détention. Elle était complètement isolée, décrivant sa situation en des termes dramatiques :

> Quoi qu'il eût pu arriver la nuit, étant bien enfermée comme j'étais sous trois portes, il eût été impossible que j'eusse pu avoir du secours, car on ne me pouvait entendre de nulle part, la porte de ma chambre, la porte du degré et la porte du grenier étant jour et nuit fermées et verrouillées sur moi [11].

Elle fut enfermée comme une prisonnière, et elle en fut traitée comme telle. Elle n'avait pas le droit de recevoir des visites de la part de sa famille et on lui donnait des nouvelles des religieuses de Port-Royal seulement pour lui dire que telle ou telle sœur avait signé ou allait signer le Formulaire, tout ceci afin de la persuader de changer d'avis. Dans ce nouvel environnement hostile, qu'elle croyait d'une durée indéterminée, elle ne savait pas si, « de [s]a vie, [elle] pourrai[t] avoir occasion de [s]e confesser ou de parler à quelque personne de confiance », et elle ne voyait autour d'elle « que des personnes insensibles » [12]. En l'absence de ses sœurs et des confesseurs de Port-Royal, l'écoute et la parole étaient considérablement réduites. Ce silence finit par avoir des répercussions sur son corps. Elle écrit :

> Je ne vis presque personne, et, quand on venait me voir, je ne parlais presque point, [...] et j'ai continué cela quatre mois durant. [...] J'étais donc dans les premiers mois dans un si profond silence que j'en perdais la parole. Je n'avais presque plus de voix [...] [13].

Ses écrits furent aussi contrôlés : elle n'eut le droit de lire un billet de son père qu'en présence de la mère supérieure, et sa réponse à ce billet, ainsi que ses autres lettres vers l'extérieur, fut censurée par

11. *Ibid.*, p. 43.
12. *Ibid.*, p. 64, 62.
13. *Ibid.*, p. 41-42.

l'archevêque et souvent non envoyées [14]. Quand elle écrivit une lettre à sa sœur Marie-Angélique de Sainte-Thérèse, détenue avec sa tante, la mère Agnès, au couvent de la Visitation au faubourg Saint-Jacques, Angélique de Saint-Jean précisa qu'une réponse de leur part « aurait été un secours et une consolation très grande » [15]. Elle découvrit une semaine plus tard que sa lettre n'avait même pas été envoyée. Elle est donc sans visite, sans consolation et presque sans voix.

La situation des autres religieuses de Port-Royal qui furent enlevées et placées ailleurs pouvait être différente. La mère Agnès et la sœur Marie-Angélique de Sainte-Thérèse se trouvaient ensemble, et pouvaient se confier l'une à l'autre. La sœur Eustoquie de Flécelles de Brégy, au couvent des Ursulines à Saint-Denis, pouvait recevoir des visites de son père, et avait pour « inséparable compagne jour et nuit » une religieuse de cette maison. Quoiqu'elles ne se fussent pas parlé pendant les trois premières semaines de sa captivité, d'après la sœur Eustoquie, cette sœur ursuline finit par dire « qu'elle n'oublierait jamais la grâce que Dieu lui avait faite, d'être auprès de [la sœur Eustoquie] », ce qui suggère une communication amicale entre les deux religieuses [16]. La sœur Marie-Charlotte de Sainte-Claire semble avoir vécu une expérience sans parole similaire à celle d'Angélique de Saint-Jean : elle écrit avoir été « plus de six semaines sans parler » aux couvent des filles de Saint-Thomas [17]. Mais ce silence dans lequel se trouvait Angélique de Saint-Jean n'avait pas été entièrement imposé ; il a aussi été choisi et assumé. À mon avis, il s'agissait tout d'abord d'un acte de résistance.

Angélique de Saint-Jean fut enlevée de force de Port-Royal. Aux Annonciades, elle était privée de visites, de nouvelles et de correspondance. Elle était obligée de rester dans sa cellule, surveillée en permanence. Autrement dit, le corps même de cette religieuse emprisonnée devient le lieu où s'affrontent les différentes forces à l'œuvre dans ce

14. *Ibid.*, p. 108-110.

15. *Ibid.*, p. 73.

16. A.-M. de Sainte-Eustoquie de Flécelles de Brégy, « Relation de captivité », *Divers actes, lettres et relations des religieuses de Port-Royal du Saint-Sacrement, touchant la persécution et les violences qui leur ont été faites au sujet de la signature du formulaire*..., s.l. n.d., p. 5.

17. M.-Ch. de Sainte Claire Arnauld d'Andilly, « Relation de captivité », *Divers actes, lettres et relations des religieuses de Port-Royal du Saint-Sacrement, touchant la persécution et les violences qui leur ont été faites au sujet de la signature du formulaire*..., s.l. n.d., p. 152.

conflit politique et religieux. Dans son ouvrage sur le développement du système pénitentiaire, Michel Foucault soutient qu'au dix-septième siècle, le corps humain était un lieu de contrôle social [18]. Dans le cas des religieuses de Port-Royal, le roi a imposé son autorité sur leurs corps en les enlevant de Port-Royal et en les enfermant dans d'autres couvents. Ce que je voudrais démontrer ici, c'est que le silence et la parole étaient les seules armes qui restaient à Angélique de Saint-Jean pour exprimer sa résistance à cette politique de la contrainte. La parole et l'absence de la parole était quelque chose qu'elle-même pouvait contrôler. Quoique parfois le silence lui soit imposé, dans les entretiens avec les religieuses des Annonciades ou avec l'archevêque, elle pouvait aussi s'en servir pour s'approprier du pouvoir sur sa situation. Elle s'est rendu compte dès les premiers jours de sa captivité qu'il ne fallait pas parler aux autres religieuses. Elle écrit :

> Je me tenais, comme je l'ai dit, dans le plus grand silence que je pouvais, et j'aurais voulu faire mon possible pour n'être point du tout connue de ces bonnes Mères [...]. Mme de Rantzau, au contraire, tâchait de me faire parler, pour avoir occasion d'entrer plus adroitement dans mon esprit [...][19].

Dès le début, Angélique de Saint-Jean avait compris qu'entre elle et les présences hostiles qui l'entouraient, il y aurait une bataille de parole en permanence. Elle disait souvent que les religieuses essayaient de la faire parler mais sa stratégie habituelle était de garder le silence [20]. Par exemple, quand la mère supérieure vint lui apporter de bonnes nouvelles, elle décrit sa réaction : « Je tremblai de tout mon cœur à ces paroles et ne dis pas un mot, car on est là en pays ennemi [...] [21]. » À une autre fois, elle dit que, face aux attaques des religieuses des Annonciades contre Port-Royal : « Je les laissais dire sans répondre rien du tout [...] [22]. » Angélique de Saint-Jean s'arroge un certain pouvoir dans la

18. M. Foucault, *Surveiller et punir : naissance de la prison*, Paris, Gallimard, 1975. Pour une analyse détaillée de l'application des idées de Foucault au cas des religieuses de Port-Royal, voir l'article de C. Baxter, « Repression or liberation ? Notions of the body among the nuns of Port-Royal », *Women in Renaissance and Early modern Europe*, éd. Christine Meek, Dublin, Four Courts Press, 2000.

19. Angélique de Saint-Jean, *Relation de captivité*, *op. cit.*, p. 69.

20. Voir, par exemple, *ibid.*, p. 69, 72.

21. *Ibid.*, p. 75.

22. *Ibid.* p. 88.

mesure où elle enlève à ses geôlières la possibilité de communiquer avec elle. Mais parfois, elle n'arrivait pas à garder ce silence, prenant la parole pour défendre Port-Royal. Elle évoque un cas pareil dans la *Relation de captivité*, où elle dit à Mme de Rantzau « qu'il était comme impossible que des personnes conduites par le P. Nouet et autres pussent être assez instruites de cette affaire pour en juger équitablement ». Il s'ensuit une discussion sur la *Fréquente Communion*, ouvrage de son oncle, Antoine Arnauld, qui aurait été attaqué par Nouet, père jésuite. Pourtant, Angélique de Saint-Jean semble regretter cette prise de parole directe : « Mais, quand il m'était échappé de dire quelque chose comme cela, aussitôt je me renfermais et n'ouvrais plus la bouche qu'on ne me pressât de répondre [23]. » Le champ lexical ici de l'enfermement suggère qu'il lui était très difficile de garder le silence. À tout moment, elle prend une décision délibérée de parler ou de s'abstenir de parler ; son silence représente en fait un moyen de résistance pour elle. Une constatation paradoxale du positionnement d'Angélique de Saint-Jean : pour se défendre, elle se laisse pour ainsi dire sans défense dans la mesure où elle s'empêche de parler et se réfugie dans le silence. Mais quand elle choisit le silence, elle sait que c'est un silence qui parle, et elle le décrit comme tel. Lors d'une discussion avec Mme de Rantzau, elle commence à perdre patience au cours des débats interminables. Elle écrit : « Je ne me souviens point de ce que je répondis, mais seulement de l'impatience que je ressentis, et que je ne cachai que par un froid et un silence qui témoignaient de ma disposition sans l'expliquer [...] » [24]. Il est important de souligner que pour Angélique de Saint-Jean, le silence parle – on remarque au passage la notion de témoignage – voilà pourquoi elle se souvient plus de son silence que de ses paroles. Car le silence à lui-même constitue un témoin de son état d'esprit.

Une autre motivation du silence d'Angélique de Saint-Jean est qu'elle y trouve une certaine supériorité spirituelle par rapport à la parole. Dans *La Fable Mystique*, Michel de Certeau dessine le portrait de « l'idiote », une femme folle aux marges de la société qui apparaît pour la première fois au IVe siècle dans *l'Histoire lausiaque* de Palladios [25].

23. *Ibid.*, p. 70-71. *Cf. ibid.*, p. 78 : « Je n'en pouvais plus de n'oser parler; il m'échappa pourtant de dire : "Hélas ! Ma Mère ! [...]." »

24. *Ibid.*, p. 80.

25. M. de Certeau, *La Fable mystique. XVIe-XVIIe siècles*, Paris, Gallimard, 1982, p. 48-58.

Or, comme le constate Mino Bergamo dans son ouvrage *L'Anatomie de l'âme*, ce genre de personnage – illettré, pauvre, mendiant, inculte, ou autre, mais d'une sagesse supérieure à l'homme d'Église – est souvent rencontré dans la spiritualité du XVIIe siècle [26]. « L'idiote » décrite par de Certeau se trouve dans un monastère où elle « s'abstient [...] des signes identificatoires de la collectivité » : elle *choisit* la retraite, l'exclusion, le silence. Elle se soustrait, et finalement « aucun contrat, fût-ce le premier et dernier de tous, celui du langage, n'est par elle honoré » [27]. Mais cette histoire de la femme « sans nom » [28], connue pour et par sa folie, est en réalité une représentation d'une femme sage. Sa sagesse réside dans sa folie ; folie définie en partie par son choix de la retraite et du silence. Je suggère ici qu'Angélique de Saint-Jean, en choisissant le silence, se soustrait encore plus à sa situation au couvent des Annonciades, et accède à la sagesse à travers le silence. Celle qui cite la Bible par cœur dans sa correspondance doit bien connaître le conseil de saint Paul de devenir fou pour devenir sage [29]. Loin d'être folle, Angélique de Saint-Jean, en optant pour le silence et la retraite, s'inscrit tout de même dans cette lignée de personnages exclus, en marge de la communauté. Elle prie les religieuses des Annonciades « d'oublier qu['elle] fût dans leur maison » [30] ; elle reconnaît que dans la solitude de sa captivité, « tout [lui] était favorable, puisque tout contribuait à [l]'humilier, à [la] séparer des créatures, à [l]'attacher à Dieu, à [la] priver de toute consolation sensible, à [l]'exercer dans la pauvreté et dans la pénitence » [31]. Elle trouve dans sa situation des avantages, et elle se soustrait à la vie commune, que ce soit sur le plan physique ou langagier. Elle refuse de participer, autant que possible, dans des discussions infinies sur la signature du Formulaire. La parole de l'autre est oppressive ; elle la rejette. Dans ce refus, elle nie aussi l'autorité de l'autre. Je dirais ici qu'en rejetant la parole de ses oppresseurs, Angélique de Saint-Jean refuse un certain dialogue qui a comme

26. M. Bergamo, *L'Anatomie de l'âme, de François de Sales à Fénelon*, trad. Marc Bonneval, Grenoble, Jérôme Millon, 1994, p. 8.
27. M. de Certeau, *op. cit.*, p. 54, 58.
28. *Ibid.*, p. 48.
29. *I Corinthiens*, 3, 18 ; voir aussi M. de Certeau, *op. cit.*, p. 54.
30. Angélique de Saint-Jean, *Relation de captivité*, *op. cit.*, p. 42.
31. *Ibid.*, p. 116.

objectif de lui faire dire le contraire de ce qu'elle croit. Elle n'a « rien à dire » [32] à ses geôlières qui essaient de la faire rentrer dans un monde qu'elle estime mensonger, et opte par conséquent pour le silence qui, dans ce cas et dans d'autres qu'il serait inutile d'énumérer, affiche le mépris. Elle constate que « leur langage » n'est pas le même que celui des religieuses de Port-Royal [33]. Toute communication avec eux est donc futile. Son point de vue s'entend très clairement dans la suite de la citation donnée ci-dessus de ses discussions autour du Formulaire avec Mme de Rantzau :

> [...] et véritablement tout cela me donna un tel éloignement d'écouter des choses si déraisonnables que j'eus plus de soin que jamais d'éviter de parler sur tout cela, étant assez facile de voir que je n'avais rien à gagner sur des personnes qui se contentent de telles raisons et condamnent tout ce qui est plus solide, – ni rien à profiter à telles disputes, qui ne donnent que de l'impatience [34].

La remarque d'Angélique de Saint-Jean consigne ses opposants au monde de la déraison, monde avec lequel le dialogue est devenu impossible. Elle estime qu'y participer n'est ni possible ni utile, n'ayant rien à gagner et ne pouvant pas profiter de ce discours mensonger. La solution qu'elle trouve est donc, pour reprendre l'expression de M. de Certeau, de ne pas honorer ce contrat de langage [35]. Aux paroles, elle préfère le silence ; à la participation à une vie de communauté, elle préfère la solitude et la retraite.

Angélique de Saint-Jean choisit de se retirer en elle-même et de rejeter les choses extérieures, c'est-à-dire l'autorité du magistère de l'Église, la hiérarchie monastique et même le dialogue avec des responsables religieux dont l'autorité est ramenée à la folie. Dans son nouvel état,

32. Voir, par exemple, le témoignage suivant : « La Mère prieure me demandait assez souvent si je ne voulais parler à personne, et je lui disais toujours que je n'avais rien à dire, mais bien à souffrir », *ibid.*, p. 46.

33. Voir, par exemple, la page où elle témoigne qu'« on est assuré que ce qui s'appelle de bonnes nouvelles en leur langage en sont de très affligeantes pour nous », *ibid.*, p. 75. Plus loin, elle confie au lecteur, « Or, si je m'étais voulue mêler de parler de doctrine, quoi que j'eusse pu dire leur eût paru suspect, à moins que d'user toujours leurs termes », *ibid.*, p. 90.

34. *Ibid.*, p. 80-81.

35. M. de Certeau, *op. cit.*, p. 58.

elle n'a plus besoin de défendre son corps parce qu'il ne reste rien à défendre [36] : elle s'est retirée de la vie extérieure, faisant abstraction des punitions corporelles de l'enlèvement, de la détention et de la privation. Elle s'exile en elle-même, à l'intérieur. Ce lieu est ambigu : endroit sécurisé et désiré par elle, mais imposé, en même temps, par ses adversaires [37]. Elle se tourne vers son cœur, ce lieu symbolique au XVIIe siècle qui désigne l'espace d'une intériorité psychologisée. Dans cet endroit, elle dit n'avoir « rien à faire qu'à y demeurer dans le silence, occupée de Dieu seul » [38]. Car en se détournant du monde, elle se tourne vers Dieu. Dans sa *Relation de captivité*, l'intérieur est le lieu de rencontre avec Dieu. La prière personnelle n'était pas interdite à Port-Royal. Dans son *Traité de la Prière*, Nicole écrit que

> ceux qui conseillent l'oraison mentale, et qui en prescrivent des méthodes, ont pour but de retirer les Chrétiens de la dissipation où ils vivent dans le monde, et de les porter à rentrer dans eux-mêmes, à se recueillir devant Dieu, et à attirer ses grâces par la prière [39].

Angélique de Saint-Jean, retirée du monde, en solitude et en silence, se trouve dans un état très avantageux pour prier. À maintes reprises, elle se retrouve seule devant Dieu. Dans ces moments d'« affliction », elle écrit qu'elle n'avait « que [Dieu] pour refuge et sa parole pour consolation » [40]. Dans ce lieu de détention silencieuse, la Bible est son compagnon constant, Bible qu'elle se représente comme une parole, ce qui fait que cet endroit devient un lieu d'écoute et de dialogue. D'ailleurs, Angélique de Saint-Jean n'est pas non plus seule dans sa solitude : Dieu est avec elle, il la voit et il l'écoute. Sa parole, et la parole de l'Écriture, parfois lues, parfois exprimées, l'accompagnent tout au long de son expérience. Cet espace intérieur, malgré le silence, est donc rempli de voix et de paroles. Dans un passage frappant de sa *Relation*,

36. *Cf. Ibid.*, p. 62. De Certeau consacre la deuxième partie de son étude des « Folies dans la foule » à l'histoire de Marc le fou dans la *Vie de Daniel* : « Dans ce récit comme ailleurs dans la même série textuelle, l'idiot est un corps [...] depuis longtemps disséminé, dérisoire, qui n'a pas besoin d'être défendu et qui n'a plus rien à défendre. »

37. N. Paige, *Autobiography and the Contradictions of Modernity in Seventeenth-Century France*, Philadelphia (Penn.), University of Pennsylvania Press, 2001, p. 3.

38. Angélique de Saint-Jean, *Relation de captivité*, *op. cit.*, p. 47.

39. P. Nicole, *Traité de la prière*, Paris, Desprez, 1768, t. II, p. 323.

40. Angélique de Saint-Jean, *Relation de captivité*, *op. cit.*, p. 37, 82.

Angélique de Saint-Jean décrit ses habitudes dans sa cellule lors des grandes fêtes. Elle continue avec la tradition monastique de Port-Royal, en se levant la nuit pour prier.

> Pour ce qui est de cela, je voudrais qu'on eût vu combien cela est beau et dévot, de se trouver ainsi seule au milieu de la nuit à bénir Dieu dans une prison, chantant ses louanges sans pouvoir être entendue que de lui et sans entendre quoi que ce soit qu'un profond silence, au milieu de cette grande ville [...] [41].

Dans un silence paradoxal – car il est n'est pas sans voix – Angélique de Saint-Jean trouve de la consolation en Dieu. La voix divine se fait entendre, et finalement, c'est cette parole qui l'aide à survivre à son expérience pénitentiaire.

Au début de sa captivité, elle était parfois en proie à des moments de crise spirituelle, s'angoissant quand elle pensait à ce qui pourrait lui arriver. À un moment donné de la Relation, elle résume les mesures qu'elle avait prises pendant très longtemps pour se préparer à une telle situation :

> J'avais envisagé cent fois depuis bien des années l'exil et la séparation où je me trouvais alors, et je m'étais promis qu'en quelque état qu'on me mît je pourrais trouver dans la prière et dans la parole de Dieu les consolations et la patience qui pourraient soutenir mon espérance [...]. Je relisais les endroits des prophètes et des histoires saintes que j'avais mis comme en réserve dans mon esprit pour m'en nourrir dans ce temps-là [42].

La parole divine et l'Écriture sont pour elle une nourriture spirituelle pour la maintenir pendant sa persécution, et la renforcer au cours de celle-ci. Comme le note Brad Stephen Gregory dans *Salvation at Stake*, ouvrage qui étudie le cas des martyrs chrétiens de l'Europe moderne, pour celui qui est persécuté, « l'efficacité de l'Écriture est proportionnelle à l'intensité de la foi » [43]. Angélique de Saint-Jean s'était nourrie toute sa vie durant des paroles de l'Écriture et ainsi au moment que la crise s'est abbatue sur elle, elle y trouve évidemment une grande consolation ;

41. *Ibid.*, p. 114.
42. *Ibid.*, p. 63.
43. B. Gregory, *Salvation at stake: Christian martyrdom in early modern Europe*, Cambridge (Mass.) and London, Harvard University Press, 1999, p. 110.

par conséquent, sa détermination à ne pas signer le Formulaire n'est que renforcée par ce dialogue spirituel. La Providence, aussi, se révèle comme source de consolation. Pendant sa captivité, après avoir reçu les nouvelles que certaines de ses sœurs avaient signé, suivies d'une discussion théologique ravivée, Angélique de Saint-Jean, bouleversée, se retire. Elle cherche de la consolation dans la Bible et tombe directement sur les paroles du deuxième chapitre de l'*Ecclésiastique* qui promet « malheur à ceux qui ont perdu la patience, qui ont quitté les voies droites » [44]. Elle nous dit que ces paroles la « frappèrent d'étonnement et de terreur pour celles à qui il était aisé d'en faire l'application », c'est-à-dire, les religieuses qui venaient de signer le Formulaire. Elle continue en nous décrivant sa réaction à l'application de cette parole à son propre cas : « et en même temps elles [ces paroles] me fortifièrent [...] : il me semblait que [...] la Providence de Dieu n'avait fait écrire ce chapitre que pour moi » [45]. Pour Anne Dillon, qui a travaillé sur la construction du martyr catholique en Angleterre, celui qui est persécuté cherche et reconnaît partout les marques de la Providence de Dieu [46]. L'existence de telles preuves est un moyen pour Angélique de Saint-Jean d'expliquer ce qui lui arrive, et de justifier une position qu'elle refuse de modifier face à l'opposition. Au lieu d'être affaiblie par ses conditions austères de détention, elle en sort paradoxalement raffermie. La persécution est décrite comme « heureuse » car seuls les persécutés sont de vrais chrétiens. Angélique de Saint-Jean est convaincue que Dieu l'a choisie avec ses sœurs afin de souffrir pour lui, et elle espère qu'il ne l'abandonnera pas. Elle écrit : « notre affaire étant sa cause, il se voudrait glorifier en nous » [47]. Cette explication lui permet d'envisager la persécution sous un autre angle. La détention fut paradoxalement pour elle une source de force puisque c'était une preuve qu'elle faisait partie des élus de Dieu. Dans le cas d'Angélique de Saint-Jean, la stratégie de l'archevêque s'est retournée contre lui : elle reste retranchée dans son refus de signature, plus convaincue que jamais que la persécution et la demande de signature sont injustes

44. Elle cite en latin les versets de l'*Ecclésiastique*, 2, 15-17.

45. Angélique de Saint-Jean, *Relation de captivité*, *op. cit.*, p. 82-3.

46. A. Dillon, *The construction of martyrdom in the English Catholic community : 1535-1603*, Aldershot, Ashgate, 2002, p. 99.

47. Angélique de Saint-Jean, *Relation de captivité*, *op. cit.*, p. 122.

48. J'emprunte la notion d'illégitimité à C. Baxter, *God's Warriors : Port-Royal – the Construction of a powerful Sisterhood (1609-1709)*, thèse doctorale non publiée, Trinity

et illégitimes [48]. Dans le silence de sa captivité, elle a rencontré l'autorité divine qui lui permet de justifier son refus de l'autorité « extérieure » de l'archevêque. Malgré toutes les tentatives de persuasion et de coercition, ou peut-être à cause d'elles, Angélique de Saint-Jean comprend que la fidélité à sa vocation, à sa communauté, et enfin à elle-même, réside dans le silence.

Dans les premières lignes de la *Relation de captivité*, Angélique de Saint-Jean avait déjà introduit l'idée de l'omniprésence de son silence pendant sa détention. Elle a aussi marqué la différence entre l'expérience extérieure de sa captivité et celle qu'elle a éprouvée dans son cœur. Un autre thème qui se présente dès les premières lignes et que nous avons rencontré au cours de notre étude est celui de l'insuffisance du langage : pour celui qui a envie de comprendre l'état d'esprit d'Angélique de Saint-Jean pendant sa captivité, il faut qu'il eût déjà éprouvé une expérience semblable [49]. Le langage est impuissant à décrire l'expérience de la religieuse. Cette idée se trouve dans d'autres écrits féminins du XVIIe siècle, notamment mystiques, par exemple, dans la *Vie* de Madame Guyon [50]. Selon Anne Dillon, on sait que les martyrs catholiques anglais étaient confrontés aussi à l'impuissance du langage pour exprimer leur expérience, refusant d'emprunter le langage de leurs persécuteurs [51]. La parole, extérieure et oppressive, ne peut pas suffire pour décrire l'expérience intérieure vécue par Angélique de Saint-Jean. Le « contrat du langage » évoqué par de Certeau, rompu pendant sa captivité, n'est pas réparable pour dépeindre cette période dans sa *Relation*. Le refus du dialogue avec l'oppresseur finit par s'ouvrir à un autre dialogue, celui à l'intérieur même de Port-Royal, avec ses sœurs et leurs confesseurs sur la captivité qu'elles ont vécue.

Afin de survivre dans des conditions hostiles, Angélique de Saint-Jean transforme son expérience de captivité en un récit de résistance. La persécution devient une source de force, la prison se transforme en espace du sacré, et le silence se convertit en lieu de paroles. Elle écrit :

College Library, Dublin, p. 269. Il y a bien d'autres parallèles à faire entre l'expérience de captivité d'Angélique de Saint-Jean et la persécution subie par les martyrs contemporains du côté protestant ou catholique. Voir les ouvrages déjà cités de Dillon et de Gregory.

49. Angélique de Saint-Jean, *Relation de captivité*, *op. cit.*, p. 25-26.

50. N. Paige, *op. cit.*, p. 159.

51. A. Dillon, *op. cit.*, p. 295.

« Dans ce temps que je ne sortais plus les fêtes ni les dimanches pour assister au service, je fis une église de ma prison, et je chantais presque tout l'office [...] [52]. » À partir de ses conditions de captivité difficiles, elle crée une situation avantageuse sur le plan symbolique. Elle se trouve hors de toute atteinte car réfugiée dans cet espace sacré imaginé. La parole de l'oppresseur s'efface ; celle d'Angélique de Saint-Jean s'intériorise. Le cœur, l'intérieur, cet espace du sacré et de la parole, est un lieu où s'instaure dialogue entre divin et humain, noyant la parole des adversaires. Ce silence imposé, qui devient un silence assumé, finit par devenir le symbole de la victoire d'Angélique de Saint-Jean dans le conflit langagier avec ses oppresseurs. Comme le dit Foucault dans *Surveiller et punir*, « la justice avait besoin que sa victime authentifie en quelque sorte [par des dernières paroles] le supplice qu'elle subissait » [53]. Cette justice injuste ne l'obtint pas d'Angélique de Saint-Jean, qui finit par être doublement vainqueur : elle rejette le langage et l'autorité de ceux qui la persécutent, et elle quitte le couvent des Annonciades sans signer le Formulaire.

52. Angélique de Saint-Jean, *Relation de captivité*, *op. cit.*, p. 113.
53. M. Foucault, *op. cit.*, p. 79.

« Nous sommes les plus heureuses filles du monde [1]. »
La captivité des religieuses à Port-Royal des Champs à travers leurs lettres

Par Agnès COUSSON

Règles, privations et enfermement, le couvent présente des points communs avec la prison, terme utilisé par les religieuses pour évoquer le monde, le corps et la vie, « chaînes » auxquelles la mort offre la possibilité d'échapper, selon l'usage que le chrétien aura fait de son existence [2]. Le 3 juillet 1665, le monastère des Champs devient une prison pour les religieuses de Port-Royal résistantes à la signature du Formulaire [3]. Elles y seront maintenues en détention collective jusqu'en 1669, privées de leurs confesseurs, des sacrements, du chant de l'office divin et interdites de communication avec l'extérieur sur ordre de l'archevêque de Paris, Hardouin de Péréfixe, qui espère ainsi obtenir l'acte auquel elles se refusent pour des raisons de conscience [4]. Certaines d'entre elles sortent d'une détention individuelle de plusieurs mois dans des couvents parisiens [5]. Sur l'ensemble des prisonnières [6], seules la

1. *Lettres de la Mère Agnès Arnauld*, éd. P. Faugère-R. Gillet, à M. de Sévigné, en juin 1667, Paris, Duprat, 1858, t. II, p. 244. La mère (1593-1671), abbesse de Port-Royal en 1636 et en 1658, fit partie des religieuses exilées.

2. Sur « le *topos* du monde-prison », voir B. Papasogli, « *Le Fond du cœur* ». *Figures de l'espace intérieur au XVIIe siècle*, Paris, Champion, 2000, p. 214 sq. Cette vision du corps est inspirée de la Bible, *Ps*., CXLI, 10 et *Rom*., VII, 24, éd. Sacy, Paris, coll. Bouquins, 1990.

3. Les religieuses exilées (17), celles de Paris qui refusent de signer et les signeuses qui se sont rétractées.

4. La Paix de l'Église marque la fin des persécutions. Les monastères des Champs et de Paris sont désormais séparées.

5. Voir leurs récits de captivité dans les *Divers Actes, lettres et relations des religieuses de Port-Royal du Saint-Sacrement, touchant la persécution et les violences qui leur ont été faites au sujet de la signature du Formulaire*, [1723-1724], [s l.], [s.n.]. Nous renvoyons à l'éd. Cognet, Paris, N.R.F., Gallimard, 1954, pour celui d'Angélique de Saint-Jean.

6. Le *Dictionnaire de Port-Royal*, dir. J. Lesaulnier et A. McKenna, Paris, Champion, 2004, dénombre 73 religieuses et 12 converses aux Champs en 1665.

mère Agnès Arnauld et sa nièce Angélique de Saint-Jean Arnauld d'Andilly [7] continuent d'écrire. La surveillance exercée et le statut privilégié des deux dernières expliquent cette disparité. L'une a été abbesse de Port-Royal, l'autre est la chef de file des résistantes et l'historiographe de la communauté. La sortie de ces lettres clandestines suggère l'existence de complicités et le recours à la ruse. Les lettres de captivité se distinguent par leur contenu et la réduction du nombre des destinataires au cercle des intimes : la famille et les membres de la communauté, sœurs résistantes et Solitaires exilés [8], parmi lesquels Renaud de Sévigné, principal destinataire des lettres de la mère Agnès durant cette période, et Arnauld de Luzancy, frère d'Angélique de Saint-Jean, qui correspond régulièrement avec lui. Porte-parole du groupe pour les questions relatives à la signature, la religieuse est aussi en étroite relation avec le théologien Antoine Arnauld. Les lettres de conduite, aux sœurs et aux mondaines, sont quasi absentes. Les affaires domestiques disparaissent. La captivité et l'avenir de Port-Royal constituent les principaux sujets. Les pseudonymes et les périphrases utilisés pour désigner les amis du couvent sans compromettre leur sécurité sont fréquents, rendant le contenu hermétique au lecteur non initié. En prison, la peur d'être surprise et l'attention portée à la taille du billet (court pour faciliter son acheminement) remplacent les causes ordinaires d'interruption de la rédaction, la fatigue, les charges, l'heure de la messe ou de départ du courrier. La situation d'énonciation influe sur la graphie, réduite parfois à l'extrême chez Angélique de Saint-Jean pour éviter de grossir le billet. La lettre n'est pas toujours une réponse, comme les règles du couvent l'exigent, mais un acte spontané.

Les deux épistolières (comme les autres résistantes) partagent la même conception de la captivité et la volonté de mettre celle-ci à profit pour progresser dans la spiritualité. Leurs réactions ne sont pas identiques. Angélique de Saint-Jean exprime les souffrances que la prison exerce sur la nature, non la mère Agnès. L'âge et le caractère expliquent

7. Cette religieuse (1624-1684), fille de Robert Arnauld d'Andilly, fut retenue dix mois chez les Annonciades de Paris. Auteur d'une vaste correspondance, elle rédige et collecte de nombreux textes dans le cadre du travail de mémoire lancé en 1652. Elle est élue abbesse des Champs en 1678. Les références à ses lettres renvoient aux copies de R. Gillet, bibliothèque de Port-Royal, Paris, LT 88/93 ms.

8. Les Solitaires quittent les Champs le 28 novembre 1664 sur ordre du roi. Ils avaient connu une première dispersion en 1656.

en partie cette différence. L'intensité de la foi est égale chez ces deux religieuses qui ont la vocation depuis l'enfance. Angélique de Saint-Jean n'a pas la capacité de sa tante de dominer ses émotions, même si la connivence affective qui l'unit à ses destinataires favorise la confidence. Peu encline à s'épancher, la mère Agnès fixe son esprit dans le présent, comme l'intiment les règles. Elle se consacre aux avantages de la captivité pour l'âme et au bon usage des souffrances, dans un style impersonnel qui reflète son détachement intérieur. On relève ce seul aveu direct de souffrance, relatif aux accusations adverses : « Ce qui me pénètre le cœur est le nom qu'on donne à notre refus, en l'appelant un scandale et un très grand péché [9]. » L'intention critique, forte chez Angélique de Saint-Jean, est moindre chez l'ancienne abbesse. Âgée et malade (elle manque de décéder en 1667), elle endure l'épreuve avec cette « égalité d'humeur » que son entourage lui reconnaît, puisant sa force dans la prière, dans le souvenir de leurs amis et de sa sœur Angélique, la réformatrice de Port-Royal, décédée en 1661. La mort en 1667 de son amie, la sœur Anne-Eugénie de Boulogne (Mme de Saint-Ange dans le monde) n'entame pas son détachement. Les interdictions du chant et des sacrements constituent ses principales peines. Elle écrit moins pour s'encourager que pour soutenir ses destinataires. Au-delà de leur cas particulier, leurs deux correspondances nous serviront à analyser comment des religieuses habituées à la claustration (la plupart depuis l'enfance), aux mortifications et à la solitude, sommées de renoncer à elles-mêmes pour s'assujettir à Dieu, vivent et appréhendent la captivité au fil des années. Nous examinerons les effets de celle-ci sur ces femmes qui se définissent comme des « mortes au monde » [10].

Les champs lexicaux de la mort et de la joie se côtoient dans les lettres. L'un exprime la pénibilité de la captivité pour les sens, l'autre, la satisfaction spirituelle qu'elle apporte. Ce second sentiment domine tout au long de la détention. Le couvent est un « tombeau » heureux. « Nous sommes ici dans une parfaite solitude [...]. Le monde, et tout ce qui est au dehors, n'a non plus de communication avec nous que l'on a avec les morts qui sont dans le tombeau : c'est, je vous assure, un

9. *Op. cit.*, à Antoine Arnauld, le 21 octobre 1668, t. II, p. 269.
10. Sur les règles du couvent, voir les *Constitutions du monastère de Port-Royal du Saint-Sacrement*, Paris, Nolin, 2004.

heureux état » [11], affirme la sœur Catherine de Champaigne à son père. Angélique de Saint-Jean utilise la même image pour rendre compte de la rigueur de la surveillance. Les « prisonnières » sont « si bien gardées qu'il n'y a guère de différence entre leur condition et celle des morts qui sont enfermés dans les sépulcres » [12]. La conclusion est identique : « Nous sommes toujours fort contentes d'être en l'état où Dieu nous veut, et de n'attendre notre délivrance ni notre consolation que de lui [13]. » La métaphore des saisons exprime le caractère paradoxal de la captivité, « hiver » et « printemps » à la fois. « Ce n'est pas que les différentes saisons ne s'y rencontrent aussi, mais ce n'est pas successivement comme ailleurs ; c'est en même temps que l'hiver est au dehors, et le printemps au dedans » [14], explique la même religieuse. Elle compare la disposition du groupe à la nouvelle saison « parce que tout le monde y tâche à se renouveler ». L'union et le bonheur perdurent en 1668 : « Tout le monde est content, tout le monde est uni. [...]. On vit dans l'union, on meurt dans la paix » [15]. La séparation resserre les liens dans la communauté opprimée. « Je crois être avec vous quand je vois que nous sommes tous deux morts et ensevelis au monde », écrit Angélique de Saint-Jean à son frère de Luzancy, le 31 décembre 1665. La captivité « a plutôt augmenté que diminué l'union que Dieu m'a fait la grâce d'avoir avec vous » [16], écrit la mère du Fargis, prieure des Champs, au même. Quand Sacy [17] est à la Bastille, les religieuses récitent « sans cesse alternativement le *Psautier* » pour lui. « Ainsi nous sommes plus à vous que nous n'y étions puisque nous prions avec vous à toute heure », conclut Angélique de Saint-Jean, le 1er octobre 1666.

11. Lettre du 20 mars 1666, p.p. J. Lesaulnier, *Philippe de Champaigne et Port-Royal. Témoignages*, La Rochelle, Himeros, 2009, 2e édition, p. 88-90. La sœur (1636-1686), fille aînée du peintre, écrit sur autorisation des mères, ce qui montre que cette règle du couvent vaut même en captivité.

12. À M. de Luzancy, vers le 16 novembre 1665.

13. *Ibid.* Les résistantes gardent cette position jusqu'en 1669.

14. À Arnauld de Luzancy en avril 1666.

15. Angélique de Saint-Jean, à Antoine Arnauld, le 5 janvier 1668.

16. Fin février 1666. Ses lettres sont classées avec celles d'Angélique de Saint-Jean. La mère du Fargis (1618-1691) est élue abbesse des Champs en 1669.

17. Le Maistre de Sacy, confesseur des religieuses, continue d'écrire aux captives. Il est embastillé du 26 mai 1666 au 31 octobre 1668, en compagnie de N. Fontaine, Solitaire. Voir la *Relation de la prison de M. de Sacy...* [1668] par Fontaine, dans les *Vies intéressantes des religieuses de Port-Royal...*, Aux dépens de la Compagnie, 1752, t. IV p. 159-327.

Une double conviction est à l'origine de la joie et de l'endurance des prisonnières. Dans l'univers religieux qui accorde à la souffrance une valeur purificatrice, la captivité est sanctifiante. Les moniales l'interprètent comme une miséricorde de Dieu pour leur permettre de racheter leurs péchés. Job se fait plus présent dans les esprits. Modèle de conduite, le personnage biblique, éprouvé et récompensé par Dieu pour sa soumission, devient source d'espoir et de réconfort. La prison est heureuse pour ces « épouses » du Christ parce qu'elle est partage de la croix du fils de Dieu. Il n'y a pas de « plus grande gloire que celle de communiquer aux souffrances de Jésus-Christ » [18], écrit Angélique de Saint-Jean. Les lettres insistent sur les avantages de leur situation pour l'âme et le salut. La captivité accentue la solitude, le silence et la pauvreté, vertus fondamentales au couvent. Elle exacerbe un mode de vie que les religieuses cultivent. Le « bonheur » et l'« avantage » de la prison résident dans l'absence d'occupations profanes et dans l'isolement. « Il n'y a point d'état plus heureux que celui où nous sommes présentement, étant délivrées de toutes les choses qui nous pouvaient causer de la distraction et du trouble » [19], note la mère du Fargis. « Il n'y a rien à faire [...] que de prier Dieu », ajoute la mère Agnès, le 17 février 1668. Cette dernière se réjouit d'une situation qui donne au cœur la place essentielle que lui accordent les règles. L'interdiction de chanter l'office divin renouvelle la relation à Dieu. Le langage du cœur devient le seul moyen de se faire entendre de lui, au profit d'une communication plus intime. « La persécution nous a été nécessaire pour nous faire connaître Dieu d'une autre manière qu'on ne le connaît dans le repos [20]. » Le cœur, maison de Dieu et lieu de vérité pour les religieuses [21], habituellement dévolu au silence et à la prière, devient un espace de liberté qui résonne des voix des captives. Il faut « renfermer dans notre cœur le chant que nous voudrions faire éclater au dehors » [22],

18. À Antoine Arnauld, juillet 1666.
19. À Arnauld de Luzancy, fin février 1666.
20. *Op. cit.*, à la reine de Pologne 1665, t. II, p 224.
21. Voir saint Augustin, *Confessions*, Paris, Folio Gallimard, 1993, I, chap. 5, p. 31. Sur les sens du « cœur », voir P. Sellier, *Pascal et saint Augustin*, Paris, A. Michel, 1995, p. 117-139. La conversion « au fond du cœur » est un exercice spirituel. « Lors toutes les autres choses dont nous aurons besoin nous seront données par-dessus », note la mère Agnès, *op. cit.*, t. II, p. 491. La conversion donne accès à la simplicité, vertu religieuse première. Voir B. Papasogli, *op. cit.* , p. 232 sq.
22. *Op. cit.*, septembre 1665, t. II, p. 219.

conseille-t-elle aux religieuses des Champs pour compenser l'interdiction de cette « félicité » suprême. Elle les invite à pratiquer la charité, « voix puissante » qui « ne peut manquer de se faire entendre de celui qui, étant le Dieu d'amour, entend toujours le langage du même amour qu'il répand dans les cœurs. C'est donc parler sans cesse à Dieu que l'aimer toujours » [23]. La mère voit dans la « manière humiliante et pénitente » dont elles disent l'office une « obligation » nouvelle de respecter entre elles la règle du silence. Cet « état de mort à l'égard d'une observance qui doit être la vie de toutes les autres » doit les conduire à « regarder tout le reste comme indifférent et à se maintenir dans un état de deuil » [24]. Autre sujet de satisfaction : la captivité rend effective l'amitié spirituelle prescrite par les règles. L'interdiction des visites et des lettres, objets profanes impurs au couvent parce que liés aux sens, profite au détachement. La langue du cœur devient le principal moyen de communication entre les êtres. La mère Agnès tire cet enseignement de leur situation : « Nous éprouvons que rien ne peut séparer ce que Dieu a uni par sa charité, et que même la séparation ajoute quelque chose à cette union, en la rendant plus spirituelle par la privation de ce qui la rendait plus satisfaisante [25]. » Les « amis » se rejoignent en Dieu, au bénéfice du recueillement :

> [...] Dieu nous a séparés pour nous unir davantage les uns avec les autres, [...] il sera le lien de notre union, qui ne dépend plus d'une satisfaction sensible dans laquelle l'esprit se dissipe bien souvent ; au lieu que nos visites spirituelles nous obligent de penser à Dieu, pour trouver en celui auquel toutes choses vivent ceux que nous ne trouvons point ailleurs [26].

Cette « assurance » que Dieu « est au milieu d'elles » et veut tout ce qui leur arrive apaise les inquiétudes liées à l'avenir et à la séparation. La paix qui en découle est source de repos. La confiscation des biens de Port-Royal des Champs au profit du monastère de Paris est une source

23. *Ibid.* p. 220. « En la théologie mystique, c'est le principal exercice de parler à Dieu et d'ouïr parler Dieu au fond du cœur », écrit F. de Sales, un des premiers directeurs de la mère Angélique, *Traité de l'Amour de Dieu*, *Œuvres*, Paris, Pléiade, 1969, VI, chap. 1, p. 611.

24. *Ibid.* p. 222. Le 15 septembre 1666, les religieuses reprennent le chant de l'office malgré l'interdiction.

25. *Op. cit.*, à M. de Sévigné, mars 1667, t. II, p. 240.

26. *Op. cit.*, à M. de Sévigné, mai 1667, t. II, p. 242-243.

de joie et de réconfort supplémentaire en 1666. Cet appauvrissement est pour la mère du Fargis « un nouveau sujet d'espérer le royaume des cieux que Jésus-Christ promet aux pauvres » [27].

Moyen de faire son salut, la captivité est aussi pour les moniales une « occasion » de souffrir pour la vérité et la justice divines. Si ces deux interprétations sont d'ordre spirituel, la seconde est emblématique de la manière dont le groupe opprimé lit et raconte son histoire. Les persécutions sont interprétées comme des preuves de l'élection de la communauté [28]. La prison, avant-dernière étape du martyr avant la mort, conforte cette conviction. Les captives se présentent comme de nouveaux témoins de Dieu, dans la lignée du Christ et des premiers chrétiens. Elles trouvent en eux des compagnons de souffrance et des modèles de conduite. Hors la question de la signature, elles ne manifestent aucune résistance. Elles renoncent à faire une requête au roi pour recouvrer le droit de se promener dans leurs jardins, même si leur santé en pâtit. Une telle demande alors qu'on les prive de sépulture choquerait « le bon sens », selon Angélique de Saint-Jean, et les ferait paraître attachées aux loisirs du monde. « Nous ressemblerions à un homme sur l'échafaud qui se plaindrait d'un mal de dents quand on est prêt de lui abattre la tête » [29], dit-elle avec un humour qui montre sa capacité de mettre à distance les peines endurées. Les religieuses imitent la soumission silencieuse du Christ dans la Passion. Elles affichent la joie et l'endurance des saints en prison [30]. Angélique de Saint-Jean multiplie les rapprochements entre la captivité et la Passion. La captivité est « désert », « tombeau », « ensevelissement » ; le recouvrement de la liberté sera une « résurrection ». Les religieuses se disent dépositaires de deux « trésors » confiés par Dieu, la pauvreté et la vérité [31].

27. À M. de Luzancy, fin février 1666. Angélique de Saint-Jean tient le même discours à Antoine Arnauld, le 23 février 1666.

28. La mère Angélique partage cette conviction. Voir ses propos rapportés par Agnès à la reine de Pologne, en 1665, et à M. de Sévigné, en juin 1667, *op. cit.*, t. II, p. 223-225 et p. 223-225.

29. À Antoine Arnauld, juillet 1666, lettre CXXXII.

30. Quand les Annonciades l'enferment à clé dans sa chambre, Angélique de Saint-Jean a une « joie sensible » : « J'acquérais ce jour-là une fort grande dignité, entrant en partage des liens de saint Jean », *Relation de captivité*, p. 39.

31. La sœur Marie-Charlotte Arnauld d'Andilly rappelle l'élection de sa communauté par Dieu et se repent de sa signature : « J'avais perdu le trésor de sa vérité dont il avait si particulièrement enrichi notre monastère », *Relation de captivité*, *op. cit.*, p. 177-178. Elle se rétracte en 1665.

Elles deviennent à leur tour le « trésor » de celui qu'elles servent. Angélique de Saint-Jean fait cette comparaison :

> Il [Dieu] est plein de miséricorde sur nous qu'il a mises à part pour lui et qu'il a cachées comme son trésor dans son champ et dans cette profonde vallée pour y être précieusement gardées, pendant que toute cette pauvre maison [Port-Royal de Paris] est au pillage [32].

Une double élection est ici affirmée : celles des résistantes et celle du monastère des Champs. La prison est une « récompense » divine. La mère Agnès met à profit la valeur consolatoire de cette interprétation quand Sacy est mis à la Bastille. Certaine qu'il endure sa peine dans la « joie », elle invite Antoine Arnauld à se réjouir avec lui, comme saint Paul le commande. Le prisonnier fait partie des « saints prêtres » qui « souffrent pour la vérité de Jésus-Christ » [33]. L'acheminement clandestin de la traduction du *Nouveau Testament* est interprété de manière identique. La mère Agnès y voit une autre « récompense » de Dieu, un de ces « miracles extérieurs » [34] destinés à affermir leur foi et leur persévérance. Au-delà de son intérêt moral, ce sens donné à la prison est une stratégie de défense. Les religieuses ne sont pas prisonnières des hommes, mais martyres de Dieu. Cet argument leur permet de se réapproprier leur histoire et de briser la domination exercée par les hommes. Les personnes engagées dans le conflit sont réduites au même rang d'objets de la volonté divine, désignée seule responsable des événements.

La joie profane existe aussi aux Champs. Celle procurée par l'écriture ou la réception d'une lettre. La correspondance avec un proche est compensation à l'absence et à l'isolement. L'espace d'un instant, l'échange interdit renaît. L'autre a de nouveau accès au couvent, sous une forme métaphorique [35]. Dans le premier cas, la verbalisation des sentiments est source du plaisir ressenti. Celui-ci est tel qu'il brouille

32. À Arnauld de Luzancy, le 21 novembre 1665.
33. *Op. cit.*, mai 1666, t. II, p. 232-233.
34. *Op. cit.*, à Antoine Arnauld, août 1668, t. II, p. 263.
35. « La lettre rend le scripteur "présent" à celui auquel il l'adresse. Et présent non pas seulement par les informations qu'il lui donne sur sa vie [...] ; présent d'une sorte de présence immédiate et quasi physique », M. Foucault, « L'écriture de soi », *Corps écrit*, n° 5, 1983, p. 16.

les pensées de la mère du Fargis. « J'ai tant de joie de trouver l'occasion de vous dire un petit mot que je ne puis trouver de termes pour l'exprimer », dit-elle à Arnauld de Luzancy, fin février 1666. Dans le second cas, la cause du plaisir réside dans l'objet lettre, signe qu'un autre pense à soi, marque d'affection qui apaise les douleurs de la captivité et les craintes liées à l'absence de nouvelles, y compris pour celles qui sont privées de courrier. Angélique de Saint-Jean partage avec ses compagnes les lettres qu'elle reçoit. « J'ai cru revivre quand j'ai vu votre billet », écrit-elle à son père, le 1er mars 1668, après deux ans de silence épistolaire. Ce mot auquel elle répond par une lettre de sept pages a « fait renaître le printemps dans l'hiver ». Les « petits paquets » de M. d'Andilly ont le même effet. Joie, aussi, d'être ensemble après des mois de séparation. « Notre réunion [...] est si douce qu'elle nous ôte presque le sentiment des autres choses dont on nous sépare, hormis la séparation des saints sacrements » [36], reconnaît la mère Agnès. Elle émet une réserve. L'« exil », parce qu'il n'offrait pas cette douceur, était plus propice au détachement que la captivité collective. « Ceux qui ont l'intention de nous mater se sont beaucoup relâchés quand ils nous ont réunies ensemble » [37], répète-t-elle deux ans plus tard. La mère du Fargis exprime ce bonheur de l'union. « Je ne pouvais avoir de plus grande consolation que celle dont je jouis à présent, me voyant réunie à nos chères sœurs », dit-elle à Arnauld de Luzancy, dans son billet de 1665. Fin février 1666, elle lui fait part de sa « grande joie » d'être avec Angélique de Saint-Jean et Agnès Arnauld. Ce sentiment est tel qu'il transcende les peines de la prison : « Il me semble que nous ne souffrons plus rien dans toutes les rencontres fâcheuses qui arrivent encore quelquefois de la part des hommes. » Le plaisir naturel d'être avec des sœurs qu'elle affectionne s'accompagne d'une satisfaction spirituelle, dont Angélique de Saint-Jean est cause. Sa personne est objet d'édification pour la mère du Fargis : « Je ne me puis lasser de considérer et de reconnaître la miséricorde qu'il [Dieu] lui a faite [chez les Annonciades], et celle qu'il lui fait tous les jours ». La séparation de la communauté est la seule contrariété d'Angélique de Saint-Jean. « Rien n'est pareil à la douceur de notre union ; sans ces pauvres membres disloqués qui sont à Paris, et

36. *Op. cit.*, à M. de Sévigné, le 16 mars 1666, t. II, p. 227.
37. *Op. cit.*, à M. de Sévigné, le 9 mai 1668, t. II, p. 256.

qui sont une douleur continuelle, nous ne nous serions jamais mieux portées » [38]. Ultimes joies : la libération de Sacy [39] et le retour des pensionnaires.

La souffrance collective est exprimée ouvertement. La lettre est un moyen de rendre publics les outrages subis et de témoigner contre les responsables de ceux-ci. Angélique de Saint-Jean s'y emploie, malgré l'insatisfaction que lui inspire le langage. Les mots restent en deçà de la réalité. « Tout ce qu'on en peut dire n'est rien en comparaison de ce qu'on voit, et qui ne se vit jamais ; car l'indifférence et la dureté de ces personnes a quelque chose d'inconcevable [40]. » En juillet 1666, elle mentionne le manque de place et insiste sur la surveillance dont elles font l'objet : « Rien n'entre ni ne sort d'ici sous quelque prétexte que ce soit [...]. La rigueur qu'on nous tient est plus grande qu'on ne se la peut imaginer » [41]. En 1667, elle dénonce le « traitement inouï » et « l'abandon sans exemple » dans lequel sont mortes trois sœurs qui ont agi au nom du « seul amour de la justice » [42]. Elle revient sur cet « aussi grand attentat » qu'est la violation de la clôture de leurs jardins par les archers du roi « pour s'en emparer comme d'une place de guerre » [43]. La souffrance personnelle est plus succincte, plus allusive, davantage donnée à reconstruire au lecteur. La solitude affective se devine dans la relation au courrier. L'humilité interdit la plainte. Au couvent, la communication est soumise aux critères de la nécessité et de l'utilité. Le discours sur soi doit répondre à une finalité morale ou spirituelle pour être légitime. Sauf à ces conditions, l'expression des sentiments humains est proscrite. Ces interdictions internes expliquent la rareté des descriptions de la réalité matérielle de la détention. Les images et les synonymes sont un moyen d'évoquer les peines sans transgresser les règles ni recourir au *je*, suspect de vanité dans la pensée augustinienne,

38. À M. de Luzancy, avril 1666. La sœur Catherine partage cette peine. On ne note aucun ressentiment envers les signeuses. Seules les sœurs Perdreau et Passart sont perçues comme des traîtres. Angélique de Saint-Jean est sévère envers la première.

39. « Cris de joie » presque, écrit Agnès au même, *op. cit.*, le 2 novembre 1668, t. II, p. 272. Les novices et les pensionnaires ont été expulsées sur ordre du roi en 1661.

40. À Antoine Arnauld, juillet 1666, lettre CXXXI.

41. À Antoine Arnauld, lettre CXXXII.

42. À Antoine Arnauld, le 23 mai. Il s'agit de Catherine de Saint-Paul Goulas, Françoise de Sainte-Ludgarde Robert et Antoinette de Saint-Augustin Le Gros.

43. *Ibid.*

qui domine à Port-Royal. Angélique de Saint-Jean choisit le pronom indéfini pour exprimer sa souffrance de l'isolement. Elle masque ses sentiments personnels dans ceux du groupe : « Moins on vous y voit, plus on vous y regrette », dit-elle à son frère de Luzancy, le 21 novembre 1665. Son humour indique que la séparation n'entame pas son détachement : « Si je ne parlais que de moi, ce ne serait pas merveille [...] mais il s'en faut bien que je sois toute seule, j'ai si bonne compagnie en cela, que si la sœur Dorothée avait eu autant de suffrages, elle aurait la pluralité des voix de toute la communauté et son élection serait presque canonique. » La sœur Catherine de Champaigne échoue à retenir sa peine : « Je voudrais me pouvoir dispenser, mon très cher père, de vous témoigner la douleur que j'ai de votre séparation. Mais quoi ! Cela m'est impossible [44]. » La formulation des sentiments personnels est ressentie comme une concession faite à la nature, de même que l'écriture d'une lettre. « Il n'y a pas moyen, mon très cher frère, de garder plus longtemps le silence » [45], écrit la mère du Fargis. Ces formules de métalangage témoignent de la culpabilité qu'engendre l'expression personnelle. Angélique de Saint-Jean exprime la souffrance de la privation de communication en soulignant le réconfort apporté par un billet. Le 5 janvier 1668, elle demande à Antoine Arnauld un petit mot. Les religieuses ont besoin d'un soutien alors qu'il est question d'une autre dispersion : « Vous ne sauriez vous imaginer combien une marque de communion comme celle-là, est un bon viatique, et la consolation que l'on ressent de voir de ses yeux ces gages sensibles de la charité des personnes de qui on n'espère presque plus entendre jamais parler. »

Bénéfique à l'âme, la prison s'avère l'alliée de la part humaine, le « vieil homme » que les religieuses ont obligation de faire mourir. Elle ravive les sentiments naturels et rend plus difficile l'entretien de la pensée dans le présent. La sœur Catherine avoue sa « tristesse » à son père, sentiment proscrit par les règles du couvent. La dispersion de la communauté entretient la mémoire affective. L'absence des Solitaires est pesante. La nostalgie, autre sentiment interdit, affleure dans la lettre qu'Angélique de Saint-Jean écrit à son frère de Luzancy, en avril 1666. L'évocation des Granges inoccupées et des cellules vacantes révèle la douleur provoquée par la vue de ces lieux vides et des souvenirs qui

44. *Lett. cit.*
45. À Arnauld de Luzancy, fin février 1666.

leur sont attachés. La religieuse aspire à voir renaître le passé, sans cacher son pessimisme. Le retour des Solitaires conditionne l'avènement d'une joie totale dans la communauté et la conformité entre le « désert » et ceux d'Égypte. La mère du Fargis est dans les mêmes sentiments en 1665 : « S'il m'était permis de souhaiter quelque chose, je n'aurais point de plus ardent désir que de voir Goo [M. d'Andilly] revenir avec vous dans notre désert, mais je n'ose presque plus l'espérer », dit-elle à Arnauld de Luzancy, dans son billet de 1665. En 1668, Angélique de Saint-Jean évite de penser à une issue heureuse de peur d'y trouver « de l'ennui » au lieu de « la consolation » [46]. Cette précaution, qui montre son obéissance aux règles du couvent, suggère aussi une crainte de l'abattement. La correspondance a les mêmes conséquences que la prison sur le détachement. Elle suscite également l'attente [47], la souffrance et la joie. Elle profite à l'âme non par la mortification des sens, mais par leur satisfaction. Son interdiction renforce l'emprise des sentiments naturels. Les règles du couvent autorisent une communication minimale pour éviter cet effet de la privation et préserver le recueillement. L'affection du cœur « s'échauffe d'autant plus au dedans qu'elle ne peut plus prendre air et se satisfaire dans les communications extérieures » [48], explique Angélique de Saint-Jean. Ses propres lettres (de 1665-1666 surtout) en témoignent. Leur longueur n'est pas un signe en soi. Bavarde, la religieuse se laisse souvent emporter par sa plume. Le caractère hyperbolique de l'expression de la tendresse, la multiplication des demandes concernant la famille, la difficulté à prendre congé, le style, moins retenu qu'à l'ordinaire, sont des marques formelles de souffrance, et des fautes selon les règles.

Au-delà de sa fonction d'édification, la description de la joie répond à une finalité apologétique, dans les lettres comme dans les récits de captivité. Elle est aussi un encouragement à résister. Dans ce contexte de lutte communautaire, l'image des prisonnières heureuses est une

46. Voir sa lettre du 1er mars à son père.

47. B. Bray analyse cet effet de l'échange épistolaire. « Chacun des deux correspondants, successivement lecteur et scripteur, vit ainsi dans un temps triple : [...] il est ramené par sa lecture dans le passé [...], plongé dans le présent, où se déroulent l'acte de la lecture et celui de l'écriture de la réponse [...], projeté dans l'avenir, vers l'instant où sera lue cette réponse », « L'épistolier et son public en France au XVIIe siècle », *Travaux de linguistique et de littérature, Centre de philologie et de littérature romanes de Strasbourg*, XI, 2, 1973.

48. À Arnauld de Luzancy, le 29 mars 1666.

réponse indirecte aux adversaires de la communauté, confrontés à l'échec de leur entreprise, un démenti aux accusations de rebelles et d'opiniâtres qu'ils répandent à leur encontre. Décrire la joie revient à montrer sa *bonne foi* et à accréditer le statut de religieuses élues. Les récits de morts tranquilles ont la même fonction. Angélique de Saint-Jean présente celle de la sœur Goulas, enterrée avec l'attestation de la rétraction de sa signature, comme un de ces « effets si sensibles de la grâce de Jésus-Christ » [49]. La paix de la conscience est un « viatique » qui « adoucit toutes les amertumes de la vie et même celles de la mort », dira-t-elle à M. d'Andilly, le 1er mars 1668.

Les religieuses surmontent l'épreuve grâce aux sens qu'elles lui accordent. Elles la subissent mais de manière active. La joie et l'union dépeintes sont pourtant à nuancer. La similitude des expressions dans l'évocation de la prison suggère, sinon l'obéissance à des consignes d'écriture, la volonté de transmettre un message identique. Toutes les captives n'ont pas le degré de spiritualité d'Angélique de Saint-Jean et d'Agnès Arnauld, ni leur capacité de réflexion. La correspondance est « une consolation » inégalement partagée. Angélique de Saint-Jean évoque la « dureté inouïe » infligée à ses compagnes, sans nouvelles « pas même de leurs père et mère » [50], dans une lettre écrite à leur insu. Inutiles à l'édification, susceptibles d'entamer l'image de prisonnières heureuses et de faire douter de sa réalité, les peurs sont passées sous silence. En 1665, une lettre attribuée à l'abbesse de Ligny évoque les tourments endurés par les converses, autorisées à communier mais privées de confesseurs. L'une d'elles ressent « de grands troubles » et « des appréhensions de la mort » telles qu'elle est prête à voir un des ecclésiastiques présents, au grand désarroi de la supérieure [51]. L'avenir est source de craintes. En 1666, Angélique de Saint-Jean éprouve une peur classique chez les prisonniers, d'ordre spirituel dans son cas : celle de recouvrer la liberté. La « prison » est une « grâce » dont Dieu lui « redemandera compte un jour ». Elle confie ceci à son frère de Luzancy, le 5 juin :

49. À Antoine Arnauld, le 23 mai 1667.
50. À Arnauld de Luzancy, avril 1666.
51. À Arnauld de Luzancy, lettre n° CXVIII, classée avec celles d'Angélique de Saint-Jean.

> [...] La crainte où je suis est que les vérités qu'il me fait connaître dans ma solitude ne demeurent pas toujours imprimées dans mon cœur, et qu'en sortant d'ici, la liberté, qui a été la première cause de la perte de l'homme, ne me fasse perdre le fruit de ce peu de temps qui est précieux pour mon salut.

En 1668, cette appréhension s'étend à la communauté. Les religieuses redoutent un affaiblissement de la spiritualité aux Champs, d'où leur pensée première de prolonger d'un an leur isolement et leur décision finale de limiter les visites [52]. En 1667, le passé est à l'origine du trouble d'Angélique de Saint-Jean. Le souvenir de sa crise intérieure chez les Annonciades l'amène à douter de la fermeté de sa foi au cas où une autre captivité individuelle surviendrait. L'absence d'assurance sur ce point fait naître une crainte qu'elle confie à plusieurs reprises à Arnauld [53]. Cette défiance envers elle-même l'empêche de profiter d'une situation qui la comble d'un point de vue spirituel :

> Je me crains donc en effet ; [...] si Dieu ne m'aide, tout me nuira, et s'il est avec moi, toutes choses me seront utiles. En vérité c'est pourtant une belle chose que l'état où nous sommes, si nous répondions bien à la grâce que Dieu nous fait d'être comme nous voilà, environnées des ministres de la justice et enfermées de toutes parts sans que personne puisse avoir accès à nous, quoique tout le monde nous regarde [54].

Coupées du monde, elles sont objets de tous les regards : la beauté de leur état réside dans ce paradoxe. Angélique de Saint-Jean ne redoute pas la dispersion, la « solitude » et l'« ennui » de la prison, ni l'imposition d'une abbesse, mais de manquer de fidélité à Dieu. Les lignes suivantes, dans la même lettre, dévoilent une aspiration au martyre : « Il faut être prêtes à tout. Et cela pourrait nous faire ressembler un peu à ces martyrs condamnés aux bêtes, qui sont exposés au milieu de l'amphithéâtre

52. Voir la lettre d'Agnès Arnauld à M. de Sévigné, le 23 février 1669, *op. cit.*, t. II, p. 287-288.

53. Voir sa lettre d'avril 1667.

54. À Antoine Arnauld, le 23 mai 1667. Son émerveillement rappelle celui de Pascal. Voir P. Sellier, *op. cit.*, p. 377 : « Le thème de la conduite providentielle des élus apparaît à Pascal comme *beau* : il s'émerveille du clair-obscur où Dieu s'est retiré pour éprouver ceux qui l'aiment, en attendant de leur donner la lumineuse joie de sa présence : "Ce sont, dit la *Prière*, les admirables degrés par lesquels vous conduisez vos ouvrages". »

pendant qu'on lâche les ours et les lions contre eux, et qui n'ont qu'à attendre lequel ce sera qui se viendra jeter sur eux et les mangera. »

La menace de dissensions internes n'est pas exclue aux Champs. Le 9 avril 1666, Angélique de Saint-Jean prévient Antoine Arnauld des changements survenus chez certaines sœurs, suite aux épreuves endurées et au devoir d'agir en conscience. Ce principe cher à Port-Royal a nui à la règle de l'obéissance :

> Il ne faut pas se persuader que les esprits soient toujours comme autrefois ; il y a grande différence, au moins en quelques-uns. L'obéissance aveugle a perdu son crédit, et pour avoir voulu étendre ses limites trop loin, on l'a exclue de ses prétentions légitimes en beaucoup de choses. L'inclination est assez naturelle, et quand l'occasion se rencontre [...], c'est une grande tentation, et il est difficile de reprendre un oiseau qui est une fois échappé de sa cage.

Les religieuses qui étaient moins par « vertu » que par « habitude » dans l'obéissance ne manifestent plus la même docilité. Angélique de Saint-Jean redoute une altération de « l'esprit » de la maison, caractérisé depuis la réforme par le respect total de cette règle, et demande qu'on les laisse en paix. La signature devient un point de tension et un sujet récurrent de ses lettres à Arnauld. Quelques jours plus tard, Angélique de Saint-Jean insiste auprès de lui sur les dangers des « voies moyennes » et des « accommodements » qu'on leur propose. Elle les juge plus redoutables pour l'unité du groupe que les « menaces » et les « emportements » :

> Rien n'expose davantage à mettre de la division dans la communauté : car chacune n'ayant pas la même lumière pour discerner ces propositions, l'une sera contente d'une chose qu'une autre ne voudra pas passer ; et sous prétexte que les unes et les autres ne veulent rien faire contre la vérité, dans le fond on s'en donnera plus de liberté de s'arrêter à son jugement et de condamner celui des autres [55].

Le soutien des amis est une force pour les moniales. Angélique de Saint-Jean prévient son destinataire de la nécessité de le leur conserver,

55. Vers le 20 avril 1666. La mère Agnès juge ces propositions d'« accommodements » plus « pénibles » pour l'esprit que la captivité, dans une lettre au même, juillet 1668, t. II, p. 261.

toujours dans cette lettre : « On nous resserre autant que jamais et même davantage. [...] Pour tout cela nous le souffrons de bon cœur ; mais je vous avoue que nous serions accablées [...] de savoir nos amis mal satisfaits de nous ». Dans les derniers mois de la captivité, les accusations d'entêtement proférées par leurs propres directeurs les touchent profondément. La peine de blesser des hommes qu'elles estiment en ne se rendant pas à leurs conseils accentue leur douleur [56].

La lettre qui suit, datée du 27 septembre 1665, servira de conclusion. Angélique de Saint-Jean s'adresse à son frère de Luzancy, et, par son intermédiaire, à leur père, exilé avec lui à Pomponne [57]. C'est la quatrième fois qu'elle lui écrit depuis son retour aux Champs. Cette lettre illustre la profonde affection que la religieuse voue aux siens et les grands traits de sa personnalité : son esprit combatif, sa détermination à mourir pour ses principes, ses talents d'écrivain, sensibles dans le soin accordé au rythme des phrases, aux sonorités, dans le traitement des références bibliques. La détention individuelle est encore proche et le besoin de s'exprimer est fort. Angélique de Saint-Jean réduit le « caractère » de son écriture pour dire le plus en peu de place. Elle écrit à la faveur d'une « occasion » dont elle tait la nature et l'origine. Le terme désigne ici une conjoncture favorable, non une circonstance qui l'autorise à écrire, son sens ordinaire au couvent. L'intention affichée révèle d'emblée la finalité apologétique de la lettre. Angélique de Saint-Jean écrit « non pour dire des nouvelles » mais pour apprendre à son frère qu'elle et ses compagnes ont « la paix de Dieu » dans le cœur. Elle s'emploie à le lui démontrer en lui décrivant ce qu'il ne peut voir : leurs prières collectives aux heures réglées par l'office. Inaudible, le nouveau « cantique » est harmonieux : « La vérité en règle la mesure. » Filant la métaphore musicale, la religieuse affirme sa fidélité à l'action en conscience et dénonce le « grand désaccord » introduit par « le zèle sans science et l'obéissance aveugle » [58]. Image de résistance, le chœur

56. Voir la lettre d'Angélique de Saint-Jean à Antoine Arnauld en juillet 1668.

57. Robert Arnauld d'Andilly est relégué à Pomponne depuis le 2 septembre 1664 sur lettre de cachet.

58. « Obéir aveuglément » est le reproche qu'elle fait aux Annonciades dans sa *Relation de captivité*, p. 252. Elle-même obéit à « la loi de Dieu qui défend partout le mensonge et l'injustice », *ibid.* p. 204. Elle cite le psaume 118, très apprécié à Port-Royal. Voir Pascal, *Pensées*, Paris, Bordas, 1991, éd. Sellier, fr. 746.

muet concrétise les bénéfices de la captivité pour l'âme. La juxtaposition des propositions et la répétition de « on » miment dans l'écriture la symbiose des prisonnières. Le pronom indéfini entérine la disparition des singularités. Les religieuses forment une seule et même personne, conformément au commandement de saint Paul. Les comparatifs se succèdent pour souligner la régularité exceptionnelle du chœur. L'union, le silence et la piété des sœurs rappellent la disposition de la communauté au commencement de la réforme [59]. Le spectacle décrit annonce ce qu'Angélique de Saint-Jean formule explicitement en 1666 : la volonté des religieuses de faire revivre l'esprit du premier Port-Royal, âge d'or de la spiritualité dans l'imaginaire de la communauté [60]. À une période où l'avenir de la maison est menacé, affirmer leur attachement aux valeurs originelles est un moyen de sauvegarder l'identité collective et de lutter contre les effets de la dispersion.

Pallier l'absence, mais aussi encourager Arnauld de Luzancy, autre « récompensé » de Dieu par la « persécution ». Le message délivré a un sens réflexif et vaut pour l'ensemble de la communauté opprimée. Privées de la récitation de l'office divin, centrale dans la règle bénédictine et cistercienne, de l'Eucharistie, objet d'une dévotion particulière à Port-Royal, les résistantes ne sont pas vaincues. Le silence est une arme. Comme elle en a coutume, Angélique de Saint-Jean s'appuie sur la Bible pour corroborer ses propos. Elle trouve dans *Josué* un exemple porteur d'espoir et qui laisse augurer d'une issue heureuse : « Ce fut autant le silence que le son des trompettes qui renversa les murs de Jéricho ». La lutte passe par la prière et l'écriture, deux formes de communication silencieuse qui contournent les interdits de la captivité, deux manières de s'attirer une « assistance publique » qui mette un terme à leur épreuve, l'une en se faisant entendre de Dieu, l'autre en portant au jour l'oppression que les murs cachent. Enfin, la lettre est un avertissement adressé à l'ennemi. Le combat des religieuses est assimilé à celui du Christ et de ses élus contre le Diable. S'attaquer à elles

59. Voir notre article, « Raconter la réforme : de l'histoire au mythe », *Chroniques de Port-Royal*, 60, 2010, p. 131-144.

60. Voir sa lettre d'avril 1666, à Arnauld de Luzancy. Les religieuses prient saint Joseph pour obtenir « le rétablissement du premier esprit et de la première ferveur qui était autrefois dans cette maison au commencement de la réforme, principalement en ce qui regarde le silence, la simplicité, et l'amour de la pauvreté qui enferme aussi la mortification ».

revient à s'attaquer à Dieu, un combat voué à l'échec. « Il y aura toujours du désavantage d'oser s'attaquer à son maître », prévient l'épistolière. Face aux incertitudes de l'avenir, Angélique de Saint-Jean se confie à Dieu, dont elle rappelle la bienveillance sur sa communauté. Citant la mère Agnès, elle répète les avantages de la persécution pour l'âme, « baptême de sang » sanctifiant. Cette image violente, qui introduit la mort, témoigne du détachement de la mère, prête au martyre. À une période où les religieuses sont privées de directeurs, le discours rapporté et la description de soi servent de guide de conduite. Les captifs deviennent des exemples les uns pour les autres [61]. Angélique de Saint-Jean se dit « consolée » des occupations de son frère dans sa solitude. L'évocation des siens sert son dessein d'historiographe. En consignant leurs vertus, c'est la sainteté de sa communauté qu'elle édifie. La lettre s'achève dans l'émotion. Le style s'éloigne de la modération requise, signe d'une difficulté à mettre fin à l'échange. L'affection naturelle, presque maternelle, qu'Angélique de Saint-Jean exprime pour sa filleule, dévoile une sensibilité qui contraste avec l'inflexibilité affichée quand il s'agit des droits de sa communauté et relativise les accusations de froideur dont la religieuse a été l'objet. L'envie de voir l'enfant se devine. En se constituant sa marraine, elle l'emporte symboliquement sur l'isolement imposé et affirme sa place dans la famille.

LETTRE D'ANGÉLIQUE DE SAINT-JEAN À M. DE LUZANCY, 27 SEPTEMBRE 1665

Il ne faut point perdre les occasions quand on les rencontre ; elles sont trop rares, et on me promet que celle-ci sera sûre et ne commettra personne. Je ne vous écris pas pour vous dire des nouvelles, car il n'en entre point dans cette prison. C'est seulement afin que vous ayez le plaisir d'apprendre des prisonnières mêmes qu'elles ont la paix de Dieu enfermée avec elles et dans le fond de leur cœur, d'où les hommes ne la peuvent ôter, quoiqu'on nous ôte tout le reste jusqu'à la voix pour parler à Dieu, comme si l'on avait peur que nos prières et les louanges publiques que nous rendions, n'attirassent de sa miséricorde une assistance publique qui nous délivrât de l'oppression que l'on nous fait souffrir.

61. Sacy vante le mérite des captives, « simples filles » qui rendent « témoignage à la vérité ». Il les donne en modèles à Henri Arnauld, le 28 juin 1666, *Choix de lettres inédites...*, éd. G. Delassault, Paris, Nizet, 1959, p. 194-196.

Mais on oublie que ce fut autant le silence que le son des trompettes qui renversa les murs de Jéricho, et que Dieu avait donné ordre que l'on porta sept jours de suite l'arche tout autour de la ville sans dire mot, avant que de donner le signal au huitième jour pour sonner les trompettes. Nous faisons tout comme cela présentement, et si vous voyiez notre chœur, il ne fut jamais plus beau, plus rempli, plus rangé, plus uniforme. Nous faisons les mêmes cérémonies aussi ponctuellement toutes ensemble, que si nous mêlions nos voix. L'on se baisse, l'on se tourne, l'on se lève, l'on se met à genoux toutes ensemble, et cela moyennant un petit signal que donne celle qui préside pour régler quand il est temps de faire ces cérémonies ; et au milieu de cela l'on n'entend qu'un profond silence qui imprime un respect extraordinaire pour la présence d'un Dieu à qui l'on chante un cantique si nouveau et si différent de l'usage des hommes, parce qu'il n'y a que lui seul qui entend le langage du cœur, la pensée de l'esprit, et l'harmonie de la charité qui est toujours juste quand la vérité en règle la mesure ; autrement le zèle sans science et l'obéissance aveugle font un grand désaccord, quand on croit rendre service à Dieu en faisant mourir ceux qui lui appartiennent [62].

Vous voyez par là, mon cher frère, que Dieu nous console toujours quoiqu'on nous fasse ; mais d'un autre côté le Diable ne se lasse jamais de lui demander de nouvelles permissions d'affliger Job de plus en plus, pour tâcher de vaincre sa constance, parce qu'il est trop superbe pour s'instruire de la maxime de l'humilité chrétienne, qui lui apprendrait que c'est Jésus-Christ même qui combat contre lui dans ses élus, et qu'ainsi il aura toujours du désavantage d'oser s'attaquer à son maître [63].

On dit pour certain qu'il va changer de batterie contre nous, et que nous allons avoir affaire à une abbesse qu'on assure que le roi a nommée, mais on ne nous dit point encore qui elle est, ni si c'est une religieuse de la maison ou une étrangère [64]. Quoiqu'il en soit, nous n'avons toujours que la même chose à faire, résister au mal et faire le bien, c'est toute la justice chrétienne, pourvu qu'on y joigne la patience dans les maux, sans laquelle on n'arriverait pas à la couronne qui n'est promise qu'à la fin du combat. On pourrait en prévoir de bien grands et de nouveaux, si la chose est véritable, mais on aurait tort de les envisager séparés de la grâce et de la force que nous devons espérer que Dieu nous continuera pour les soutenir, comme tous les autres par où nous avons déjà passé avec son aide.

62. Les captives suivent « la règle de l'harmonie spirituelle » évoquée par Agnès Arnauld dans sa lettre aux sœurs des Champs. « Tous les tons doivent être mesurés par celui qui nous commande d'avoir grand égard à n'être qu'un cœur, qu'une âme et qu'une voix avec ceux qui chantent avec nous », *op. cit.*, t. II, p. 221.

63. Voir *Luc*, XVIII, 7, 8.

64. La sœur Perdreau, qui a signé le Formulaire, est nommée abbesse de Port-Royal de Paris le 16 novembre 1665.

La mère Agnès va même jusqu'à croire que nous avons encore besoin de cela pour nous humilier et nous appauvrir plus que nous ne sommes encore, tant elle trouve d'avantages à n'avoir plus pour partage que la croix de Jésus-Christ et son tombeau, afin que la vie du vieil homme y demeure ensevelie, et que nous soyons toutes entièrement renouvelées par cette heureuse persécution, qui nous devrait lieu d'un baptême de sang [65].

Je le dis pour vous, mon cher frère, aussi bien que pour nous, car l'occasion nous est commune, et l'exil et la prison approchent bien l'un de l'autre. J'ai été consolée plus que je ne vous le puis dire, d'apprendre par celui qui a fait du séjour avec vous, et qui peut-être vous a été voir depuis peu, comment vous vous occupez utilement et saintement dans votre solitude, jouissant sans ennui du repos que vous n'aviez jamais eu le temps de goûter, l'ayant sacrifié à Dieu pour rendre service à ses servantes. Il récompense déjà votre charité par la persécution, aussi bien que celle de celui dont je vous parle ; son affaire nous a donné les inquiétudes que vous pouvez juger, mais la protection de Dieu y a été visible : vous entendez bien que c'est du médecin que je parle [66], dont je suppose que vous savez l'affaire d'original, ou qu'au moins d'autres que moi vous l'auront mandée. J'avais fait promettre à la mère prieure [la mère du Fargis] qu'elle vous écrirait, mais elle tarde tant à s'y mettre que je doute qu'elle le fasse du tout, car elle vous dit tout ce qu'elle vous a dit tant de fois, il n'y a pas une plus belle union que la sienne avec G 24 [A. de Saint-Jean]. Tout se porte assez bien : les deux qui ont pensé mourir sont ressuscitées, Dieu merci.

Vous êtes les yeux de Goo [M. d'Andilly]. C'est pourquoi je ne lui écris pas de ce caractère, mais je le salue avec tout le respect et la tendresse que je dois. Je salue aussi très humblement votre hôte et votre hôtesse, et j'embrasse ma filleule [67], car puisqu'elle a deux parrains, je me veux constituer par inclination sa seconde marraine, parce que je l'ai aimée dès que je lui ai donné son nom, et que tout le monde me dit que je ne pouvais mieux loger mon amitié dans une plus jolie petite créature. J'embrasse mille et mille fois votre gouvernante, qui est un nouveau présent de Dieu, puisqu'il lui a donné une nouvelle vie.

65. La captivité profite à Agnès, à en juger par ce qu'écrit Angélique de Saint-Jean à Arnauld de Luzancy le 21 novembre 1665 : « Elle se surpasse elle-même en bonté, car sa vertu croît tous les jours. »

66. Jean Hamon, médecin et Solitaire, autorisé à soigner les moniales, mais sous étroite surveillance.

67. Sans doute Charlotte Arnauld de Pomponne, née en mars ou avril 1665, fille de Simon Arnauld d'Andilly, marquis de Pomponne, Secrétaire d'État aux Affaires Étrangères. Elle et sa sœur Marie-Emmanuelle seront les premières pensionnaires reçues aux Champs après la Paix de l'Église. La mère Agnès relate leur arrivée à leur père, *op. cit.*, vers le 8 mars 1669, t. II, p. 290-291.

Diffuser le jansénisme au risque de la prison ? Les imprimeurs-libraires « jansénistes » et le pouvoir royal (1643-1712)

Par Rémi Mathis

Toute personne qui s'intéresse à la diffusion des écrits jansénistes se trouve confronté à une ambiguïté fondamentale. Les idées circulent beaucoup sous forme écrite – à tel point que certaines années ne sont que succession ininterrompue de parutions où libelles, pamphlets et ouvrages théologiques d'un camp ne font que répondre aux mêmes armes de l'autre camp. Or, d'un autre côté, ces écrits sont souvent diffusés contre la volonté du pouvoir royal, qui contrôle pourtant la distribution des privilèges permettant seuls à un livre d'être distribué au grand jour. À cette aune, on comprend immédiatement le rôle central que jouent les imprimeurs-libraires dans l'histoire de Port-Royal et il n'est pas étonnant que certains d'entre eux – Guillaume Desprez, Pierre Le Petit, Charles Savreux, les Josse, Roulland, Frédéric Léonard – soient passés à la postérité [1].

On comprend également qu'être imprimeur-libraire dans l'orbite de Port-Royal fait courir des risques énormes, qui sont de plusieurs types. D'abord, le plus évident, lié au fait de publier des ouvrages sans privilège, ce qui pourrait entraîner des poursuites de la part du pouvoir royal – encore aggravé par le caractère polémique et religieux de la publication. Mais viennent s'ajouter un risque professionnel lié au non-respect des règles de la corporation et surtout un risque économique lié à la possibilité que les ouvrages soient purement et simplement confisqués et détruits, alors que la mise de fonds aura été importante. On ne s'étonnera pas dès lors des passages à la Bastille de quelques-uns de ces

1. Dans son article sur Guillaume Desprez, (« Guillaume Desprez éditeur de Pascal et de Port-Royal », *Fédération des Sociétés historiques de Paris et de l'Île-de-France. Mémoires*, 1952, p. 206), H.-J. Martin limite la notion d'imprimeurs libraires jansénistes à Pierre Le Petit, Charles Savreux, Frédéric Léonard et Guillaume Desprez.

imprimeurs-libraires : on ne soulignera jamais assez combien publier de tels livres peut avoir de conséquences pour un imprimeur-libraire, qui risque la prison, certes, mais pas seulement.

Mais pourtant une seconde ambiguïté apparaît, sous la forme d'une contradiction. Ces libraires, souvent fort connus des contemporains, déversent des torrents d'écrits divers pendant plus d'un demi-siècle. Parmi eux, comme nous le montrerons, certains reçoivent même des facilités voire des grâces du pouvoir royal. Les mêmes noms demeurent en bas des livres, les mêmes mains composent les ouvrages, ce qui pourrait inciter à remettre en cause la réalité des risques, pourtant si grands, pris par ces diffuseurs du jansénisme.

Alors, les imprimeurs-libraires que l'on désigne du nom de « jansénistes » sont-ils les véhicules premiers de la Vérité, au risque de leur fortune, de leur atelier, voire de leur vie ? Sont-ils sans cesse sur le point d'être jetés en prison ? Ou profitent-ils au contraire d'un marché énorme et de la publicité faite autour des polémiques pour faire fortune sans prendre grand risque ? Et inversement, le pouvoir royal possède-t-il une véritable volonté de lutter contre ces imprimeurs-libraires en n'hésitant pas à les jeter en prison – dans la lignée d'une certaine légende dorée du martyr janséniste – ou adopte-t-il une politique plus pragmatique ?

1. Imprimer au risque de la prison

Il est sans doute encore plus difficile de définir ce que sont les imprimeurs-libraires jansénistes que de définir le jansénisme ou de donner une image nette du contour de ce groupe. Bien que ce travail reste à faire, nous ne tenterons pas de définir ici de manière précise ce que nous entendons par « imprimeurs-libraires jansénistes », nous bornant à prendre nos exemples parmi les grandes figures, dont il ne fait aucun doute qu'ils se situent dans la proximité immédiate des amis de Port-Royal par leurs relations amicales, spirituelles, épistolières et surtout économiques. Sont considérés comme « jansénistes » les imprimeurs connus pour avoir imprimé et diffusé les grands textes de la polémique au cours de la seconde moitié du XVIIe siècle. C'est donc des imprimeurs privilégiés des livres d'Arnauld, de Nicole, d'Arnauld d'Andilly ou de Sacy que nous suivons le parcours. Nous nous bornons également au territoire du royaume de France, négligeant les innombrables tirages étrangers, en particulier belges ou hollandais (Foppens, Fricx, Elzevier...) des éditions originales françaises.

Il n'est pas niable que bon nombre de ces imprimeurs agissent par un sentiment religieux qui relève sans doute de l'engagement personnel. La plupart du temps, ils ne publient pas des livres jansénistes parce que c'est la mode ou que cela leur assure des rentrées d'argent assurées. Les liens personnels que les hommes du livre nouent avec les principaux acteurs jansénistes vont bien au-delà des relations purement professionnelles ou commerciales. Luzancy est le parrain d'un des enfants de Guillaume Desprez [2], tandis que Pierre Le Petit assure avoir été présent à Port-Royal lors du décès de M. d'Andilly [3]. On se rend également compte que ce ne sont pas les mêmes imprimeurs qui republient les ouvrages proprement religieux d'Arnauld d'Andilly et ses œuvres plus littéraires ou mondaines comme ses *Lettres* – laissant à penser que publier les œuvres théologiques ou polémiques des jansénistes constitue un véritable choix [4]. L'approche cynique de la question ne tient donc pas : il ne s'agit pas uniquement pour ces hommes de faire de l'argent grâce aux polémiques croustillantes de ce temps. Mais il est en fait bien difficile d'assumer une coupure entre les appréhensions religieuses et commerciales des choses. Indissolublement jansénistes – avec tous les risques que cela comporte – et marchands ou indissolublement marchands et jansénistes, cela ne signifie pas qu'il contrefassent les jansénistes pour obtenir le droit de publier des œuvres à la mode ni qu'ils acceptent de vendre sans aucun espoir de retour sur investissement des pamphlets. Cela signifie que ces pratiques prennent leurs racines dans une sociabilité et dans une religiosité jansénistes tout en étant des pratiques d'imprimeur-libraire.

Il est bien sûr impossible sous l'Ancien Régime de publier sans avoir préalablement obtenu un privilège issu de l'autorité royale. C'est ainsi que le pouvoir royal contrôle la diffusion des textes : un livre imprimé

2. Juliette Guilbaud, « *À Paris, chez Guillaume Desprez...* » le liv*re janséniste et ses réseaux aux XVII*e *et XVIII*e *siècles*, thèse de l'EPHE, 2005, 2 vol. Mlle de Vertus est la marraine du fils de Desprez.

3. Préface des *Œuvres diverses*, Paris, P. Le Petit, 1675.

4. Nous travaillons actuellement à une bibliographie des œuvres d'Arnauld d'Andilly.

sans privilège peut facilement être confisqué et imprimeurs et diffuseurs connaître les fers et la paille. L'obtention de ces privilèges dépend donc largement du contexte et de la personnalité du requérant. Il est donc évident que des textes trop évidemment polémiques ou prenant des positions qui ne sont pas acceptées par la pouvoir royal n'obtiendront pas de privilège et ne pourront ainsi être publiés que sous le manteau. Le nombre de textes publiés sans privilège n'est pas forcément très élevés mais certains des plus grands textes, symbole de la lutte des jansénistes, sont parus de cette façon, ce qui a valu de graves problèmes à leurs imprimeurs et qui a contribué à forger une légende noire ou dorée – selon le point de vue – sur les risques encourus par les imprimeurs-libraires au nom de la Vérité. Un des parangons de cette légende repose sur les événements liés à la publications des *Provinciales* de Pascal. C'est en effet un des cas où il était impossible d'obtenir des privilèges à cause du refus de chancelier Séguier, qui ne fait pas mystère de son opposition au jansénisme.

Cette période importante de l'histoire du jansénisme est très bien connue et a fait l'objet d'un colloque [5]. Il est cependant nécessaire d'en parler car c'est alors que se passent des épisodes pittoresques qui contribuent à la fixation d'une mémoire héroïque des hommes du livre jansénistes. C'est alors principalement qu'apparaît le thème de la prison. L'enfermement constitue en effet le risque principal qui ressort de la narration des événements telle qu'est faite par les jansénistes, en particulier par Saint-Gilles. Et cela n'est pas un hasard, car il est vrai que plusieurs de très grands imprimeurs-libraires de Port-Royal eurent à souffrir au cours d'une des plus grandes tensions entre Port-Royal et le pouvoir royal.

Le 2 février 1656, on trouve sept exemplaires des *Provinciales* et l'acte de protestation d'Arnauld contre la censure chez Savreux : aussitôt, ce dernier est envoyé en prison avec sa femme et deux garçons de boutique [6]. Les jansénistes multiplient les démarches pour le faire

5. *La Campagne des* Provinciales, colloque organisé par la Société des Amis de Port-Royal, 19-21 septembre 2007, *Chroniques de Port-Royal*, 58, 2008.

6. Cet épisode, comme de nombreux autres, est rapporté dans Saint-Gilles, *Journal d'un solitaire de Port-Royal*, éd. J. Lesaulnier, Paris, Nolin, 2008. Le procès-verbal de la saisie opérée les 2-4 février est donné dans Pascal, *Œuvres*, Paris, Hachette, vol. 4, 1914, p. 190 (collection Grands écrivains de la France).

libérer, ce qui advient effectivement dès le 16 février [7]. On se présente également chez Pierre Le Petit, où a aussi été imprimée la première *Provinciale* et où on se prépare à mettre sous presse la seconde. C'est là un grand épisode de la geste janséniste, souvent cité, où le pouvoir royal se trouve berné par les capacités d'invention et l'esprit des jansénistes. Alors que le commissaire du roi fouille la maison, la femme de Le Petit, Denise Camusat, cache les formes déjà préparées sous sa robe. L'objet du délit se trouve donc à deux pas des représentants du pouvoir royal, qui échouent pourtant à les découvrir. La lettre est tirée à 1 500 exemplaires [8] et les scellés apposés sur la maison de Le Petit retirés dès le lendemain.

Malgré ces perquisitions, les *Provinciales* continuent à paraître régulièrement et sans problème, apparemment chez Desprez. Mais ce dernier n'ayant pas de presse personnelle, il envoie Vital, ancien compagnon de Cramoisy, chez Denis Langlois, qui tenait imprimerie rue du Puits-Certain sur les pentes de la montagne Sainte-Geneviève. Le 30 mars, le commissaire Camuset – le même que celui qui a perquisitionné chez Savreux un mois auparavant – se rend chez Langlois, qui vient de finir la cinquième *Provinciale* et conserve encore les formes de la *Lettre apologétique*. Mais là encore, bien qu'il dresse procès-verbal et fasse tirer des épreuves de la Lettre à partir de ces formes afin de les apporter au chancelier Séguier, ce dernier ne prend pas de mesure particulière, ce qui permet à Langlois d'imprimer les sixième, septième et huitième lettres provinciales. De fait, Henri-Jean Martin note qu'il est « difficile d'affirmer que, vers cette époque, les *Provinciales* so[ie]nt publiées de façon réellement clandestines » [9]. Bien au contraire, Desprez demande à Langlois de réimprimer les *Provinciales* et la *Défense de la constitution du pape Innocent X*, et en profite pour faire réimprimer à Rouen par Du Mesnil les *Lettres apologétiques*.

Et quand le chancelier Séguier se décide enfin à frapper un grand coup, en juin 1657, il fait arrêter Langlois et Desprez après des perquisitions. : ce dernier est condamné au Châtelet à cinq ans de bannissement. Mais il se tourne alors vers le Parlement, dont Fouquet est procureur

7. Michel Le Guern, « Les réactions de la police aux *Provinciales* », dans *Chroniques de Port-Royal*, 58, 2008, p. 51-58.

8. Le chiffre est donné par Saint-Gilles.

9. Henri-Jean Martin, *Livre, pouvoirs et société à Paris au XVIIe siècle (1598-1701)*, Genève, Droz, 1969, vol. 2, p. 589.

général, qui annule la sentence [10]. Quelques années plus tard encore, Desprez continuant à imprimer des libelles, il est envoyé en prison (15 juillet 1662), où il passe presque une année : sa libération advient le 20 juin 1663 et il reprend boutique aussitôt.

Que ces imprimeurs-libraires soient de sensibilité proche de celle de Port-Royal, cela n'est guère niable. Qu'il leur arrive de prendre de véritables risques également. C'est faire d'eux de bien étranges disciples de Machiavel que d'affirmer, comme Juliette Guilbaud, dans sa thèse sur Guillaume Desprez, qu'ils « ne laissent jamais entrevoir la moindre conviction proche de l'augustinisme ou du jansénisme politique. Sous des dehors partisans, la diffusion du jansénisme par le livre avec tous les ressorts d'une campagne de communication voire de médiatisation menée de façon très habile relève en réalité pour ces hommes d'une logique commerciale » [11]. Que la vente de livres relève d'une logique commerciale, cela ne fait aucun doute. Que l'on manque de documents sur la pensée intime de ces personnages non plus. En revanche, tout dans leur parcours montre une proximité qui peut aller jusqu'au risque physique et la mise en danger des leurs. Et malgré ce danger, je n'ai pas trouvé au cours de mes recherches sur les œuvres de M. d'Andilly qu'un imprimeur lui ait jamais refusé la publication d'un ouvrage ou ait jamais tenté d'intervenir dans son travail.

Ces épisodes se passent néanmoins sur une assez faible période de temps. Il n'est sans doute pas possible de réellement comprendre les risques réellement encourus par les imprimeurs-libraires sans introduire une dimension diachronique à l'analyse de leurs réussites et mésaventures.

2. Des imprimeurs possédant de fortes protections

a. 1643-1668

Le statut des quelques imprimeurs-libraires que nous suivons varie en effet de manière fondamentale au cours de la seconde moitié du

10. Henri-Jean Martin, « Guillaume Desprez, éditeur de Pascal et de Port-Royal », dans *Fédération des Sociétés historiques de Paris et de l'Île-de-France. Mémoires*, 1952, p. 214-215.

11. Juliette Guilbaud, th. citée, p. 215.

XVIIe siècle. Il dépend de la manière dont le jansénisme est combattu par le pouvoir royal mais cela n'est pas le seul critère de leur heurs et malheurs. Les premières années du jansénisme, de la publication de la *Fréquente communion* en 1643 à la Paix de l'Église, sont marquées par une lutte incessante qui passe beaucoup par l'écrit, ce qui a des conséquences sur les imprimeurs-libraires. Les premiers grands livres jansénistes ont souvent des privilèges. C'est notamment le cas de la *Fréquente communion*, qui sort chez Vitré – car ce dernier publie systématiquement le Clergé de France et que ce dernier prend fait et cause contre les jésuites [12]. C'est au cours de cette période que l'on voit se dérouler les épisodes de la geste héroïque que nous avons déjà mentionnés, dans une appréhension des choses qui relève tantôt du récit de chasse et tantôt de la vie de saint. Mais finalement – et Henri-Jean Martin le fait déjà remarquer – d'une part les jansénistes sont rarement poursuivis quand ils impriment sous le manteau [13], d'autre part, les imprimeurs des jésuites sont au moins autant emprisonnés que ceux des jansénistes [14]. Ce qui est surtout instructif est que ces imprimeurs-libraires reprennent immédiatement leur activité après leurs démêlés, sans que ni le syndic ni le pouvoir royal cherchent à s'y opposer. Cette période montre donc déjà une très grande ambiguïté du pouvoir royal. Un des exemples les plus parfaits est sans doute celui de Frédéric Léonard.

Originaire de Bruxelles, il fait son apprentissage à Anvers chez Plantin-Moretus. Il s'installe à Paris en mai 1643 et doit suivre un nouvel apprentissage chez Jean Billaine à partir de 1645. Quand il est reçu maître en 1653, c'est grâce à l'appui du chancelier Séguier – qui n'est guère connu pour ces accointances jansénistes. Correspondant attitré des Elzevier, il est embastillé quinze jours en 1661 pour avoir reçu d'eux un ouvrage sur Jansénius. Cela ne l'empêche nullement de devenir successivement imprimeur ordinaire du roi (1667), imprimeur-libraire du clergé (1670) en survivance d'Antoine Vitré, ainsi que de la Ville de Paris (1673) et de la Police. On lui confie les fameux classiques « *ad usum Delphini* » [15] et surtout l'impression de nombreux ouvrages

12. Henri-Jean Martin, *Livre, pouvoir...*, *op. cit.*, p. 566.
13. Henri-Jean Martin, *ibid.*, p. 587.
14. Henri-Jean Martin, *ibid.*, p. 568.
15. Catherine Volpilhac-Auger (dir.), *La Collection* Ad usum Delphini. *L'Antiquité au miroir du Grand Siècle*, Grenoble, ELLUG/université Stendhal, 2000.

destinés aux nouveaux convertis lors de la Révocation de l'édit de Nantes (1685) : il a toute la confiance du pouvoir royal, qui ne le traite nullement en hérétique potentiel.

Il en est de même des imprimeurs ou libraires plus impliqués encore dans le jansénisme tels que Desprez ou Le Petit, dont les passages en prison n'ont finalement jamais d'influence sur le long terme. Ainsi, les passages en prison apparaissent comme des avertissements sans frais, qui ne viennent pas compromettre le commerce de ces artisans. Soit qu'ils gagnent plus d'argent en vendant les livres jansénistes qu'ils n'en perdent par l'interruption du travail dû au passage en prison, soit qu'ils jugent que le combat pour la « Vérité » vaut de prendre des risques, ils ne décident nullement de passer à un autre type de livres après avoir vécu entre les quatre murs de la Bastille ou du Châtelet. Pire, il semble au contraire qu'ils ont tout intérêt à approfondir leur implication. Car plus ils sont intégrés au mouvement janséniste et plus ils bénéficient des puissants soutiens du mouvement.

Un des exemples les plus parlants est celui de Pierre Le Petit, qui bénéficie de l'aura d'un de ses principaux auteurs, Arnauld d'Andilly. Car Arnauld d'Andilly fait partie des jansénistes dont l'importance sociale lui permet d'obtenir de grandes grâces. Entre autres, quand il a écrit un livre, ce n'est pas son imprimeur-libraire qui demande le privilège mais directement d'Andilly qui l'obtient du pouvoir royal. Or, M. d'Andilly se voit accorder des privilèges parfaitement exceptionnels. Le 27 août 1652, il obtient un privilège à l'occasion de la publication de la traduction des *Degrez pour monter au Ciel* de Jean Climaque. Mais il précise dans sa demande qu'il « travaille encore à traduire divers traittez des saints pères de l'Église et autres auteurs ecclésiastiques grecs et latins ». Aussitôt, il obtient un privilège pour « tels imprimeurs ou libraires qu'il voudra choisir » et « lesdites traductions, tant de saint Jean Climaque que des saints pères de l'Église et autres auteurs ecclésiastiques latins et grecs ». C'est-à-dire un privilège parfaitement exceptionnel, qui permet à un auteur de choisir sur quels ouvrages portera son privilège. Et cela bénéficie grandement à Pierre Le Petit, car, mis à part Jean Climaque, qui est une édition partagée avec Antoine Vitré, d'Andilly confie tous ses livres à l'imprimeur à la Croix d'Or. Il publie ainsi grâce à ses accointances avec Port-Royal certains de ses plus grands succès : Jean Climaque mais aussi les *Vies de plusieurs saints illustres de plusieurs siècles*, les *Antiquités judaïques* et la *Guerre des Juifs contre les Romains* de Flavius Josèphe, et le *Mépris du monde* d'Eucher... et même les *Vies des saints Pères des déserts*, quand leur privilège propre sera périmé à partir de 1657 ! Et encore ce privilège débute-t-il à la publication de chaque ouvrage – c'est-à-dire en 1671 pour Eucher –, et dure-t-il vingt ans !

b. 1668-1679

La seconde période est celle de la Paix de l'Église. Si la chasse au jansénisme devait être nuancée dans le cas de la première période que nous avons délimitée, la seconde est bien celle d'un épanouissement où le pouvoir royal renonce à jeter en prison les imprimeurs-libraires de Port-Royal. Le rapport apaisé au pouvoir royal que marque la Paix de l'Église est également visible chez les imprimeurs-libraires. Ce n'est pourtant pas faute, pour ces derniers, de continuer à être proches des jansénistes. Quand Charles Savreux meurt en 1669, son décès est mentionné dans le nécrologe de Port-Royal.

Non seulement les passages par la Bastille tels qu'on les connaissait au cours des décennies nouvelles tendent à disparaître, mais les imprimeurs-libraires connaissent des grâces non pareilles et bénéficient de leur proximité avec de grands personnages. Signalons une seule de ces grâces : celle qu'a connue – encore une fois – Pierre Le Petit. Le 21 mars 1675, un incendie se déclare dans le collège de Montaigu ; or, Le Petit « avoit en ce lieu les magasins de ses meilleures impressions et des livres du plus grand débit » [16]. Toujours selon le texte royal, qui a certainement été écrit par Le Petit lui-même dans un placet quelconque, il a « perdu le fruit de plus de quarante années d'un travail continuel et presque la seule espérance de l'établissement de sa famille ». L'imprimeur-libraire reçoit alors du roi, en compensation pour sa perte, une prorogation d'un nombre précis de privilèges, dont la liste prend une demi-page, pour une durée de cinquante ans [17] ! On peut peut-être voir dans cette grâce une intervention de Simon Arnauld de Pomponne, le fils d'Arnauld d'Andilly, alors secrétaire d'État des Affaires étrangères. Cela serait d'autant moins surprenant qu'après qu'il a négocié le

16. Détail figurant dans le privilège des ouvrages qu'il fait paraître après 1675 grâce à son privilège de cinquante ans.

17. Arrêt du Conseil du 3 août 1675.

traité de Nimègue en 1678, il obtient du roi que le privilège en soit accordé à ses commis, qui le cèdent à Frédéric Léonard [18].

c. 1679-1712

On pourrait croire que la rupture de la Paix de l'Église en 1679 marque un retournement semblable à celui qui amène finalement la destruction de l'abbaye de Port-Royal des Champs. Il n'en est cependant rien.

Bien au contraire, les grands imprimeurs de Port-Royal n'hésitent pas à se mettre au service du pouvoir royal, bien loin de se situer dans une position de rebelle ou de persécutés. C'est le cas lors de la Révocation de l'Édit de Nantes en 1685. Pellisson décide alors de faire imprimer un certain nombres de textes destinés aux nouveaux convertis et, pour ce faire, répartit la charge entre de nombreux collaborateurs. Parmi eux, on trouve encore une fois Pierre Le Petit, Guillaume Desprez, Léonard ou Roulland [19]. Les grands imprimeurs-libraires non seulement se maintiennent mais obtiennent encore des grâces importantes. Les successions de Pierre Le Petit et de Guillaume Desprez sont l'occasion de voir apparaître une seconde génération d'imprimeurs-libraires.

Finalement, on assiste à une certaine banalisation de plusieurs textes jansénistes : ceux qui ne posent pas de véritables problèmes de doctrine ne sont plus vus comme réellement jansénistes par le pouvoir royal, qui est représentatif en cela de la voix générale. Prenons là encore comme exemple les textes d'Arnauld d'Andilly. Certains de ces textes sont réédités par de nouveaux imprimeurs-libraires après la mort et la vente du fonds de Le Petit. Parmi eux, on trouve la famille Josse (Georges II et Louis à partir de 1678, puis leurs enfants), qui se sont fait une spécialité des textes religieux de grande diffusion et qui publient également de nombreux jésuites, à commencer par Dominique Bouhours. Ils donnent alors plusieurs éditions, pendant toute la première moitié du XVIIIe siècle des *Vies des saints Pères des déserts*, qui

18. *Traittez de paix, et de commerce, navigation et marine, entre la France et les États Generaux des Provinces Unies des Pays-Bas conclus à Nimégue le 10 aoust 1678*, Paris, Frédéric Léonard, 1678.

19. Henri-Jean Martin, *Livre, pouvoir...*, *op. cit.*, p. 676.

avait pourtant été publiées comme justification des pratiques des Solitaires de Port-Royal en 1647. Ce phénomène touche même l'auteur qui se trouve au fondement de la pensée : saint Augustin, dont d'Andilly publie une traduction des *Confessions* en 1649, associant son frère Antoine à ce travail. Dès la fin du XVIIe siècle, cette traduction cesse d'être considérée comme tout à fait janséniste ; l'édition de Dubois, membre de l'Académie française, la considère comme la traduction classique et habituelle [20] : « Mais comme on auroit pu s'étonner qu'après la traduction de M. d'Andilly, qui est entre les mains de tout le monde et qui a paru avec tant d'approbation et d'éclat, on ait pu penser à en donner une nouvelle, celuy qui a donné celle-cy a dit dans les éditions précédentes comment il s'étoit embarqué à y travailler et sans le repeter icy, il suffit de dire que ce qu'elle a de particulier c'est qu'elle a été faite sur la plus correcte de toutes les éditions latines, c'est-à-dire que celle des Pères de la congregation de Saint-Maur, qu'on a encore corrigé en quelques endroits. »

On assiste ainsi au fil du temps à un désengagement des libraires – ou plutôt à la perte du caractère polémique de certains textes, ce qui va de pair avec une moindre prise de risque des imprimeurs-libraires vis-à-vis du pouvoir royal ou une moindre « chasse à la sorcière » de ce dernier. Finalement, s'ils ont bien pris des risques parfois importants lors des premières années de la polémiques, les imprimeurs-libraires ont bénéficé des protections propres aux jansénistes et, mieux, ont su faire fructifier ces protections pour devenir des personnalités puissantes et riches.

3. Des imprimeurs puissants et riches qui ont plus à attendre de la protection du pouvoir royal que de crainte de la prison

Non seulement le fait d'avoir été impliqués dans le jansénisme ne fait pas de ces imprimeurs-libraires des pestifiérés mais ils se trouvent parmi les plus grands libraires du siècle. Par « les plus grands libraires », il ne faut pas entendre un succès d'estime comme celui qu'on accorde

20. Philippe Goibaud-Dubois, *Les confessions de S. Augustin, traduites en francois sur l'edition latine des PP. BB. de la congrégation de Saint Maur...*, Paris, Coignard, 1700, p. VIII.

aujourd'hui à tel éditeur des romanciers d'avant-garde par rapport à ceux qui préfèrent les succès commerciaux. Les imprimeurs-libraires jansénistes font bien partie des plus riches imprimeurs-libraires de Paris et de France, de ceux qui font travailler le plus d'ouvriers : ils connaissent une véritable ascension sociale, qui est largement due à Port-Royal.

Prenons encore une fois l'exemple de Guillaume Desprez [21] : ce dernier ouvre boutique en 1654 et devient presque aussitôt libraire attitré de Port-Royal. Un factum lie directement sa réussite sociale et commerciale à la guerre de libelles qui suit la mort du duc de Liancourt : il « prit une part importante à la diffusion des innombrables écrits qu'Arnauld et ses amis s'efforçaient de répandre », ce qui lui permet de suffisamment commencer « l'établissement de sa fortune » pour envisager « un mariage sortable mais avantageux à sa condition » [22]. En 1690, il est capable d'acheter une maison pour la jolie somme de 34 000 livres, possède une maison de campagne à Houilles et dote coup sur coup ses trois filles de 25 000, 25 000 et 19 000 livres (1696, 1701, 1704) !

Encore cette importante richesse n'est-elle pas exceptionnelle parmi les imprimeurs-libraires proches de Port-Royal. Les inventaires après décès de quelques-uns de ces imprimeurs-libraires permettent d'avoir une approximation de leur fortune au moment de leur mort. Jean-Dominique Mellot, qui étudie les imprimeurs-libraires de Rouen, souligne les « colossales fortunes » de ces Parisiens au succès insolent. Alors qu'aucun Rouennais du XVIIe siècle ne laisse de fonds dont la valeur dépasse 5 000 l. [23], celui de Pierre Le Petit est estimée 93 530 l. à son décès en 1687 et l'était même 129 863 l. en 1678 [24] ; celui de Desprez 226 437 l. [25] ; Léonard 150 000 l. en 1706 ; Georges Josse 67 000 en 1694 [26].

C'est donc bien grâce à la double protection du pouvoir royal et des jansénistes que ces imprimeurs-libraires accèdent à un statut social

21. Henri-Jean Martin, « Guillaume Desprez… », art. cité, p. 206.

22. Factum, BnF, Toisy 38, pièce 274.

23. Jean-Dominique Mellot, *L'édition rouennaise et ses marchés (*vers 1600-vers 1730). *Dynamisme provincial et centralisme parisien*, Paris, École des chartes, 1998.

24. Henri-Jean Martin, *Livre, pouvoirs et société, op. cit.*, p. 714.

25. Henri-Jean Martin, « Guillaume Desprez... », art. cité, p. 226.

26. Henri-Jean Martin, *Livre, pouvoirs et société, op. cit.*, p. 713.

privilégié. Quand Guillaume Desprez épouse Catherine Mangeant le 22 novembre 1673, il obtient 12 000 livres de dot, mais, surtout, son contrat est signé par tout Port-Royal, mondain ou non : la duchesse de Longueville et Mlle de Vertus, Antoine Arnauld, Pierre Nicole [27]. Il peut ainsi développer son activité, sans être gêné par des règlements contraignants. À la fin de la décennie 1680, Desprez a du mal à acquérir une presse car, en 1666, Colbert a interdit d'ouvrir de nouveaux ateliers d'imprimerie et de nommer de nouveaux maîtres : les imprimeurs sont très recherchés et peuvent imposer leurs conditions. Le libraire est pourtant l'un des seuls à pouvoir faire une telle acquisition : le 8 avril 1687, il peut racheter une portion de l'imprimerie de Marguerite Hamelin, veuve de Jacques de Laize de Bresche, avec trois presses. Selon l'enquête de 1700, il possède alors quatre presses et emploie quinze compagnons. Cela lui permet alors d'entreprendre de très grandes publications, comme la Bible de Sacy et les *Essais de morale* de Nicole. Peu avant, le 10 décembre 1686, il a été nommé imprimeur du roi, certainement sur demande des amis de Port-Royal.

Ainsi, non seulement il serait faux d'opposer les imprimeurs-libraires jansénistes au pouvoir royal mais on voit bien souvent ces artisans demander le soutien de ce même pouvoir afin d'être protégés des agissements illégaux d'autres imprimeurs-libraires. La richesse des principaux imprimeurs-libraires leur permet d'avoir des capacités d'invertissement fabuleuses. C'est ainsi que pour la Bible de Sacy, Desprez a payé 15 000 livres comptant, plus 1 000 livres après la parution de chacun des 12 volumes, 6 000 livres pour racheter à Pierre Le Petit le privilège sur les premiers volumes, compter les frais de composition et de mise en ordre du texte, soit une avance de plus de 33 000 livres ! Les risques sont donc très importants et, en cas d'échec, les conséquences énormes. Les contrefaçons peuvent remettre en cause ce commerce, ce qui explique que ces dernières soient pourchassées sans ménagement : on voit ainsi Desprez porter sans hésitation au Conseil privé du roi ses collègues Jean Certe, Claude Bachelu, César Chappuis, Plaignard, Hey, Boudet et Briasson, de Lyon, Simon Boé, de Bordeaux, Dominique Desclassan, Dupuy et Colomiès, de Toulouse, et François Godard, de Reims. Les imprimeurs jansénistes ne constituent en rien un parti

27. Juliette Guilbaud, *op. cit.* ; Henri-Jean Martin, « Guillaume Desprez... », art. cité, p. 219

homogène : s'il peut leur arriver d'enfreindre la loi sur les privilèges, surtout au début de la période, ils ont rapidement plus à perdre qu'à gagner dans le non-respect de la loi et attendent, à cet égard, la protection de la justice royale.

Conclusion

Il est certain que la plupart des imprimeurs-libraires proches de Port-Royal ont, à un moment ou à un autre de leur carrière, eu à tâter de la paille des cachots. À partir de ces exemples bien réels, toute une geste héroïque est venue se mettre en place afin de souligner le courage de ces personnes capables de risquer leur liberté pour que triomphe la Vérité – et si possible l'esprit qui leur permet d'échapper à la répression royale, comme dans le cas de la femme de Le Petit. À l'analyse, ces risques paraissent cependant extrêmement mineurs : jamais un imprimeur-libraire n'a été obligé de fermer boutique après condamnation. Aucun n'est resté plus de quelques mois dans un cachot. Bien au contraire, ces professionnels sont parmi les plus riches de Paris et de la France entière. Soutenus par de hauts personnages, il sont capables d'investissements qui les rend enclins à chercher le soutien de la justice plutôt qu'à la craindre. Par les soutiens dont ils bénéficient et leur importance économique, ils se voient octroyer des honneurs de la part de l'administration royale. On voit Le Petit, en tant qu'imprimeur du roi, imprimer des actes royaux en collaboration avec Mabre-Cramoisy, proche des jésuites [28].

C'est pourquoi, même si quelques personnages sont particulièrement proches des amis de Port-Royal et se plaisent personnellement à une spiritualité augustinienne, sans doute peut-on aller jusqu'à douter de la pertinence du concept d'imprimeur-libraire janséniste. Le jansénisme mondain est sans doute beaucoup plus flou et plus difficile à circonvenir que le mouvement purement religieux : il se dissipe quand on tente

28. *Ordonnance de Louis XIV, roy de France et de Navarre, sur le fait des eaux et forests. Verifiée en Parlement et Chambre des comptes, le 13 aoust 1669*, Paris, Pierre Le Petit, Jacques Langlois, Damien Foucault, Sébastien Mabre-Cramoisy, 1670 [BnF F-26125].

de le définir. Ils ont beau publier certains des plus importants textes jansénistes et bénéficier du réseau des amis de Port-Royal, Desprez, Le Petit et leurs amis sont avant tout des imprimeurs et des libraires, qui donnent au public bien d'autres ouvrages et se situent pleinement dans les pratiques économiques et commerciales des grands professionnels de l'époque. Mais peut-être est-ce précisément en cela qu'ils sont représentatifs d'une sensibilité augustinienne que l'on ne peut réduire au jansénisme théologique et des faux-semblants ambigus que le pouvoir royal cultive à son sujet.

Les conséquences de l'arrestation de Pasquier Quesnel (1703) : le sort des papiers d'Antoine Arnauld

Par Michel VAN MEERBEECK

Plusieurs études ont déjà été consacrées à la saisie des papiers d'Antoine Arnauld lors de l'arrestation de Pasquier Quesnel en 1703, notamment dans ses conséquences : disgrâces, exils et emprisonnements. Nous proposons ici une brève évaluation de cette saisie en la situant dans son contexte.

I. L'UNION DES DEUX COURONNES

Le 19 février 1702, le marquis de Bedmar, gouverneur général des Pays-Bas au nom du nouveau roi Philippe V, prêta les serments exigés par les duchés de Brabant et de Limbourg dans la Charte de la Joyeuse Entrée. Celle-ci mettait les sujets à l'abri d'actes autoritaires : au Brabant les lettres de cachet étaient inconnues. Mais ces chères libertés ne cadraient absolument pas avec les conceptions de gouvernement que le duc d'Anjou avait héritées de son royal grand-père.Très tôt on vit les effets de ce que l'on a parfois nommé l'union des deux couronnes. C'est ainsi que Louis XIV intervint lui-même dans la politique intérieure en écrivant à Bedmar pour lui demander de se conformer à ses ordres à lui préférablement aux ordres qu'on lui envoyait de la part du roi d'Espagne. Il semble normal que l'aversion de Louis XIV pour ceux qu'on appelait jansénistes soit partagée par Philippe V. Ce dernier avait d'ailleurs été flanqué par son grand-père du père d'Aubenton, dont on connaît les intentions antijansénistes radicales. Mais le plus grand allié de l'aversion du Roi Soleil pour le jansénisme aux Pays-Bas vivait à Bruxelles. Humbert-Guillaume de Precipiano, archevêque de Malines, n'appliquait guère sa devise épiscopale « *non in gladio, sed in nomine Domini* » dans sa lutte contre les nombreux jansénistes de son diocèse. Ce Franc-Comtois brutal et de tempérament sanguin avait parcouru une belle carrière ecclésiastique et civile en supportant sans trop de problèmes de conscience l'excommunication qui pesait sur lui. Il fit toutefois son chemin de Canossa en vue d'une mitre, et après un bref épiscopat rempli de frustrations dans le diocèse de Bruges, où ne vivaient que peu de jansénistes, il passa à Malines, où le terrain à conquérir était fécond. Membres du gouvernement, ecclésiastiques haut placés, professeurs de Louvain, chanoines grands et petits... Tout cela formait aux yeux de l'archevêque un ensemble d'idées à extirper. Il avait même rendu le roi responsable en écrivant : « C'est la conscience du roi qui est la plus chargée de ces désordres, puisque lui seul peut y remédier et ne le fait pas. » Il ignorait à l'époque que ses deux plus grands ennemis vivaient à quelques pas de chez lui, rue des Cailles à Bruxelles, tout prêt de la collégiale Sainte-Gudule.

II. Rue des Cailles

Il était loin le temps où Antoine Arnauld et Pasquier Quesnel bénéficiaient de la bibliothèque et de la protection du prédécesseur de Precipiano. Depuis leur exil de France, Quesnel et Arnauld vivaient réfugiés à Bruxelles et recevaient chez eux de discrets et importants amis : membres de l'Université de Louvain et du clergé des Provinces-Unies, dom Gerberon, Duguet, l'éditeur clandestin Dubois de Brigode et bien d'autres encore. Au sein des gouvernements et des services des Pays-Bas, Arnauld et Quesnel bénéficiaient de certains appuis, comme les maîtres des postes qui leur assuraient le courrier gratuit. En 1694, après la mort d'Arnauld, le secrétaire de ce dernier commença une carrière qui le conduisit à un canonicat majeur à Sainte-Gudule. Le sémillant Ernest Ruth d'Ans, en rendant de précieux services et en intriguant de son mieux, s'était ainsi mis à l'abri des poursuites de l'archevêque. Il continua pour Quesnel les services qu'il avait offerts à Arnauld : ceux des relations extérieures.Au fil des années, Antoine Arnauld et Pasquier Quesnel s'étaient constitués une immense bibliothèque, qui devait entre autres servir à constituer le fameux *Grand Recueil*, véritable arlésienne dans la correspondance d'époque. Mais c'est plus encore cette même correspondance qui nous intéresse. Elle était constituée de lettres venues des quatre coins de cet univers que l'on peut nommer l'« internationale janséniste ». Parmi les centres les plus importants, citons Paris, les Provinces-Unies, Louvain et Rome.

Les lettres de Paris provenaient d'une série de correspondants qui pouvaient intéresser Louis XIV. Celle de Rome devait intéresser plus particulièrement Precipiano, qui ne recevait pas assez souvent, à son grand étonnement, les appuis du Saint-Siège dans sa lutte antijanséniste. Il ignorait alors le rôle des agents à Rome, plus particulièrement celui de Louis Paul du Vaucel, dont Bruno Neveu a souligné l'importance. Minutieusement, la rue des Cailles était informée des moindres bruits de la cour romaine et était en mesure de prévenir des actions dirigées contre les jansénistes. Des documents de toute sorte complétaient ces archives, dont nous n'avons pas encore relevé le plus important élément : la correspondance d'Antoine Arnauld. Celle-ci, bien sûr, était aux mains des destinataires, mais le théologien avait la prudence de garder par-devers lui les lettres sous forme de minutes ou de copies. L'édition de Dupac de Bellegarde et de ses associés, en quatre forts volumes in-4°, que l'on utilise toujours avec profit ne contient pas toujours les lettres dans leur intégralité, omettant parfois des post-scriptum très précieux en renseignements et qui se retrouvent dans les livres de copie. Ces copies et ces minutes, si utiles soient-elles pour Quesnel et Arnauld, pouvaient l'être aussi pour les antijansénistes s'ils avaient le bonheur de les voir tomber entre leurs mains. La correspondance de Quesnel, postérieure à la mort d'Arnauld, montre à la fois une certaine inconscience devant ce danger et en même temps les précautions pour faire voyager les documents : on alla jusqu'à rompre un volume de lettres en deux. Notons que du vivant d'Arnauld, du Vaucel avait déjà donné des instructions pour la conservation de ses papiers à lui. « Vous faites bien de garder les lettres et écrits ou mémoires que je vous envoie. Il faut avoir soin de retirer la feuille pour les Majeurs [les lovanistes] après qu'ils en ont retenu une copie. Il y a une autre précaution à prendre, qui serait de ne pas garder chez vous ces lettres et mémoires, mais de les mettre en dépôt en quelque lieu de sûreté, comme chez le R. P. Martin » [de Hondt], un oratorien ami propriétaire de la maison. On ne donna guère suite à cette proposition.

III. Les papiers de Quesnel

Au risque de devoir taquiner l'auréole tressée par de pieuses mains jansénistes au-dessus de la tête de Quesnel, il faut avouer que le caractère du théologien contenait pas mal de coins sombres qui se révélait parfois être de sombres coins. Parmi ceux-ci une jalousie confraternelle, d'ailleurs assez commune, une naïveté surprenante et, en contraste, une méfiance poussée parfois à l'extrême. Après la mort d'Arnauld, Quesnel continua à habiter l'une des deux maisons de la rue des Cailles, tandis que Ruth d'Ans vivait dans la maison voisine. Mais même si une porte de communication reliait les deux logis, l'entente était très fragile entre les deux hommes. Ruth d'Ans, bénéficiant d'une vie publique, homme de relations, toujours à l'affût d'amélioration de sa condition, ne pouvait pas ne pas entrer en conflit avec Quesnel. Déjà les disputes autour de l'héritage d'Arnauld, les critiques malveillantes et envieuses de Quesnel sur la carrière et le style de vie de Ruth d'Ans avait brouillé les voisins, mais le fait que Quesnel avait fait une copie en cachette d'une correspondance de Ruth d'Ans transformait ce singulier ménage en couple en instance de divorce. Il semble bien que la séparation eut lieu au printemps de 1702. Quesnel emmena avec lui les archives de la rue des Cailles, à l'exception des papiers retenus pas Ruth d'Ans. Car il semble bien que les envois de papiers d'Arnauld en Hollande par M. Ernest indiquent la conservation chez lui de certaines archives. Quesnel s'installa dans le refuge bruxellois de l'abbaye de Forêt, ainsi que Dubois de Brigode. Le loyer était payé par le curé de Sainte-Catherine, Guillaume van de Nesse, véritable bête noire de l'archevêque. La sœur de ce dernier abritait dom Gerberon. Ce séjour ne devait pas être long. Malgré de multiples précautions, le séjour de Quesnel n'était pas totalement ignoré par ses ennemis. Nous ne connaissons pas l'identité de celui qui en a informé l'archevêque, mais Quesnel était au courant de cette information. D'ailleurs, un chanoine avait averti un libraire ami de la menace imminente d'un emprisonnement de Quesnel et de Brigode. Le 8 octobre 1701 déjà, le marquis de Bedmar avait reçu l'ordre de Philippe V de « protéger et de favoriser ceux que M. l'archevêque de Malines tient de la bonne et saine doctrine ».

IV. L'arrestation et la saisie

Le 3 mai 1703, l'official du diocèse van Susteren, accompagné de gardes, s'emparait successivement de dom Gerberon, de Brigode et enfin de Quesnel. Quand nous lisons avec attention les témoignages, deux détails s'imposent. Tout d'abord les gardes n'ont pas trouvé

Quesnel lors de l'arrestation de Brigode, et ensuite, avant le retour de ce dernier, une fouille a dû se dérouler dans l'entre-deux et peut-être même une première saisie.Décrire les conditions de détention de Quesnel à la maison de l'archevêque serait hors propos : seule nous intéresse ici la saisie des papiers. Les conditions de détention de l'oratorien ne furent pas assez rigoureuses pour empêcher tout contact avec l'extérieur. Dans la nuit du 12 au 13 septembre, Pasquier Quesnel s'évada dans des circonstances rocambolesques. Quand on annonça l'évasion à Precipiano, celui-ci eut une réaction des plus significatives : « Que dira le roi très chrétien ? » Pourtant c'était le roi catholique qui avait des ordres stricts après l'annonce de la capture. N'avait-il pas écrit à l'archevêque : « Comptez que je vous protégerai contre tous ceux qui oseront traverser vos pieux desseins. Je vous sais beaucoup de gré de vous être saisi selon mes ordres des prisonniers et de tous leurs papiers. Je vous défends de les relâcher sans un ordre exprès de ma main et vous ordonne en même temps de ne remettre leurs papiers à qui que ce soit, quelque ordre que vous en receviez d'ailleurs, mais de les déposer dans un lieu sûr connu de vous seul, sans que vous ayez à en rendre compte qu'à moi. » L'ordre venait donc du roi d'Espagne : il fut exécuté par l'archevêque de Malines, mais sous le haut patronage du roi de France. Résumons d'abord les conséquences de la fuite de Quesnel : l'exil de Ruth d'Ans, de van de Nesse et d'autres soupçonnés de complicité dans l'évasion. Mais ce qui fit bondir surtout Bruxelles, ce fut l'emploi de lettres de cachet par le roi d'Espagne, en violation du serment prêté. Les États du Brabant prirent l'affaire en main, mais la bataille de Ramillies enterra à la fois le régime d'Anjou et la procédure.

V. Le sort des papiers

Débordant de joie à la nouvelle de l'arrestation, Precipiano l'était encore plus pour « le grand trésor que le bon Dieu nous a fait tomber entre les mains. » Cette lettre écrite au fameux père Patouillet nous donne aussi une précision intéressante qui montre l'importance du butin saisi. Même en tenant compte de l'exagération habituelle de l'archevêque, on ne peut qu'être impressionné par sa description. « Trois ou quatre chariots bien chargés suffiraient à peine pour mener seulement les manuscrits que nous avons de toute la cabale et [...] quatre ou cinq personnes ne pourraient pas en six ans lire et examiner tous ces papiers ». Et que dire alors des imprimés ? Quand le frère et l'avocat de Quesnel arrivèrent au refuge de l'abbaye pour prendre connaissance des dégâts, ils ne trouvèrent qu'un « débris » de la bibliothèque, soit 400 à 500 volumes. Precipiano et les siens se mirent rapidement au travail. Trois jours après l'arrestation et la saisie, Ruth d'Ans signalait le travail quotidien de dix ou douze jésuites, occupés à visiter les papiers. L'indignation du chanoine fut grande quand il apprit que les élèves eux-mêmes copiaient les écrits et plus grande encore quand il vit l'une de ses lettres entre les mains du fils d'un de ses amis. D'autre part, on fit même venir un bollandiste, non pour examiner quelque pieuse *vita* ou quelque légende hagiographique, mais bien des écrits trop embrouillés pour être déchiffrés par le commun. Les inventaires publiés par le P. Ceyssens ne relèvent qu'une partie des papiers. Insistons sur le caractère juridique et politique des papiers conservés. Les autres, par exemple les plus anciens, sans valeur actuelle, n'avaient pas tant d'importance aux yeux des enquêteurs et il n'est donc pas si étonnant qu'on ne les ait pas conservés. Deux événements allaient orienter les travaux de copie. Quesnel allait être jugé, même s'il ne l'est que par contumace. Il fallait donc pour ce procès des originaux ou du moins des copies authentiques. Nous voyons ainsi la signature du notaire bruxellois Outaert sur bien de feuilles de copies. D'autre part, Louis XIV était intéressé par cette saisie. Quels ennemis intérieurs ne pouvait-il pas débusquer et emprisonner grâce à ces papiers ? Une partie des papiers, originaux et copies fut transmise à la France sous la garde du père de Sabran. Le père d'Aubenton jubila : « On connaît évidemment que le jansénisme n'est plus un fantôme, mais un corps animé du même esprit à Paris, à Louvain et à Rome », écrivit-il au père de la Chaise.

VI. Les conséquences de la saisie et la survie des papiers.

À Paris et en France, des arrestations devaient affaiblir les jansénistes. Il fallait le courage de Mademoiselle de Joncoux et la bienveillance du régent pour libérer les prisonniers douze ans plus tard. À Rome, l'agence française subit des revers. C'est ainsi que du Vaucel partit en exil, mais ses protecteurs restaient en place. À Louvain, les revers des armées de Louis XIV devaient empêcher de trop grandes purges. À Bruxelles, les jansénistes rentraient d'exil dès avant l'installation du nouveau régime anglo-batave. Et quand le successeur de Precipiano, le futur cardinal d'Alsace, entra dans la capitale, son carrosse croisa le cercueil du curé van de Nesse, qui avait fait évader Quesnel. Aujourd'hui, on retrouve les traces des papiers, et parfois des liasses entières de lettres ou de copies dans maints dépôts d'archives ou cabinets de manuscrits. Le fait que les papiers furent copiés ou examinés par les jésuites explique leur présence dans les archives du collège de Clermont, à Paris, mais aussi dans les papiers saisis lors des événements de 1870 à Rome. D'importantes copies sont présentes dans les archives de la province flandro-belge, conservés aujourd'hui à Anvers. Les papiers transmis à Rome ont suivi les archives de Clément XI à Pistoie. Le plus grand fonds a connu une histoire particulière. Le cardinal Bellarmin avait établi au XVIe siècle une fondation pour lutter contre les protestants. Ces derniers avaient pratiquement disparu des Pays-Bas espagnols puis autrichiens et le zèle se tourna vers les jansénistes. Ce Musée Bellarmin fut confié à l'archevêché de Malines. C'est bien à Malines que se trouvent la plupart des papiers saisis et subsistants. On y trouve essentiellement des papiers provenant de Louis-Paul du Vaucel et de ses correspondants, qui ont d'ailleurs été employés pour le procès de Pasquier Quesnel. Enfin, quelques lettres sont conservées dans d'autres fonds, à Bruxelles ou à Louvain, par exemple. Notons que les manuscrits de tout genre saisis lors de la dissolution de la Compagnie dans les Pays-Bas sont conservés à la Bibliothèque royale de Bruxelles. On les reconnaît par une croix caractéristique apportée par celui qui en fit l'inventaire. Or le manuscrit 11 039, qui reprend les lettres d'Arnauld en copies ou minutes, ne porte pas cette croix. Une main plus tardive l'indique comme objet de la saisie de 1703. D'où vient-il ? Qui l'a transmis à la Bibliothèque de Bourgogne, ancêtre de la Bibliothèque royale ? Seules des recherches ultérieures pourraient apporter une réponse au problème de la survie de cette épave du fonds si riche de la rue des Cailles.

Conclusions

Par Simon ICARD

La littérature port-royaliste est en grande partie une littérature de circonstance. C'est bien souvent au gré des événements qu'elle fait apparaître un projet très cohérent de réforme théologique et morale de l'Église. Ce caractère circonstanciel est visible dans les écrits polémiques. Le cas d'Antoine Arnauld est ici exemplaire. « Étroitement liée aux conflits qu'il a affrontés » [1], son œuvre monumentale s'est composée, pour une bonne part, de manière réactive. Mais nombre d'écrits plus iréniques trouvent également leur origine dans une conjoncture qui les suscite. Les chercheurs qui travaillent à l'édition des lettres d'Angélique Arnauld soulignent ainsi que sa correspondance s'est modifiée et amplifiée avec son retour à Port-Royal des Champs, en 1648 : la communauté étant répartie dans deux maisons différentes, celle de Paris et celle des Champs, le courrier prend une importance toute particulière dans la vie des religieuses.

L'emprisonnement est à mettre au nombre des événements qui ont orienté l'écriture à Port-Royal. Il s'agit d'une situation dans laquelle écrire est tout à la fois une nécessité, notamment pour correspondre avec l'extérieur, et une difficulté, plus ou moins grande selon les conditions de détention ; il s'agit aussi d'une expérience traumatisante dont il faut rendre compte, garder mémoire, se justifier. À la lecture des communications qui composent les actes de la journée d'étude sur Port-Royal et la prison, on mesure à quel point la captivité a compté dans l'histoire de Port-Royal et dans la constitution de sa littérature. Par exemple, que serait devenue l'œuvre de Saint-Cyran s'il n'avait pas été enfermé à Vincennes ? La prison lui a, en quelque sorte, imposé le genre épistolaire comme forme d'expression. Elle a aussi été le lieu où

1. Jean-Robert Armogathe, « Antoine Arnauld et dom Hilarion Rancati », *Antoine Arnauld (1612-1694). Philosophe, écrivain, théologien*, *Chroniques de Port-Royal*, 44, 1995, p. 199.

s'est élaboré l'état final de sa doctrine, qui a profondément marqué la spiritualité à Port-Royal. Enfin, elle lui a donné l'aura d'un juste « persécuté pour la justice » [2]. Plusieurs décennies après sa mort, Angélique de Saint-Jean montre à ses religieuses le lien entre la pureté de sa doctrine et son emprisonnement : « Nous avons la consolation de voir que les instructions qu'il nous a données portent le caractère de la bonne doctrine, qui est la persécution suscitée par les personnes qui, voulant marcher par la voie large, ne sauraient souffrir qu'on leur montre qu'ils s'égarent et qu'ils courent à leur perte » [3]. L'incarcération de Saint-Cyran fut un événement fondateur pour Port-Royal, car elle fut considérée non seulement comme le premier acte d'une persécution qui allait toucher le monastère et ses amis, mais aussi comme une épreuve accordée par Dieu pour que la vérité soit proclamée.

Pourquoi le groupe de Port-Royal s'est-il apparemment si bien accommodé de l'expérience difficile de la captivité ? Sans doute faut-il nuancer cette question. Si de grandes figures liées à Port-Royal n'ont nullement cherché à se soustraire à leur incarcération, comme Saint-Cyran, d'autres ont cherché à s'évader, comme Quesnel, ou à se cacher, comme Arnauld. Le choix douloureux de l'exil est une manière de refuser la prison. À cet égard, il faut souligner la situation particulière des religieuses, qui ne pouvaient passer dans la clandestinité, du fait de leur vœu de stabilité. Le caractère spectaculaire de la captivité de celles qui refusaient de signer le formulaire condamnant les 5 propositions attribuées à Jansénius tient sans doute au fait que le pouvoir royal tenait en elles la face visible et le point fixe du parti qu'il entendait détruire. La spiritualité du martyre, si nette dans la *Relation de captivité* d'Angélique de Saint-Jean, est devenue la voie royale pour les religieuses, leur manière de participer à un combat que les Messieurs pouvaient poursuivre par la plume et dans le secret. Malgré des relations disparates au risque ou à la réalité de l'emprisonnement, la captivité semble avoir trouvé une place de choix dans la mémoire de Port-Royal, comme en témoignent les nombreux éloges de ses captifs.

De nombreuses communications ont montré que l'emprisonnement est vécu comme une expérience spirituelle. Les prisonniers ressemblent

2. *Matthieu*, 5, 10.

3. Angélique de Saint-Jean Arnauld d'Andilly, *Discours […] appelés Miséricordes […]*, Utrecht, C. Le Fevre, 1735, p. 41.

un peu à ce personnage campé par Soljenitsyne dans *Une journée d'Ivan Denissovitch*, un déporté baptiste qui vit les affres du goulag comme une ascèse chrétienne qui le comble [4]. D'illustres modèles s'offraient à la méditation : saint Jean-Baptiste, saint Pierre ou saint Paul, pour ne citer que des figures du Nouveau Testament. La captivité est vécue et décrite comme une participation à la Passion du Christ. En particulier, la tradition monastique, si importante chez les religieuses, mais aussi chez Saint-Cyran et chez les Solitaires, les a probablement prédisposés à faire de la prison un lieu de rencontre avec Dieu. Philippe Sellier a montré que Port-Royal développe une véritable mystique de la cellule [5]. La cellule est un ciel, comme l'affirment de nombreux écrits, qui reprennent un passage de la *Lettre aux frères du Mont-Dieu* de Guillaume de Saint-Thierry, l'un des textes qui ont modelé la vie solitaire à Port-Royal [6]. Or les lignes qui précèdent immédiatement cette paronomase distinguent la cellule et la prison :

> Quiconque de vous n'a point cette piété dans le cœur, ne la témoigne point dans ses actions, ne la pratique point dans sa cellule, il ne doit pas être appelé solitaire, mais seul ; et sa cellule ne lui est pas une cellule, mais une prison. Il est véritablement seul, puisque Dieu n'est point avec lui. Il est véritablement en captivité, puisqu'il n'est point libre en Dieu. La solitude et la captivité sont des noms de misère : mais la cellule ne doit pas être un lieu de captivité forcée et involontaire, mais une demeure de paix, une porte qui se ferme volontairement ; enfin une retraite, et non un cachot : parce que celui avec qui Dieu est, n'est jamais moins seul que lorsqu'il est seul. Car c'est alors qu'il jouit de ses délices avec une pleine liberté, et est véritablement à soi jouissant de Dieu en soi-même, et de soi-même en Dieu [7].

4. « La liberté, qu'est-ce qu'elle vous donnerait ? En liberté, les ronces achèveraient d'étouffer le peu de foi qui vous reste. Réjouissez-vous d'être en prison. Ici, au moins, vous avez le temps de penser à votre âme » (trad. Lucia et Jean Cathala, Paris, Julliard, coll. « 10/18 », p. 186).

5. Voir Philippe Sellier, « Port-Royal : un emblème de la réforme catholique », *Port-Royal et la vie monastique*, *Chroniques de Port-Royal*, 37, 1988, p. 20-22.

6. § 105. Voir Simon Icard, *Port-Royal et saint Bernard de Clairvaux. Saint-Cyran, Jansénius, Arnauld, Pascal, Nicole, Angélique de Saint-Jean*, Paris, H. Champion, 2010, p. 270-276.

7. [Antoine Le Maistre trad.], *Traduction de trois excellents ouvrages de saint Bernard [...]*, Paris, A. Vitré, 1649, p. 141-142. La *Lettre aux frères du Mont-Dieu* est encore fréquemment attribuée à saint Bernard au XVIIe siècle.

Si Dieu est absent du cœur du solitaire, la cellule devient une prison. Inversement, la prison peut devenir une cellule si Dieu vient y habiter. « La prison est un supplice si horrible » [8] ; elle peut aussi être le lieu d'une séparation du monde et de l'union intime avec Dieu. Comme la cellule monastique, le cachot est ambivalent. De manière emblématique, il illustre l'alternative posée par Pascal : « misère de l'homme sans Dieu », « félicité de l'homme avec Dieu » [9]. Convertir la prison en une cellule : cette nécessité vécue et décrite par les religieuses et les Solitaires emprisonnés rejoint les solutions que propose Jean Mabillon pour rendre non seulement plus supportable mais aussi plus utile l'incarcération des religieux incorrigibles, qu'il considère comme un abus scandaleux et contraire à la tradition monastique : « Si cela était une fois établi, loin qu'une telle demeure parut horrible ou insupportable, je suis sûr que la plupart n'auraient presque point de peine de s'y voir renfermés quoique ce fût pour le reste de leurs jours et que de bons religieux même se feraient un plaisir d'y demeurer pour y pratiquer une pénitence et une solitude plus exactes » [10].

Un autre aspect de la tradition monastique a sans doute contribué à établir une continuité entre la vie spirituelle à Port-Royal et la captivité : la tension eschatologique. Dans une lettre à madame de foi, datée du 7 octobre 1663, la mère Agnès oriente les tribulations de sa communauté dans la perspective des fins dernières :

> Notre père saint Bernard nous donne un sujet de consolation par des paroles que je désirerais qui fussent gravées dans notre cœur, comme elles sont écrites dans notre cloître : « Les souffrances de la vie présente ne méritent pas d'entrer en comparaison avec les péchés passés que Dieu nous pardonne, avec les grâces présentes qu'il nous accorde, et avec la gloire future qu'il nous promet [11]. »

8. Blaise Pascal, *Pensées*, fr. 168 (classement Sellier).

9. *Ibid.*, fr. 40.

10. Jean Mabillon, *Réflexions sur les prisons des ordres religieux*, dans *Le Moine et l'historien. Dom Mabillon. Œuvres choisies [...]*, éd. Odon Hurel, Paris, R. Laffont, coll. « Bouquins », 2007, p. 1001. Écrites en 1694, ces *Réflexions* ont été publiées pour la première fois en 1724.

11. Agnès Arnauld, *Lettres [...]*, éd. Armand-Prosper Faugère, Paris, B. Duprat, 1858, lettre 165, t. II, p. 111. Attribuée à tort à saint Bernard, la citation est extraite du *Soliloquium* de saint Bonaventure.

Dans la tradition monastique, le cloître est une préfiguration de la Jérusalem céleste. En attendant la venue du Verbe dans son cœur et en jouissant encore imparfaitement de sa présence, le moine attend son retour dans la gloire et l'avènement de la cité de la paix, selon la vision de saint Jean dans son *Apocalypse* : « Je vis la ville sainte, la nouvelle Jérusalem, qui venait de Dieu, descendait du ciel, étant parée comme une épouse qui se pare pour son époux » [12]. La mère Agnès retrouve « l'un des thèmes préférés de la mystique monastique au Moyen Âge » : « la contemplation de la gloire dont Dieu jouit et qu'il donne en partage à ses élus dans la vie bienheureuse », « réalité finale dont la perspective oriente l'existence présente » [13]. Le « cœur » dans lequel devrait se graver la phrase attribuée à saint Bernard est, dans la littérature monastique, le lieu du désir, qui est « une anticipation réelle » de la contemplation – « la possession dans la lumière » – qui « ne sera réalisé qu'au ciel » [14]. En appliquant la phrase inscrite dans le cloître à la situation de sa communauté, la mère Agnès considère la persécution des religieuses de Port-Royal comme une pénitence, c'est-à-dire comme un prolongement de la vie monastique, qui est un long martyre, une mort à soi-même et une naissance au ciel. Les tribulations de la communauté sont lues comme des épreuves spirituelles, où les épouses du Christ doivent purifier leur amour [15]. L'identification de la vie religieuse à un martyre non sanglant est un lieu de la littérature monastique [16], développé par des directeurs de Port-Royal, notamment Eustache de Saint-Paul [17] et Saint-Cyran [18].

12. *Apocalypse*, 21, 2, dans la traduction de la Bible dite « de Port-Royal ».

13. J. Leclercq, *L'Amour des lettres et le désir de Dieu. Initiation aux auteurs monastiques du Moyen-Âge*, Paris, Cerf, 1990 [1re éd. 1957], p. 58. Sur la Jérusalem céleste dans la spiritualité monastique médiévale, voir p. 56-58.

14. *Ibid.*, p. 68.

15. Sur persécution et eschatologique, voir Simon Icard, *Port-Royal et saint Bernard de Clairvaux...*, p. 290-295. L'explication de la lettre de la mère Agnès reprend des passages des p. 291-293.

16. Voir, par exemple, le 1er sermon pour la Toussaint, § 15, et le sermon 30 sur le *Cantique des cantiques*, § 11, de saint Bernard.

17. « Les jeunes vierges en l'Église primitive, outre la vie austère qu'elles menaient, étaient tous les jours exposées au martyre. Et les vierges sacrées en l'Église de [maintenant], outre la vie régulière qu'elles mènent, sont d'ordinaire exposées aux infirmités du corps qui est leur martyre au milieu duquel elles doivent être contentes » (lettre à la mère Angélique Arnauld, 2 mars 1616, manuscrit BNF, f. fr., 17808, fol. 35 v°-35).

18. « La virginité de l'Église est un long martyre dans un monastère, comme disent les Pères et particulièrement saint Bernard, au lieu que celle d'Ève était toute dans une

L'emprisonnement pouvait ainsi apparaître aux moniales et aux Solitaires comme un accomplissement extraordinaire de leurs vocations.

À cette perspective eschatologique s'ajoute une lecture plus proprement apocalyptique des événements : la captivité est une révélation. Épreuve purificatrice, elle met en lumière l'élection divine des persécutés, que Dieu choisit souverainement pour qu'ils rendent témoignage à la vérité. Dans sa *Relation de captivité*, Angélique de Saint-Jean décrit son arrestation comme une marche au martyre, se voyant, elle et ses sœurs, « environnées d'officiers de justice et d'archers, qui venaient nous enlever *cum gladiis et fustibus et armis* » [19] ; racontant son retour à Port-Royal des Champs, elle indique combien il était beau « de voir en un moment cette ancienne église se remplir de religieuses qui, par les couleurs mêmes de leurs habits marquaient assez qu'elles venaient de blanchir leurs robes dans le sang de l'Agneau, dont leurs croix étaient encore teintes » [20]. Les citations bibliques, ici *Matthieu*, 26, 47 et *Apocalypse*, 7, 14, révèlent le sens profond des événements dramatiques dont Angélique de Saint-Jean fait le récit : les religieuses emprisonnées pour avoir refusé de signer le formulaire sont des martyres pour la vérité. On ne peut parler ici d'héroïsation rétrospective, comme on peut le voir dans des récits composés longtemps après les faits, pour célébrer la mémoire de quelqu'un. La *Relation de captivité* d'Angélique de Saint-Jean est un écrit autobiographique, rédigé au cœur des événements : elle porte la date du 28 novembre 1665 ; à cette époque, revenue depuis moins de quatre mois de sa captivité au couvent parisien des annonciades, la religieuse est assignée à résidence à Port-Royal des Champs et étroitement surveillée. La lecture des circonstances comme

vie douce et délicieuse » (lettre à Catherine-Henriette de Saint-Augustin de Lorraine d'Elbeuf, datée 4 juin 1641, portant le n° 218 dans le dossier d'habilitation à diriger des recherches présenté par Denis Donetzkoff, Université de Paris-Sorbonne Paris IV, t. II, p. 501).

19. Angélique de Saint-Jean Arnauld d'Andilly, *Relation de captivité […]*, éd. Louis Cognet, Paris, Gallimard, 1954 [1re éd. 1711] p. 28. Angélique de Saint-Jean cite *Matthieu*, 26, 47 : « [Jésus] n'avait pas encore achevé des mots que Judas, un des douze, arriva, et avec lui une grande troupe de gens *armés d'épées, et de bâtons*, qui avaient été envoyés par les princes des prêtres, et par les anciens du peuple ». Les références au martyre abondent dans le récit. Voir p. 28-32.

20. *Ibid.*, p. 274. Les cisterciennes de Port-Royal du Saint-Sacrement portaient un scapulaire blanc orné d'une croix rouge, en l'honneur des espèces eucharistiques, le pain et le vin.

des signes expliqués par l'Écriture n'est pas seulement postérieure, mais aussi contemporaine du drame, comme on le voit dans un épisode rapporté par Angélique de Saint-Jean :

> Je pris une petite bible tout en un volume que je portais avec moi et la présentai à la mère Agnès qui l'ouvrit, pour voir ce qu'il plairait à Dieu de nous donner. Voici ce qu'il nous dit par un de ses prophètes, qui avait peut-être vu en esprit dans le grand troupeau qui a été racheté du sang de son pasteur ; c'est Jérémie au chapitre vingt-troisième de sa prophétie : *Væ pastoribus qui disperdunt et dilacerant gregem pascuæ meæ* [21]. Le passage est trop long pour le mettre ici en latin. Pourrait-on douter qu'il n'y eût de la Providence en de telles rencontres, et qui aurait pu faire le choix dans tout le Vieux et le Nouveau Testament d'un passage qui pût s'appliquer plus à la lettre à tout ce qui s'est passé dans notre communauté et à l'occasion présente de notre retour ? On y voit une communauté nombreuse prévenue de toutes sortes de grâces de Dieu et d'instructions de la vérité, figurée par un troupeau nourri dans des pâturages de Dieu ; les pasteurs qui ont déchiré son union et détruit autant qu'ils ont pu son esprit et sa discipline y sont marqués par leur propre nom ; une partie de nous qui a été dispersée en plusieurs maisons et l'autre que l'on chassait ce jour-là de notre maison de Paris y sont distinguées clairement ; enfin il est impossible de marquer plus intelligiblement et en des termes plus positifs la réunion que Dieu allait faire ce jour-là et notre retour en notre maison des Champs, où Dieu commençait à rassembler les restes de ce grand troupeau, c'est-à-dire toutes celles qui étaient échappées par sa miséricorde de tant de périls et de tentations par la force de sa grâce, qui les avait rendues inébranlables, et aussi celles qui étaient tombées pour un temps sous la puissance des ennemis et qui avaient été arrachées d'entre leurs mains par le bras tout-puissant de ce Bon Pasteur qui ne laisse périr aucune des brebis que son Père lui a données. Il ne reste à vérifier de cette prophétie que ce qui regarde l'avenir, tout le passé et le présent étant accomplis devant nos yeux, *ut ex perceptione præsentium munerum firma sit expectatio futurorum* [22], comme dit l'Église, rien n'étant plus capable d'affermir l'espérance que nous devons avoir que Dieu à l'avenir accomplira ses promesses et couronnera ses grâces en nous, que l'expérience que nous avons déjà faite en tant

21. Jr 23, 1 : « Malheur aux pasteurs qui font périr et qui déchirent les brebis de mes pâturages ».

22. « Que la réception de ces dons présents nous soit une ferme espérance de ceux qui sont à venir. » Phrase extraite d'une oraison de la liturgie, après la 7e prophétie du Samedi-Saint (note de Louis Cognet).

de manières du soin qu'il prend de nous et de la protection de sa grâce sur une famille religieuse qui ne veut chercher d'appui qu'en elle [23].

Port-Royal hérite de Saint-Cyran la pratique consistant à lire un verset biblique au hasard et à en attendre une relation providentiellement révélée entre l'Écriture et des événements personnels ou communautaires [24]. Elle repose sur l'idée que l'histoire sainte, notamment l'histoire du peuple élu, est la figure des épreuves des défenseurs que Dieu s'est choisi pour faire triompher la vérité dans les derniers temps. Si Arnauld, Nicole et Pascal ont écrit des lignes très dures contre les « sorts bibliques » [25], on peut constater qu'Angélique de Saint-Jean, l'une des grandes figures de la seconde génération de Port-Royal, y recourt sans scrupule. Non seulement elle utilise les Écritures pour faire apparaître la main de Dieu derrière des épreuves passées ou présentes, mais elle attend l'accomplissement futur des prophéties dans la vie de sa communauté, considérée comme le troupeau choisi et protégé par le Bon Pasteur. L'expérience passée de la prison est la marque d'une élection divine sur laquelle Angélique de Saint-Jean fonde l'espérance du soutien indéfectible de Dieu dans les tribulations à venir. Au discours providentiel, qui interprète le passé en dévoilant les signes donnés par Dieu, s'ajoute un discours prophétique, qui attend l'action de Dieu au nom du passé. Sur ce point, la *Relation de captivité* ressemble aux écrits des camisards, un autre groupe qui a subi une répression politique et religieuse dans la France du XVIIe siècle [26]. La captivité est une révélation, la marque d'un discernement divin des justes et des persécuteurs, l'approbation d'une cause, comme pouvait l'être le miracle de la Sainte Épine. Angélique de Saint-Jean pousse à l'extrême une herméneutique de l'histoire qui semble commune aux divers écrits de prison que l'on doit à Port-Royal : le nombre et l'importance des signes que leurs auteurs s'emploient à déchiffrer en recourant à la Bible sont frappants.

23. Angélique de Saint-Jean, *Relation de captivité*..., p. 269-271.

24. Voir Hervé Savon, « Le figurisme et la "Tradition des Pères" », *Le Grand Siècle et la Bible*, dir. Jean-Robert Armogathe, Paris, Beauchesne, coll. « Bible de tous les temps », 1989, p. 761-762.

25. Voir *ibid.*, p. 764-768.

26. Voir Emmanuèle Lesne, « L'écriture des Camisards : de l'histoire au prophétisme », *Littérature et religion*, dir. Gérard Ferreyrolles, *Littératures classiques*, n° 39, printemps 2000, p. 149-173.

Il n'est pas sûr qu'« avec la deuxième génération de Port-Royal, [...] les derniers temps s'éloignent » [27]. La volonté d'Arnauld, Nicole ou Pascal, de fonder la lecture allégorique de la Bible sur la tradition patristique et sur l'Écriture elle-même, afin de prévenir les délires interprétatifs, n'a pas empêché des lectures qui visaient à déchiffrer l'histoire tumultueuse de Port-Royal à la lumière de la Parole de Dieu. Le cas d'Angélique de Saint-Jean, religieuse dont la connaissance de la Bible et des Pères est évidente, invite à s'interroger sur cette coïncidence. Sans doute faut-il distinguer l'exégèse allégorique des Écritures et l'interprétation des événements contemporains comme l'accomplissement de promesses données en figure dans la Bible. Dans le premier cas, on interprète les Écritures ; dans le second cas, on se sert des Écritures pour interpréter les événements. Dans le premier cas, le déchiffrement des allégories vise l'intelligence spirituelle de l'histoire sainte ; dans le second cas, il part du mystère du salut pour aller vers l'histoire et conduit à une application « à la lettre », selon le mot d'Angélique de Saint-Jean [28]. Quoi qu'il en soit, la pratique interprétative dans la *Relation de captivité* semble aboutir à la littérature figuriste qui fleurit sur les ruines de Port-Royal des Champs [29]. La date de la première publication de la *Relation de captivité*, l'année qui suit la destruction du monastère, n'est peut-être pas anecdotique. Les écrits de prison, même les plus précoces dans les tribulations du monastère et de ses amis, présentent *déjà*, semble-t-il, l'histoire de Port-Royal comme une histoire sainte. Ils mettent en lumière un trait des apologies *pro domo* de Port-Royal : la persécution passée, présente et future, est conçue comme une révélation de la vérité. On retrouve cette perspective apocalyptique dès les années 1640, dans la défense de Jansénius par Antoine Arnauld, chez qui il semble par ailleurs difficile de déceler les marques d'un discours prophétique [30]. Le discours de Saint-Cyran sur les derniers temps

27. Hervé Savon, « Le figurisme et la "Tradition des Pères" », p. 764.

28. L'article passionnant d'Hervé Savon cité plus haut mériterait d'être prolongé en tenant plus fermement cette distinction.

29. Voir Tony Gheeraert, « Les *Gémissements* de l'abbé d'Étemare ou la poésie des ruines », *L'Abbaye de Port-Royal des Champs. VIIIe centenaire*, *Chroniques de Port-Royal*, n° 55, 2005, p. 143-168.

30. Voir Simon Icard, « Les saints Pères ont-ils besoin d'une apologie ? L'argument de la tradition dans la défense de Jansénius par Antoine Arnauld (1644-1651) », *Variations apologétiques du sacré*, à paraître aux Presses Universitaires de Rennes. Sur

et sa conception de l'histoire de l'Église ont vraisemblablement joué un rôle décisif dans la manière dont la prison a été vécue et présentée à Port-Royal.

Peut-être prolongerait-on utilement cette enquête en prenant plus en compte le sens que le pouvoir politique et ecclésial donnait à l'emprisonnement imposé aux amis du monastère et aux religieuses. Si elle apparaît comme l'emblème d'une persécution dans le discours et dans la mémoire de Port-Royal, l'incarcération était sans doute comprise et présentée différemment par ceux qui l'ordonnaient. Sur ce sujet comme sur bien d'autres, l'immensité des sources qui nous sont parvenues est à la fois la chance et le risque des études port-royalistes. Port-Royal est un univers, comme l'indique fort opportunément le titre de la collection qui accueille ce volume. Attentif à en étudier les gravitations complexes, le chercheur peut oublier de changer de temps en temps d'observatoire.

l'opposition vigoureuse d'Arnauld aux théories millénaristes, voir Catherine Maire, « Les jansénistes et le millénarisme. Du refus à la conversion », *Annales. Histoire, Sciences Sociales*, 63e année, n° 1, janvier/février 2008, p. 10.

Table des matières

IMPRIM'VERT®

Achevé d'imprimer par Corlet,
Condé-en-Normandie (Calvados), en novembre 2021
N° d'impression : 173883 - dépôt légal : novembre 2021
Imprimé en France